RICHARD BALLANTINE & RICHARD GRANT

FAHRRAD TOTAL

FAHRRAD TOTAL

RICHARD BALLANTINE
RICHARD GRANT

PIETSCH VERLAG
STUTTGART

Ein Dorling Kindersley Buch
Originaltitel:
The Ultimate Bicycle Book

Copyright© 1992
by Dorling Kindersley Limited,
London

Einbandgestaltung:
Johann Walentek
unter Verwendung des
Umschlagbildes
der Originalausgabe

Die Übertragung ins Deutsche
besorgte
Christian Deger.

ISBN 3-613-50163-5

1. Auflage 1992

Copyright© by Pietsch Verlag,
Postfach 10 37 43,
7000 Stuttgart 10.

Ein Unternehmen der
Paul Pietsch-Verlage GmbH & Co.

Sämtliche Rechte der
Speicherung, Vervielfältigung
und Verbreitung
in deutscher Sprache
sind vorbehalten.

Printed in Italy.

Inhalt

DAS FAHRRAD	•6
Die Evolution	8
Fahrräder heute	10
Die Anatomie des Fahrrads	12
Der Rahmen	14
Rahmenbau und -materialien	16
Maschine Mensch	18
Die Sitzposition	20
DAS MOUNTAIN BIKE	•22
Die Anatomie des Mountain Bikes	24
Schaltung und Bremsen	26
Was zum Anziehen	28
Die richtige Rahmenhöhe	30
MTBs für große Touren	32
Wie plane ich eine Bike-Expedition?	34
Der Weg ist das Ziel	36
Gipfelsturm	38
Gelände-Renner	40
Der Trend zur Federung	42
Fahrtechniken	44
Geländearten	46
Mountain Bike-Rennsport	48
Fahrrad-Trial	50
Extrem-Wettkämpfe	52
DAS RENNRAD	•54
Die Anatomie des Rennrades	56
Die Kunst des Rahmenbaus	58
Schnelle Räder	60
Verbotene Räder	62
Die Kleidung fürs Rennen	64
Tour de France-Siegertypen	66
Tour der Leiden	68
Kriteriums-Rennen	70
Zeitfahr-Maschinen	72
Der Kampf gegen die Uhr	74
Triathlon-Technik	76
Das längste Rennen	78
Bahnrennsport	80
Sport oder Spektakel?	82
Stretching für Radfahrer	84
Das Training zu Hause	86

DAS TOURENRAD •88

Die Anatomie des Tourenrades 90

On the road again 92

Touren-Bekleidung
von Kopf bis Fuß 94

Massenbewegung 96

Touren-Sport 98

Extrem-Touren 100

Thema Radtransport 102

DAS ALLTAGSRAD •104

Radfahren in der City 106

Engagement fürs Fahrrad 108

Sicher ist sicher 110

Zweck-Räder 112

Die ersten Schritte 114

Kinderräder 116

Familienvergnügen 118

Doppelsitzer 120

Rad-Klassiker 122

Irre Typen 124

DAS RAD DER ZUKUNFT •126

Die Anatomie des HPV 128

Vorsprung durch Technik 130

Öko-Mobil 132

Luftwiderstand, nein danke 134

Liegeräder für den Alltag 136

Die Materialfrage 138

Alltagstaugliche Lösungen 140

Mit Sonnenkraft unterwegs 142

Zukunftsmusik 144

RADPFLEGE UND WARTUNG •146

Die Werkstatt 148

30 Minuten-Service, Teil 1 150

30 Minuten-Service, Teil 2 152

Erste Hilfe 154

Die Reifenpanne 156

Not-Reparaturen, Teil 1 158

Not-Reparaturen, Teil 2 160

Komfort ist Einstellungssache,
Teil 1 162

Komfort ist Einstellungssache,
Teil 2 164

Die Bremsanlage 166

Neue Züge gefällig? 170

Kettenwechsel 172

Der Antrieb, Teil 1 174

Der Antrieb, Teil 2 178

Der Antrieb, Teil 3 180

Die Pedale 182

Gut geschmiert
ist halb gewonnen 184

Die letzten Feinheiten 186

Glossar 188

Stichwortverzeichnis 190

Das FAHRRAD

klassische Rennmaschine

Schon als das Fahrrad vor über 100 Jahren erfunden wurde, war es ein ungemein aufregendes Gerät – und seither wurde es Jahr für Jahr verbessert. Das Fahrrad vereint vielerlei Vorzüge in sich: Auf unserem Planeten ist es in punkto Energieverbrauch erwiesenermaßen das effizienteste Fortbewegungs- und Transportmittel. Radfahren ist gesund, erzeugt keine Abgase oder sonstigen Verschmutzungen der Umwelt, es ist sicher – und damit sehr ökonomisch. Vor allem aber gibt es wohl keine andere Maschine, zu der Menschen eine intimere Beziehung aufbauen können, als zu ihrem Fahrrad.

Schraubenschlüsselset

Das Erlebnis

All die Eindrücke, die das Radfahren vermittelt – rasante Kurvenfahrt, der Fahrtwind, der ins Gesicht und in die Haare weht, der Duft von Gras, einer Bäckerei am Morgen oder von abendlichem Tau – sind großartig, denn man erlebt sie selber hautnah. Beim steten, gleichmäßigen Auf und Ab der Beine schafft und erfährt man gleichzeitig Rhythmus und Tempo – im harten Sprint genauso wie beim beschaulichen Spazierenfahren. Ständig erlebt man eine stimulierende Synthese, die nur dann entsteht, wenn Geist, Körper und Maschine eins sind. Und entsprechend dem Ideal der klassischen griechischen Kultur, der perfekten Einheit von Geist und Körper, können Mensch und Fahrrad

Rennbremse

das vollkommene Zusammenspiel von Körper und Maschine, von Kunst, Handwerk und Technik darstellen – die reine Freude und Lebendigkeit. Hand in Hand damit geht die beständige Suche nach dem Optimum in Sachen Fahrrad-Design.

Neue Technik – neue Trends

Eigentlich war es schon immer so, daß Radfahrer auf das bestmögliche Material aus waren, das sie erhalten konnten. Die Fortschritte jedoch, die gerade in den letzten Jahren in Sachen Schaltung, Bremsen, Reifen und vor allem Leichtbau erzielt wurden, übertreffen das bisher Dagewesene um Längen. Verglichen mit ihren Vorgängern von vor zehn Jahren sind die heute erhältlichen Fahrräder schlichtweg sensationell. Und trotzdem ist das Interesse an der fortwährenden Verbesserung von Technik, Qualität und Funktionalität ungebrochen. Die jüngsten Entwicklungen haben zu einer Vielfalt von Einsatzbereichen fürs Fahrrad geführt – sportliche, touristische und Transport-Belange sind genauso gefragt wie das Streben »zurück zur Natur«. Dieses Buch ist dem Fahrrad als der »endgültigen Maschine« gewidmet: dem schnellsten muskelgetriebenen Fahrzeug der Welt in all seinen Erscheinungsformen.

verzierte Muffen

Pedalhaken

Kettenritzel

modernes Trekkingrad

DAS FAHRRAD

Die Evolution

Skizze von Leonardo da Vinci

Anno 1966 entdeckten italienische Mönche bei der Restauration von Manuskripten Leonardo da Vincis die vermutlich ums Jahr 1490 entstandene Skizze eines pedalgetriebenen Zweirades mit Kettenantrieb, die verblüffende Ähnlichkeit zu modernen Fahrrädern aufweist. Seine offensichtlich geniale Idee hat aber wohl das Zeichenbrett nie verlassen – genau wie so viele andere Geistesblitze des Allround-Genies. Die tatsächliche Entstehung des Fahrrads vollzog sich erst 300 Jahre später, als der Franzose de Sivrac die »Celerifere« ersann: eine Laufmaschine aus zwei hintereinander angeordneten Rädern, verbunden durch einen Balken, auf dem der »Reiter« saß und sich mit den Füßen auf dem Boden abstoßen konnte. 1817 kam dann Baron Karl von Drais auf die Idee, das Vorderrad lenkbar zu machen. Die Entdeckung, daß das Gefährt so nicht mehr zum Umkippen neigte, kann getrost als der eigentliche Durchbruch fürs Fahrrad bezeichnet werden. Die nach ihrem Erfinder benannte »Draisine« kam bei den oberen Gesellschaftsschichten Frankreichs, Deutschlands und Englands und kurz auch in Amerika in Mode. Als Fahrzeug für jedermann kam sie jedoch nicht in Frage – dafür waren die damaligen Straßen viel zu holperig.

Draisine

Die ersten Fortschritte

Um 1839 konstruierte Kirkpatrick Macmillan, ein schottischer Hufschmied, das erste pedalgetriebene Zweirad. Seine Erfindung wurde zwar kaum beachtet, bewährte sich aber offensichtlich in der Praxis. Macmillan jedenfalls unternahm auf ihr im Jahre 1842 eine 226 Kilometer lange Reise nach Glasgow und zurück – die längste Etappe über 65 Kilometer mit im Schnitt immerhin 13 Stundenkilometern.

Hebeltrieb-Rad von Macmillan

Der eigentliche Siegeszug des Fahrrads allerdings begann 1861 in Frankreich, als der ehemalige Kutschenbauer Pierre Michaux Kurbeln und Pedale ans Vorderrad einer Draisine montierte und das Ganze dann »Veloziped« nannte. Fünf Jahre später brachte er ein verbessertes Modell mit größerem Vorderrad auf den Markt, und dessen Erfolg führte zu einer schnellen Verbreitung der neuen Art, sich fortzubewegen. Das Jahr 1869 brachte dann weitere einschneidende Verbesserungen, so zum Beispiel kugelgelagerte Naben, (Draht-)Speichenräder, Vollgummireifen, Schutzbleche, den Freilauf und sogar eine Viergangschaltung. Ein Jahr später jedoch wurde Frankreichs führende Rolle in der Fahrrad-Entwicklung durch den Krieg gegen Preußen jäh gestoppt, und England schwang sich zum neuen Zentrum des Zweirad-Fortschritts auf. Noch immer wurden Pedale und Kurbeln direkt am Vorderrad angebracht, die erzielbare Geschwindigkeit hing also unmittelbar von dessen Größe ab. So war es kein Wunder, daß das »Veloziped« nach und nach zum Hochrad wurde, einer imposanten Erscheinung mit bis zu mannshohem Vorderrad. Der Fahrer saß fast senkrecht über dem Vorderrad, um das Pedalieren so effektiv wie möglich zu machen. Er befand sich damit aber nur kurz hinter dem Schwerpunkt des ganzen Gefährts und in der ständigen Gefahr, beim Überfahren einer Fahrbahnunebenheit kopfüber abgeworfen zu werden. Dieser »Vorwärts-

Michaux's Veloziped

»Gewöhnliches« Hochrad

DIE EVOLUTION

Rover Safety Bicycle

drang« bedeutete zudem noch, daß der Einsatz wirksamer Bremsen nicht möglich war – und dennoch war das Hochrad ein damals überaus populäres Fahrzeug. Zu Anfang der 80er Jahre (19. Jahrhundert) jedoch waren sinkende Preise fürs Fahrrad genauso wie der zunehmende Ausbau des Eisenbahnnetzes und das Aussterben der Pferdekutsche Wegbereiter für eine ganz wesentliche Entwicklung: das »Sicherheitsfahrrad«. Das über eine Kette ans Hinterrad angetriebene »Rover Safety Bicycle«, das 1885 von dem Engländer John K. Starley präsentiert wurde, konnte durch seine Antriebsübersetzung mit vernünftig dimensionierten Laufrädern ausgestattet werden. Das Ergebnis war ein Fahrrad, bei dem das Überfahren von Unebenheiten nicht mit einem Überschlag endete und das abgebremst werden konnte. Die kleineren Laufräder verminderten zwar den Fahrkomfort, doch das wurde alsbald durch die luftgefüllten Reifen, die ein gewisser John B. Dunlop 1888 erfunden hatte, mehr als ausgeglichen. Die sorgten nämlich nicht nur für Stoßdämpfung, sondern mit ihrem geringeren Rollwiderstand auch für höhere Fahrgeschwindigkeiten. Das Hochrad verschwand in der Versenkung.

In den damaligen Industrieländern fand das »Sicherheitsfahrrad« schnell eine zahlreiche Verbreitung, denn es war für jedermann (und natürlich auch -frau) problemlos möglich, es zu fahren. Mußte ein Arbeiter 1896 noch etwa drei Monatslöhne in ein Fahrrad investieren, kostete es ihn im Jahre 1909 jedoch weniger als einen Monatslohn. Endlich konnten sich diejenigen einen »fahrbaren Untersatz« leisten, die ihn auch wirklich brauchten. Frauen aus kleinen Ortschaften wurden durch das Fahrrad gleichsam befreit. Und die gesellschaftliche Entwicklung erfuhr einen ungeahnten Schub nach vorn, weil nun keiner mehr nur auf seine direkte Umgebung beschränkt war, weil bis dato große Distanzen stark zusammenschrumpften. Zwischen den Weltkriegen florierte das Fahrrad in Europa ungemein. Fortschritte wurden vor allem bei der Verbesserung des Rohrmaterials und der Entwicklung von Leichtmetall (Aluminium)-Komponenten und Kettenschaltungen (1895 erstmals patentiert) erzielt. Einzig in den USA sank die Beliebtheit des Fahrrads, bis es zum Spielzeug degradiert war. Und 1933 brachte die Firma Schwinn ein Motorrad-ähnliches, mit breiten Reifen ausgestattetes Ein-Gang-Fahrrad auf den Markt, das ebenso unpraktisch wie schwer war.

Lifestyle in Perfektion

Liegerad für zwei

Der Fahrrad-Boom

Im ersten Jahrzehnt nach dem zweiten Weltkrieg verdreifachte sich in Europa die Zahl der Autos. Der Fahrrad-Markt dagegen brach zusammen. Diesesmal allerdings begann die Kehrtwende zuerst in den Vereinigten Staaten: mit dem zunehmenden Import von leichtgewichtigen, mehrgängigen Sporträdern aus Europa vor allem für den Freizeitbereich. Seit 1970 etwa war dort der Fahrrad-Boom vollends im Gang und schlug sich allmählich auch in Europa nieder. Mitte der 70er Jahre dann kombinierte eine Handvoll Rad-Fanatiker im kalifornischen Marin County Breitreifen und die stabile Rahmenkonstruktion von Schwinns »Ballonreifen-Bombern« mit der Technologie der aktuellen Renn- und BMX-Räder, um damit Geländerennen zu veranstalten. Das Mountain Bike war geboren, durch seine besonderen Anforderungen in Sachen Stabilität, Funktionalität und Leichtbau der derzeit bedeutendste Trendsetter in Sachen Fahrradentwicklung. Sein Nachfolger in dieser Rolle scheint schon in Sicht: das Liegerad, das Maßstäbe in punkto Geschwindigkeit, Sicherheit und Gepäcktransport setzen könnte. Und genau wie die Jahre um 1890 die Blütezeit der Entwicklung hin zum »Sicherheitsfahrrad« waren, versprechen die 90er Jahre des 20. Jahrhunderts erneut eine rasche Evolution des bedeutendsten Verkehrsmittels der Welt – des Fahrrads.

Das Twike

DAS FAHRRAD

Fahrräder heute

"Das einzig sinnvolle Individualverkehrsmittel auf dieser Welt ist das Fahrrad." Die Aufrechterhaltung dieser Behauptung wird eigentlich nur durch das Automobil gefährdet, das den wirtschaftlichen Aufschwung des 20. Jahrhunderts mit ermöglicht hat. Das Auto hat allerdings heute bereits seine Grenzen erreicht. Sowohl der Platz als auch die Energieressourcen, die es benötigt, werden immer knapper. Nicht zuletzt ist das Auto (oder besser seine Benutzer) für einen Großteil der Verschmutzung unserer Umwelt sowie für weltweit jährlich etwa 250000 Verkehrstote und 10 Millionen Verletzte verantwortlich. Mit der Erkenntnis, daß seine Vorteile mittlerweile von den negativen Auswirkungen übertroffen werden, ist man in den Industrienationen inzwischen so weit, daß nach Alternativen fürs Auto gesucht wird. Eine der erfreulichen Folgen dieses »Erwachens« ist die Entdeckung des Fahrrads als ökologisch unbedenkliche und gleichzeitig äußerst effiziente »Maschine«. Mit seinem technologischen Entwicklungspotential könnte das Fahrrad am Beginn eines »Goldenen Zeitalters« der westlichen Welt stehen: Ermutigt durch die enorme Nachfrage nach Mountain Bikes haben die Hersteller heute genügend Motivation, technisch hochwertige und benutzerfreundliche Fahrräder zu entwickeln. Die Fahrräder von heute sind leichter und langlebiger als je zuvor. Ihre Bremsen funktionieren zuverlässiger. Eine Gangschaltung war noch nie so einfach zu bedienen wie heutzutage. Und neuerdings sorgen sogar Federungs- und Stoßdämpfungssysteme für erhöhten Fahrkomfort. Da klingt es geradezu wie ein Witz, daß in der sogenannten Dritten Welt noch immer das gute, alte Ein-Gang-Rad das Maß der Dinge in Sachen Personentransport darstellt. Dort jedenfalls erhöht das Fahrrad weitaus eher die Lebensqualität als das um ein Vielfaches teurere Auto.

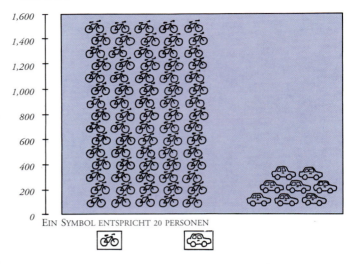

CITY-VERKEHR
Gutachten über das innerstädtische Verkehrsaufkommen besagen, daß eine Fahrspur pro Stunde doppelt so viele Radfahrer wie Autofahrer aufnehmen kann. Bei einer Durchschnittsgeschwindigkeit von 16 Stundenkilometern in Städten wie London oder New York verliert das Auto so seinen Sinn.

PLATZ GESPART
Bei einer Demonstration in Montreal wurde gezeigt, um wieviel sparsamer Fahrräder mit dem Platzangebot auf der Straße umgehen als Autos. Durchschnittlich benötigt ein Auto genauso viel Platz wie acht Fahrräder.

DIE MASSE MACHT'S
In Ländern mit einer hohen »Fahrrad-Dichte« – Japan, Deutschland oder die Niederlande (mit fast so vielen Fahrrädern wie Einwohnern) etwa – ist man dabei, das Radfahren durch entsprechende Verkehrsplanung zu einer sicheren, praktikablen Alternative zum Auto zu machen.

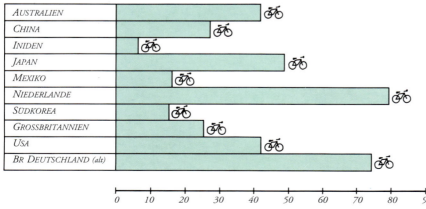

FAHRRÄDER HEUTE

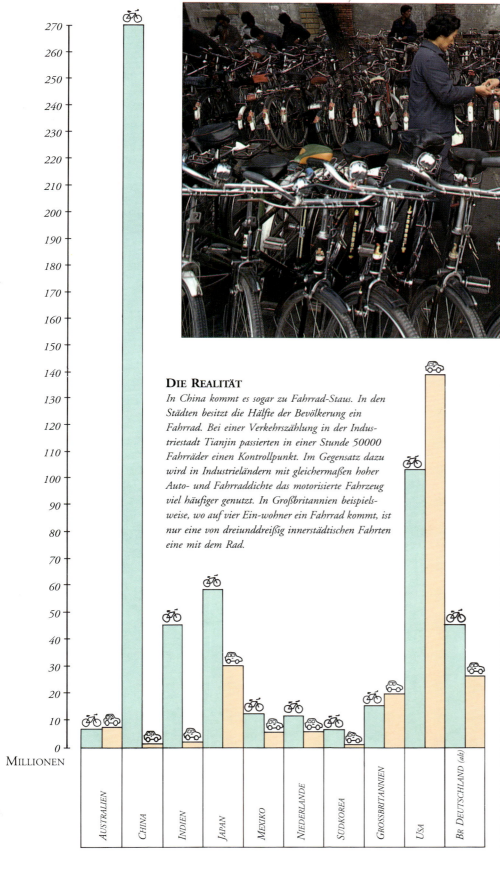

UND IN FERNOST
Die Kombination Fahrrad-/Schienenverkehr ist für Berufspendler in Fernost so gebräuchlich, daß viele Bahnhöfe reine Fahrrad-Parkhäuser benötigen.

DIE REALITÄT
In China kommt es sogar zu Fahrrad-Staus. In den Städten besitzt die Hälfte der Bevölkerung ein Fahrrad. Bei einer Verkehrszählung in der Industriestadt Tianjin passierten in einer Stunde 50000 Fahrräder einen Kontrollpunkt. Im Gegensatz dazu wird in Industrieländern mit gleichermaßen hoher Auto- und Fahrraddichte das motorisierte Fahrzeug viel häufiger genutzt. In Großbritannien beispielsweise, wo auf vier Ein-wohner ein Fahrrad kommt, ist nur eine von dreiunddreißig innerstädtischen Fahrten eine mit dem Rad.

HABEN SIE'S GEWUSST?
- Auf der Erde gibt es doppelt so viele Fahrräder (800 Millionen) wie Autos.
- Jährlich werden weltweit dreimal so viele Fahrräder wie Autos hergestellt.
- Allein in Asien bewegen sich mehr Menschen per Fahrrad fort als in allen Autos der Erde zusammen.
- Das Fahrrad ist die energiesparendste Möglichkeit, sich fortzubewegen: Eine US-Studie ergab, daß ein Mensch pro Meile (1,6 km) per Rad 35 Kalorien und zu Fuß 100 Kalorien verbrennt. Ein Auto benötigt dazu 1860 Kalorien.
- Jede Meile Autobahn verbraucht etwa 25 Morgen Land.
- Jeder Autofahrer beschäftigt sich durchschnittlich vier Stunden pro Tag mit seinem Fahrzeug: entweder beim Fahren, bei der Fahrzeugpflege oder beim Geldverdienen, um sich eins kaufen zu können.
- Wenn Autofahrer für alle Fahrten unter fünf Kilometern das Fahrrad benutzen würden, könnten sie jährlich Hunderte von Mark allein für Treibstoff sparen.
- Alle US-Amerikaner zusammen verbringen eine Billion Stunden pro Jahr im Stau und verbrauchen dabei zwei Billionen Gallonen oder 9100000000000 Liter Benzin.

DAS FAHRRAD

Die Anatomie des Fahrrads

Im Laufe der Zeit haben sich verschiedene Fahrradtypen entwickelt, aber im Grunde genommen sind alle Fahrräder gleich. Es gibt zwar Unterschiede hinsichtlich Bauart, Qualität, Gewicht und Funktion. Grundsätzlich aber besteht ein Fahrrad aus Rahmen, Laufrädern, Antriebsstrang, Bremsen, Vorbau, Lenker und Sattel. Auf dem Rahmen findet man in der Regel den Namen des Herstellers, die restlichen Komponenten – genannt Ausstattung – stammen meist von anderen Firmen.

DIE ANATOMIE DES FAHRRADS

DAS HYBRIDRAD

Unser Beispiel, ein Cannondale SH-600, wird **Hybridrad** *genannt, weil es das geringe Gewicht und die Agilität eines Rennrads mit der robusten Konstruktion und Vielseitigkeit eines Mountain Bikes in sich vereinen soll. Es eignet sich genauso für die Fahrt ins Büro wie für eine Tour auf Feld- und Waldwegen. Es ist flexibel und macht Spaß – ein Fahr-Rad eben.*

Schalt-
hebel

Vorbau-
Klemmschraube

Lenkergriff

Lenker

Vorbau

Bremshebel

Zugwider
lager

Lenk-
kopfrohr

Bremszugweiche

Gabelkopf

Schaltzug-
einsteller

Bremsschuh

Bremssockelschraube

Gabelscheide

Lowrider-
Gewindeöse

Nabenschnell-
spanner

Nabenachse

Gabel-**Ausfallende**

Nabenflansch

Speiche

Felge

Presta-Ventil

Ventilkappe

Nippel

TECHNIK IN WORTEN

Fahrräder haben ihre eigene Terminologie und Sprache. Viele Fahrradteile tragen Namen, die sich von selbst erklären: Eine Sattelstütze trägt den Sattel, eine Kurbel ist eine Art Hebel, und eine Kurbelgarnitur ist ein Paar Kurbeln. Genauso gibt es aber auch Namen, die weniger eindeutig sind: **Anlötteil, Vorbau** oder **Ausfallende** zum Beispiel.

Vom Fahrrad sprechen

Manche Ausdrücke entstammen dem Maschinenbau, andere wieder sind obskure Überbleibsel aus »alten Zeiten«. Fürs Fachsimpeln über Fahrräder ist ihre Kenntnis jedoch unerläßlich, und Neulinge kommen kaum ohne umständliche Erklärungen aus. Was bedeutet es zum Beispiel, wenn ein Verkäufer von einem Rad behauptet, es habe »einen steifen Hinterbau mit kurzen Kettenstreben«? Was ist eine Strebe, und wie kurz ist »kurz«? Dieses Buch ist so aufgebaut, daß es auf alle Fragen eine Antwort gibt, sobald sie auftauchen – und daß der Leser die Antworten verstehen kann. Dieses Kapitel soll einen generellen Überblick darüber verschaffen, was Fahrräder sind, wie sie gebaut werden, wie der menschliche Körper auf dem Fahrrad »arbeitet« und wie man ein Fahrrad an die eigene Anatomie anpaßt.

Radfahren in Worten

Auf den folgenden Seiten sind die Schlüsselbegriffe des Fahrrad-Designs erklärt – **Radstand, Nachlauf, Gabelvorbiegung** und Winkel genauso wie die Grundzüge des Rahmenbaus. Es geht aber auch um die körperlichen Aspekte – **Trittfrequenz, Wiegetritt** und **Runder Tritt.** Später widmen wir uns den einzelnen Radtypen und gehen – mit Ausnahme des Alltagsrades – auf die Besonderheiten in Sachen Ausstattung, Rahmen-Design und -Machart sowie auf die Wahl der richtigen Rahmengröße ein. In jedem Kapitel sollten sämtliche benötigten Informationen enthalten sein, und die Fahrrad-Sprache lernt man automatisch mit.

DAS FAHRRAD

Der Rahmen

Drei Hauptaufgaben hat der Fahrradrahmen: Er muß das Fahrergewicht »ertragen« und die Antriebs- und Lenkkräfte übertragen. Die Kontaktstellen mit dem Fahrer – Pedale, Sattel und Lenker – und der Platzbedarf für die Laufräder sind einigermaßen konstante Parameter, daher ähneln sich Rennrad- und Mountain Bike-Rahmen zumindest der Form nach. In Sachen Rahmengeometrie und -material gibt es so viele Gesichtspunkte, die direkt voneinander abhängen, daß selbst kleinste Abweichungen im Design die Charakteristik eines Rahmens nachhaltig verändern können. Die Feinheiten sind derart komplex, daß die Konstruktion eines Fahrradrahmens eher als Kunst denn als Wissenschaft bezeichnet werden kann. Und obwohl die allerneuesten Materialien und Technologien ebenso revolutionäre Rahmenbauformen hervorgebracht haben, kommt es letztendlich immer noch auf das Gefühl, den Instinkt des Rahmenbauers und seine Erfahrung an.

DER RADSTAND
Er entspricht dem Abstand der beiden Radachsen oder der Reifenaufstandspunkte auf ebenem Untergrund. Der **Radstand** (R) bewegt sich grob zwischen 98 Zentimetern beim Rennrad und 114 Zentimetern beim Mountain Bike. Der **Nachlauf** (N) ist die Distanz, um die das vordere Laufrad der Lenkachse folgt. Er wird zwischen dem Schnittpunkt der Lenkachse mit dem Boden und dem Radaufstandspunkt gemessen. Die **Gabelvorbiegung** (V) ist der Abstand zwischen Radachse und Lenkachse. Eine stärkere Gabelvorbiegung vermindert den Nachlauf, daraus ergibt sich eine leichtgängigere Lenkung, aber auch ein empfindlicheres Lenkverhalten. Ein größerer Nachlauf verbessert den Geradeauslauf, bringt aber auch erhöhte Lenkkräfte mit sich.

MOUNTAIN BIKE-RAHMEN
Ihre Bauweise ist vor allem auf ausreichende Fahrstabilität in rauhem Gelände ausgelegt. Das gedrungene und robuste Design sorgt für ausreichende Handlichkeit, generell ist ihre Geometrie aber eher flach und gestreckt ausgelegt, um stets sichere Lenkeigenschaften zu gewährleisten.

OBERROHR: Es ist – vor allem bei kleineren Rahmen – häufig nach hinten abfallend ausgelegt, um die Bewegungsfreiheit des Fahrers zu erhöhen.

SITZROHRWINKEL: Er schwankt zwischen 68 und 74 Grad und beeinflußt vor allem die Position des Fahrers zum Tretlager.

BREMSSOCKEL: Sie sind besonders verwindungssteif und werden entweder angelötet oder -geschweißt.

SITZROHR: Ebenfalls zur Erhöhung der Bewegungsfreiheit für den Fahrer ist es in der Regel zwischen 7 und 13 Zentimetern kürzer als beim Rennrad – bei gleicher effektiver Rahmenhöhe.

TRETLAGER: Seine Höhe über dem Boden variiert zwischen 28 und 33 Zentimetern.

KETTENSTREBEN: Sie sind zwischen 39 und 47 Zentimetern lang, durchschnittlich etwa 43 Zentimeter. Längere Streben erhöhen die Fahrstabilität und ermöglichen eine günstigere Positionierung von Gepäck (über oder vor der Hinterachse).

RADSTAND: Er beträgt zwischen 101 und 114 Zentimetern, je nach Rahmengröße und -auslegung. Sportliche Modelle sind eher kurz gehalten.

DER RAHMEN

SITZROHRWINKEL: Er liegt zwischen 72 und 76 Grad, wobei ein steilerer Winkel ein sportlicheres, wendigeres Lenkverhalten ergibt.

KETTENSTREBENLÄNGE: Am Rennrad beträgt sie nur 40 bis 42 Zentimeter, so daß weder Platz für breite Reifen noch für Schutzbleche bleibt.

LENKKOPFWINKEL: Er variiert zwischen 73 und 76 Grad, und wiederum sorgt ein steiler Winkel für agileres Lenkverhalten, auch weil der Radstand so verkürzt wird.

DIE GABEL: Ihre Beanspruchung durch Bodenunebenheiten ist am Gabelkopf am größten, nach unten verjüngen sich die Gabelscheiden gewöhnlich. Gebogen sind sie nicht etwa aus Komfortgründen, sondern um den gewünschten Nachlauf zu erzielen.

RENNRAD-RAHMEN

Oberstes Ziel ist es, ihn möglichst leicht, schlank und kompakt zu halten, damit er dem Fahrer »wie ein Maßanzug« paßt. Unser Beispiel, ein Merlin-Titanrahmen, gehört zu den leichtesten seiner Art. Das Rohrmaterial 3/2,5 Titan, eine Legierung aus 94,5 % Titan, 3 % Aluminium und 2,5 % Vanadium, ist extrem korrosionsbeständig und wird normalerweise in der Flugzeugindustrie für Hydraulikleitungen eingesetzt.

DAS TRETLAGER: Zugunsten eines niedrigeren Schwerpunkts von Rad und Fahrer liegt es nur etwa 26 bis 28 Zentimeter über dem Boden und sorgt zusammen mit dem kurzen **Radstand** (98 bis 99 Zentimeter) für enorme Handlichkeit.

DAS LENKVERHALTEN:
*Die **Gabelvorbiegung** bewegt sich bei Mountain Bikes zwischen einem und sieben Zentimetern und bestimmt zusammen mit dem vergleichsweise flachen Lenkkopfwinkel (meist 70 bis 71 Grad) den **Nachlauf**. Der ist eher groß, zwischen 4,5 und 8,5 Zentimetern, um den Geradeauslauf zu verbessern. Bei Renn-Mountain Bikes, die auch bei hohen Geschwindigkeiten noch gut beherrschbar sein sollen, beträgt er in der Regel etwa sechs bis sieben Zentimeter.*

DIE GABELSCHEIDEN:
Es gibt gerade und gebogene, dicke und dünne, je nach den gewünschten Lenk- und Federeigenschaften.

COMPUTER-DESIGN:
Bei der Konstruktion von Fahrradrahmen läuft heutzutage fast nichts mehr ohne Computer. Mit Hilfe aufwendiger Analyse-Programme können sämtliche Belastungen ermittelt und imitiert werden, so daß schon im Entwurfsstadium eine erste Überprüfung von Design-Variationen möglich ist. Mit Hilfe von CAD-Programmen werden dann Konstruktionszeichnungen erstellt, der endgültige Test vor der Serienreife bleibt aber noch immer dem Menschen vorbehalten: Handgefertigte Proto-typen müssen sich in der Fahrpraxis als tauglich erweisen.

DAS FAHRRAD

Rahmenbau und -materialien

Fahrradrahmen werden heutzutage entweder aus Metall – Stahl, Aluminium oder Titan also – oder aus Verbundwerkstoffen – Materialien wie Kohle-, Glas- oder Aramidfasern, die durch gehärtete Kunstharze zusammengehalten werden – gefertigt. Metalle sind isotrop, das heißt, sie sind in alle Richtungen gleich belastbar. Daraus ergibt sich, daß die optimale Rahmenform in punkto Leichtbau bei gleichzeitig hoher Steifigkeit der aus Rohren zusammengefügte klassische Diamantrahmen ist. Die Verbund- oder Faserwerkstoffe dagegen haben anisotrope Eigenschaften, sie sind nur entlang ihrer Faserrichtung in der Lage, Kräfte aufzunehmen. Die Fasern können jedoch in jedem gewünschten Verlauf geformt werden, um so die erforderliche Belastbarkeit zu erzielen. Verbundwerkstoffe sind daher für speziell geformte, einteilige **Monocoque**-Rahmen (siehe Seite 138) geradezu prädestiniert.

DER LÖTVORGANG
Um eine gleichmäßige Erhitzung der Lötstelle zu gewährleisten, bedarf es rundum mehrerer Lötbrenner. Sobald die Rohre und die Muffe die erforderliche Temperatur erreichen, schmilzt das weiße Flußmittel und hinterläßt eine voll-kommen saubere Oberfläche. Das Lot, ein dünnes Stäbchen Messing- oder Silberlegierung, wird zugeführt, schmilzt und fließt durch die Kapillarwirkung in den Lötspalt.

Sitz**muffe** — Oberrohr
Streben-Ende
Sitzstrebe
Bremsbrücke
Hintere **Ausfallenden** (Typ *Campagnolo*)
Kettenstrebe
Sitzrohr

IDENTITÄTSFRAGE: Der verwendete Rohrtyp läßt sich den Aufklebern auf Rahmen und Gabel entnehmen, so sie vorhanden sind.

DER ROHRSATZ: Rahmenrohre gibt es in den unterschiedlichsten Qualitäts- und Preisstufen. Sie werden von den Rohrherstellern meist als Komplettsatz für den jeweiligen Rahmentyp verkauft. Manche Rahmenbauer kombinieren Rohre unterschiedlicher Spezifikationen, um so individueller auf die Ansprüche ihrer Kundschaft eingehen zu können.

FÜGETECHNIK: Hochwertige Stahlrohre können sich verziehen oder spröde werden, wenn sie überhitzt werden. Das **Löten** mit Messing- oder Silberlot, dessen Schmelztemperatur unter der von Stahl liegt, ist daher eine geeignete Fügetechnik. Die meisten Rahmenbauer verwenden Messinglot, weil es sich über einen größeren Temperaturbereich verarbeiten läßt. Dafür ist die Hitzebeanspruchung fürs Rahmenmaterial durch die niedrigere Schmelztemperatur von Silberlot geringer.

KÖNNEN: Die aktuellen Stahllegierungen lassen sich vielseitig verarbeiten. Sie können entweder aufwendig **gelötet**, oder aber maschinell und damit kostenmindernd per WIG (Wolfram-Inert-Gas)-Verfahren verschweißt werden. Hochwertige, dünnwandige Rohre müssen aber noch immer von Hand zusammengefügt werden, so daß die Qualität eines Top-Rahmens von der Kunstfertigkeit des Rahmenbauers und nicht von einer Maschine abhängt.

HÄLT ES, ODER HÄLT ES NICHT?

Metallische Werkstoffe können entweder durch eine schlagartige Krafteinleitung, die die jeweilige Zugfestigkeit überschreitet, oder durch Dauerbelastung zerstört werden. Die im Rahmenbau eingesetzten Stahl- und Titanlegierungen weisen eine gewisse Dauerfestigkeit auf, sie können also auch lang andauernden Belastungen standhalten, so lange diese Grenze nicht überschritten wird. Aluminium dagegen ist nicht dauerfest, es ermüdet unter jeglicher Beanspruchung bis hin zum Bruch. Rahmenbauer, die dieses Material einsetzen, müssen diese Eigenart in ihre Konstruktion miteinbeziehen, daher kommt die häufige Über-Dimensionierung von Aluminium-Rahmen. Unter normalen Fahr-Bedingungen wird ein Stahl- oder Titanrahmen also stets »wie neu« bleiben, ihren Pendants aus Aluminium schreiben Skeptiker eine Lebensdauer von nur drei bis fünf Jahren zu. Dafür haben sie in Sachen Leichtbau zu erstaunlich geringen Preisen einiges zu bieten. Auf lange Sicht jedoch stellt wohl ein Stahlrahmen mit seiner in Jahrzehnten zählenden Lebensdauer den besseren Gegenwert dar. Viele Profi-Rennfahrer behaupten zwar, sie würden einen Stahlrahmen in weniger als einer Saison »weich treten«, sämtliche auf diesem Gebiet durchgeführten Untersuchungen verweisen dies jedoch eindeutig ins Reich der Fabel. Rahmen aus Verbundwerkstoffen sind noch nicht lange genug auf dem Markt, um konkrete Aussagen über ihre Dauerhaltbarkeit zu erlauben. Genau wie bei Aluminium aber ist auf Grund ihrer Molekularstruktur eine relativ schnelle Alterung zu erwarten. Man wird sehen, ob sich diese pessimistische Einschätzung als richtig erweist. Im Moment jedoch dürften die Besitzer von teuren Kohlefaserrahmen viel zu begeistert von ihrem guten Stück sein, um davor Angst zu haben.

RAHMENBAU UND -MATERIALIEN

Gabelschaft

Lenkkopfrohr

VOM ROHR ZUM RAD: *Der Rohrsatz wird auf die erforderlichen Maße gebracht,* **verlötet***, gerichtet und dann grundiert und lackiert. Die Herstellung eines Maßrahmens dauert in der Regel eine Woche, das Komplettieren zum Fahrrad dann dann noch ein paar Stunden.*

DEKORATION: Die Rahmenaufkleber werden im günstigen Fall von einer Klarlackschicht geschützt.

VERBINDUNGSELEMENTE: **Muffen** verstärken die Rohrverbindungen vor allem durch ihre große Kontaktfläche für das Lötmaterial. Zu den Spitzen hin laufen sie dünn aus, um die unter Belastung an den Rohrverbindungsstellen auftretenden Spannungsübergänge so sanft wie möglich zu gestalten.

FÜHRUNGSELEMENTE: Es gibt Rohre für Gabelscheiden, deren Wandstärke zum Gabelkopf hin abnimmt – das soll ihre Elastizität und Stoßdämpfungsfähigkeit verbessern. Ein anderer Rohrtyp – die »italienische« Bauart – verjüngt sich bei konstanter Wandstärke zum Ausfallende hin, um seitlich auftretenden Kräften vor allem beim Kurvenfahren besser widerstehen zu können.

Ausfallende

ROHR-DIMENSIONEN

»Festigkeit« ist der Widerstand, den ein Werkstoff unabhängig von seiner Bauform jeglicher Verformung entgegensetzt. Die »Steifigkeit« eines Bauteils hängt von der Festigkeit seines Materials und von seiner Form ab. Im Falle eines Rohres kann sie durch die Erhöhung der Wandstärke und/oder des Durchmessers vergrößert werden. Theoretisch sollte der Außendurchmesser eines Rohres höchstens das 50fache seiner Wandstärke betragen. Einige wenige besonders hochwertige Rohre für Fahrradrahmen überschreiten diesen Grenzwert aber bei weitem – sie sind dafür besonders empfindlich, vor allem gegen harte Schläge. Wenn der Rohrdurchmesser ohne gleichzeitige Gewichtszunahme erhöht werden soll, muß an Stelle von Stahl zu einem Werkstoff mit geringerem spezifischen Gewicht gegriffen werden, damit die Wandstärke ausreichend dick bleiben kann. Aluminium oder Titan machen dies möglich. Sie weisen zwar nicht die Festigkeit von Stahl auf, trotzdem kann man aus ihnen steife und dennoch leichtgewichtige Rahmen bauen.

GESCHWEISSTES ALU-ROHR: Die vollkommen unbearbeiteten, gleichmäßigen WIG-Schweißnähte harmonisieren gut mit dem blanken Aluminium-Rahmen. Der wiederum ist sehr korrosionsbeständig und damit unempfindlich und pflegeleicht.

GESCHWEISSTE STAHLROHRE: Was früher undenkbar war, ist heute möglich: Auch hochwertigste, dünnwandige CrMo-Stahlrohre lassen sich dank Endverstärkung (erhöhte Wandstärke an den Rohrenden) WIG-Schweißen.

WUNDER-WERKSTOFF CARBON: Eine mögliche Verbindungstechnik ist das Verkleben mit Muffen, in diesem Falle aus Aluminium. Sie erfordert jedoch äußerste Präzision und Sauberkeit.

GEKLEBTE ALU-ROHRE: Auf diese Art wird das Risiko der Überhitzung beim Schweißen vermieden. Eine saubere Arbeitsweise vorausgesetzt ergeben sich aber äußerst feste Verbindungen.

LÖTEN OHNE MUFFEN: Beim sogenannten »fillet brazing« ergeben sich besonders weiche, »schöne« Rohrübergänge. Außergewöhnliche Winkelstellungen oder Rohrdurchmesser, für die es keine Muffen gibt, erfordern diese aufwendige Technik.

VERSCHLIFFENE SCHWEISSNÄHTE: Manche Hersteller verschleifen die voluminösen Schweißnähte an Aluminiumrahmen aus optischen Gründen, aber auch, um die Spannungsübergänge (wie bei gemufften Verbindungen) sanfter zu gestalten. Nur wenn die Rohre an der Verbindungsstelle vollkommen miteinander verschmolzen sind (am Beispiel oben erkennt man das an der Rohrinnenseite), bleibt die Festigkeit der Schweißnaht erhalten. Stichprobenartige Kontrollen der Nähte (durch Aufsägen) sind daher unerläßlich.

DAS FAHRRAD

Maschine Mensch

Der menschliche Körper funktioniert ähnlich wie ein Verbrennungsmotor – um arbeiten zu können benötigt er eine ständige Zufuhr von Sauerstoff und Treibstoff. Am effektivsten funktioniert das, wenn sich Energieverbrauch und Sauerstoffaufnahme die Waage halten. Oberhalb dieser sogenannten anaeroben Schwelle gerät man in Atemnot. Und bei zu starker Muskelbeanspruchung funktioniert der innermuskuläre Stoffwechsel nicht mehr richtig, es kommt zu schmerzhaften Krämpfen. Vernünftig betrieben stellt Radfahren aber eine äußerst vielseitige Belastung des Körpers dar – mit Schwerpunkt auf Kreislauf und Atemsystem – und gilt somit als besonders gesundheitsfördernd. Während des Fahrens sollte man häufig essen, aber nur leichte Kost.

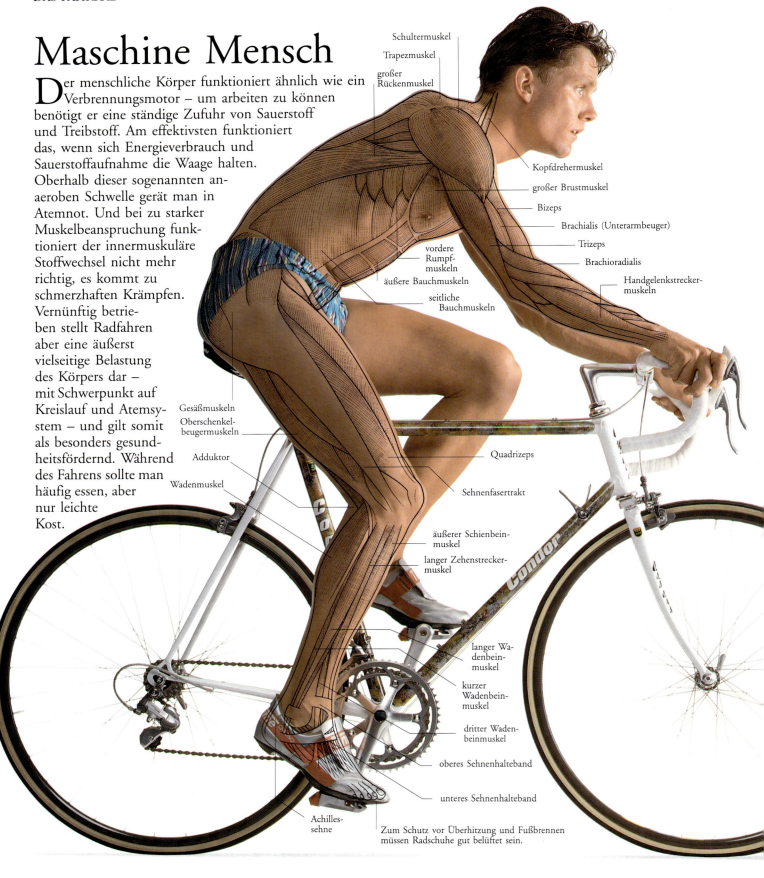

Zum Schutz vor Überhitzung und Fußbrennen müssen Radschuhe gut belüftet sein.

Besonders wertvoll sind kohlenhydratreiche Speisen wie Nudeln, Vollkornflocken und Obst. Eiweiß und Fett gehören natürlich auch zu einer ausgewogenen Ernährung, sie werden aber vergleichsweise langsam aufgenommen und in Muskelenergie umgewandelt.

Essen und Trinken

Die Kohlenhydrat- oder Glykogenspeicher im Körper können bei großer Beanspruchung in weniger als zwei Stunden vollkommen erschöpft sein – wer nicht aufpaßt, den ereilt der »Hungerast«, eine plötzliche, totale Kraftlosigkeit. Sie sollten daher ständig aufgefüllt werden, durch Bananen oder Energieriegel zum Beispiel. Die Fettspeicher dagegen sind praktisch unerschöpflich. Sie werden überhaupt erst bei langandauernder, moderater Belastung angegriffen – eine gute Methode, um abzunehmen. Zuckerreiche Nahrungsmittel helfen zwar kurzfristig über Energiedefizite hinweg, sollten aber vermieden werden, da sie den Organismus dazu bringen, die Energiebereitstellung zu drosseln. Besonders wichtig ist eine konstante Flüssigkeitszufuhr. Wenn man einmal Durst verspürt, ist es bereits zu spät, die Leistungsfähigkeit sinkt ganz beträchtlich.

DIE ARME
Mit Hilfe ihrer Muskulatur wird das Fahrrad gelenkt, sie dienen dem Fahrer aber auch zur Gewichtsverlagerung. Die Ellbogen sollten nie ganz durchgestreckt sein – leicht angewinkelt ermöglichen sie eine gewisse Stoßdämpfung.

DER RÜCKEN
Die Rücken- und Bauchmuskulatur greift nicht direkt in die Tretbewegung ein. Trotzdem tritt sie beim Radfahren in Aktion: Sie stützt und hält nämlich Oberkörper und Kopf. Die unteren Rückenmuskeln sollten, da sie weniger beansprucht werden, vor Kälte und Fahrtwind geschützt werden.

DIE OBERSCHENKEL
Zum Radfahren werden die größten und kräftigsten Muskeln des Körpers benutzt. In den Oberschenkeln sorgen die Quadrizepse (Oberschenkelstrecker) und die Oberschenkelbeugermuskeln für die Pedalierbewegung und damit fürs Vorankommen. Die ersteren besorgen das Beinstrecken und somit die Abwärtsbewegung der Pedale, und die Oberschenkelbeugermuskeln sorgen für den Pedalzug nach oben. Eine zu hohe oder niedrige Sattelposition kann dabei zu Zerrungen führen, wenn ein Muskel überdehnt wird.

ÄRGER MIT DEM KNIE?
Dreh- und Angelpunkt jeder Pedalierbewegung ist das Kniegelenk. Bei der empfohlenen Trittfrequenz von 80 Pedalumdrehungen pro Minute wird das Knie in einer Stunde immerhin 4800 Mal gebeugt und wieder gestreckt. Beschwerden treten auf, wenn das Knie beim Pedalieren nicht in einer (senkrechten) Ebene bewegt wird oder wenn der Fuß durch eine falsche Position auf dem Pedal relativ zum Knie verdreht wird.

EMPFINDLICHE GELENKE

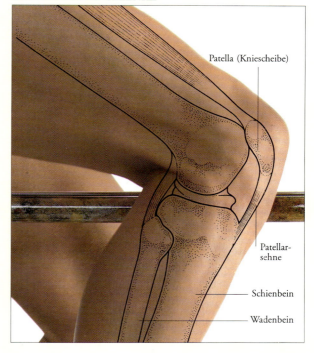

Das Kniegelenk
Anders als die meisten Gelenke wird das Knie nur durch Muskeln, Sehnen und Bänder zusammengehalten. Die Knochen gleiten – mit einer öligen Gelenkflüssigkeit aus der Gelenkkapsel geschmiert – über Knorpel. Im »Schadensfall« schwillt das Knie an.

Der Fuß
Beim Pedalieren stehen die Fußsohlenbänder ständig unter Spannung und müssen durch eine biegesteife Schuhsohle vor zu großer Durchbiegung geschützt werden.

DAS FAHRRAD

Die Sitzposition

Der absolut wichtigste Gesichtspunkt beim Fahrradkauf ist die Frage, ob sich eine für den Fahrer oder die Fahrerin ergonomisch günstige Sitzposition einstellen läßt, ob das Rad paßt wie ein Maßanzug, oder eben nicht. Fahrverhalten und -komfort hängen ebenso davon ab wie die Gefahr von Verletzungen, und schon kleinste Abweichungen vom Optimum können auf Dauer schwerwiegende Folgen haben. Die hier empfohlene Methode, die Sitzposition korrekt einzustellen, hat sich in langjähriger Praxis bewährt – kleine Korrekturen können aber auf Grund der individuellen Anatomie jedes Einzelnen angebracht sein. Sobald man »seine« Sitzposition gefunden und eingestellt hat, sollte man dabei bleiben, auch wenn sie sich anfangs unbequem oder uneffektiv anfühlt. Unsere Muskulatur benötigt stets etwas Gewöhnung an neue Bewegungsmuster, und der letztendliche Erfolg – auch auf längsten Strecken beschwerdefreies Radfahren nämlich – gab uns bisher noch immer recht.

DIE RICHTIGE RAHMENGRÖSSE

Straßenrennfahrer und Mountain Biker tendieren in der Regel zu kleineren Rahmenhöhen – des geringeren Gewichts und einer verbesserten Handlichkeit wegen. Tourenfahrer bevorzugen dagegen eher größere Rahmen, das erhöht die Fahrstabilität vor allem auf schnellen Abfahrten und in Kurven. Unsere zwei Beispiele auf dem Meßrahmen zeigen, daß vor allem die Oberrohr- und Sitzrohrlänge bei unterschiedlich lang geratenen Fahrern stark voneinander abweichen, während die Rahmenwinkel sich kaum verändern.

DIE SATTELHÖHE: Zuerst wird die sogenannte Schrittlänge ermittelt, dazu stellt man sich mit dem Rücken an eine Wand, die Füße (ohne Schuhe und Socken) etwa 10 Zentimeter auseinander. Nun klemmt man ein dickes Buch so hoch wie möglich zwischen die Beine – die Höhe der Buchoberkante vom Boden gemessen entspricht nun genau der Schrittlänge. Diese wird nun mit dem Faktor 0,885 multipliziert, das Ergebnis ist der korrekte Abstand zwischen Tretlagerwelle und Satteloberkante.

DIE SATTELSTÜTZE: Bei Rennrädern sollte sie zwischen 9 und 13 Zentimetern, bei Tourenrädern zwischen 7 und 11 und bei Mountain Bikes zwischen 15 und 20 Zentimetern (manchmal sogar noch etwas weiter) aus dem Rahmen herausragen.

DER SITZROHRWINKEL: Je nach Radtyp beträgt er zwischen 68 und 76 Grad. Kleinere Rahmen haben eher steilere Sitzrohrwinkel.

DIE LÄNGENFRAGE: In der normalen Sitzposition sollte der Blick auf die Vorderrad-Nabenachse durch den Lenker verdeckt sein. Oberrohr und **Vorbau** weisen dann genau die richtige Länge auf.

DIE BEINFREIHEIT: Im Stand sollte zwischen Oberrohr und Schritt stets noch etwas »Luft« sein: Bei Renn- und Tourenrädern 3 bis 6 Zentimeter, bei Mountain Bikes und **Hybridrädern** jedoch mindestens 8 Zentimeter.

DER LENKKOPFWINKEL: Sein Maß beeinflußt die Sitzposition nur unwesentlich, umso mehr dafür die Lenkeigenschaften.

DAS PEDAL: Zur optimalen Kraftübertragung sollte sich der Fußballen stets genau senkrecht über der Pedalachse befinden.

DIE SITZPOSITION

EIN RAD NACH MASS

Mit Hilfe von speziellen Meßrahmen – dem *Elite* (siehe unten und links) oder dem *Serotta Size Cycle* beispielsweise – läßt sich die optimale Rahmengeometrie für jeden einzelnen Fahrertyp direkt im Fachgeschäft oder beim Rahmenbauer ermitteln. Alle nur erdenklichen Maße lassen sich einstellen und – zumindest Hometrainer-artig – auch gleich »erfahren«. Mittlerweile gibt es sogar Computerprogramme wie das *ProBikeFit* aus den USA, die die Abmessungen sämtlicher erhältlicher Rahmen und Komponenten gespeichert haben, so daß auch individuell zusammengestellte Fahrräder quasi auf dem Bildschirm vermessen werden können. Die wichtigsten zu ermittelnden Maße sind die Sattelhöhe, die Oberrohrlänge, die erforderliche Sattelstützenlänge und die Beinfreiheit im Stand. Wenn sie nach unseren Ratschlägen eingestellt sind, sollte man beschwerdefrei und entspannt fahren können – mit durchgestrecktem Rücken und leicht angewinkelten Armen, damit die Atmung erleichtert und das Abfedern von Fahrbahnstößen möglich wird.

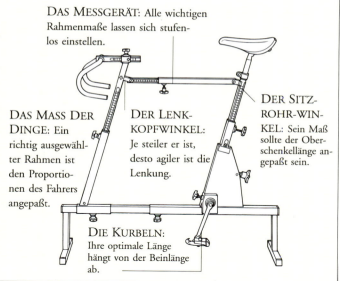

DAS MESSGERÄT: Alle wichtigen Rahmenmaße lassen sich stufenlos einstellen.

DAS MASS DER DINGE: Ein richtig ausgewählter Rahmen ist den Proportionen des Fahrers angepaßt.

DER LENKKOPFWINKEL: Je steiler er ist, desto agiler ist die Lenkung.

DER SITZROHRWINKEL: Sein Maß sollte der Oberschenkellänge angepaßt sein.

DIE KURBELN: Ihre optimale Länge hängt von der Beinlänge ab.

DER LENKERVORBAU: Wie gestreckt die Sitzhaltung ist, hängt von der Länge des **Vorbaus** ab. Wenn die Oberrohrlänge stimmt, sind Rennradvorbauten in der Regel zwischen 6 und 11 Zentimetern lang. Darüber hinaus sind sie zu verwindungsweich.

DIE LENKERPOSITION: Im Normalbetrieb sollte die Lenkeroberkante 2 bis 4 Zentimeter unter der Satteloberkante sein. Rennfahrer bevorzugen dagegen etwa 8 bis 10 Zentimeter Höhenunterschied.

DIE LENKERBREITE: Sie sollte der Schulterbreite entsprechen. Frauen benötigen meist 38 bis 40 Zentimeter, Männer 40 bis 44 Zentimeter breite Lenkerbügel.

DER RENNLENKER: Neben seiner Breite variiert auch noch die Biegung nach unten. Als Standard gelten 15 Zentimeter Distanz zwischen oberer und unterer Griffposition.

DIE KNIE: In der unteren Griffposition und mit waagerechten Unterarmen sollten sich Knie und Ellbogen überlappen, wenn das Pedal am oberen Scheitelpunkt ist.

BESONDERHEITEN FÜR FRAUEN:
Relativ zur Körpergröße haben Frauen meist einen kürzeren Oberkörper und kürzere Arme als Männer. Die Bestimmung der Rahmengröße nur nach der Schrittlänge führt daher häufig zu Rahmen mit zu langem Oberrohr. Abhilfe schaffen da ein etwas kleinerer Rahmen und eine längere Sattelstütze.

DIE SATTELPOSITION: Grundsätzlich sollte der Sattel waagerecht montiert werden. Nach oben geneigt kann er zu Druckstellen führen, und andersherum rutscht man ständig nach vorne und verlagert sein Gewicht auf die Arme. Für Frauen gibt es spezielle Damensättel mit einer breiteren, kürzeren Sitzfläche.

Das MOUNTAIN BIKE

Mountain Bikes verkörpern die aufregendste Entwicklung, die die Welt des Fahrrads in diesem Jahrhundert durchgemacht hat. Dieser Fahrradtyp hat einen ganzen Industriezweig revolutioniert. Mit ihm können Radfahrer Strecken »erfahren«, die bislang als unbefahrbar galten, und Millionen Menschen haben den Spaß am Radfahren völlig neu entdeckt. Das Mountain Bike ist – zumindest im wohlhabenden Teil der Welt – der meistverkaufte Radtyp unserer Zeit. Mit seinen breiten Stollenreifen, seinen extrem niedrigen Gängen, den bärenstarken Bremsen und dem kräftig dimensionierten Rahmen hat es die Welt der Fahrradtechnik auf den Kopf gestellt. Wie die meisten klaren, einfachen Erfindungen hat es einen vollkommen unkonventionellen Ursprung – nicht etwa auf dem Zeichenbrett eines Konstrukteurs, sondern in den Köpfen einer Handvoll Fahrradverrückter im kalifornischen Marin County, Mitte der 70er Jahre.

Sattel

Das häßliche Entlein

Als Charles Kelly und Gary Fisher ihr »Bergrad« erstmals der Fahrradindustrie präsentierten, ähnelte dies der Geburt des häßlichen Entleins: ein dickes, schwergewichtiges Rad inmitten graziler, schlanker Rennmaschinen. Natürlich wollten die konservativen Fahrradbosse nichts davon wissen, und so kam es, daß die ersten Anfänge der Mountain Bike-Industrie in Kalifornien stattfanden. Die Kunde von diesem neuen Radtyp verbreitete sich aber rasend schnell, die Verkaufszahlen schnellten in die Höhe, und die einst so ablehnenden Hersteller mußten ihre Schlappe eingestehen: Das Mountain Bike hatte die USA inzwischen zu einer treibenden Kraft im florierenden Fahrradgeschäft gemacht. Es kam bei den Massen an, weil es ein Bedürfnis befriedigte. Weil jedermann damit bequem fahren konnte. Weil die Bremsen zuverlässig waren, und weil selbst Anfänger damit die steilsten Anstiege hinaufkamen. Das Größte aber war: Man konnte abseits der Straßen radfahren, fernab von jeglichem Straßenverkehr.

Pedal

Vorbau

Bremshebel

Federgabel

Rasende Entwicklung

Die Nachteile der ersten Modelle sind längst beseitigt. Von den über 20 Kilogramm des ersten Prototyps ist man heute bei unter 10 Kilogramm angelangt. Die Reifen sind zwar noch genauso breit, aber eben auch leichter geworden. Cantilever- und Hydraulikbremsen haben die schweren Trommelbremsen abgelöst, und die Entwicklung ist noch lange nicht zu Ende. Die hakelige Bedienung der 15-Gang-Kettenschaltung von einst ist durch einfachst zu handhabende Rasterschaltungen mit nunmehr 21 oder 24 Gängen ersetzt worden. Und gerade ist man dabei, die Fahreigenschaften und den Komfort mit Hilfe von Federungs- und Stoßdämpfungssystemen entscheidend zu verbessern. Das einstmals häßliche Entlein hat die Verwandlung zum höchst benutzerfreundlichen Fahrrad längst überstanden.

Der Biker und sein Bike

DAS MOUNTAIN BIKE

Schaltung und Bremsen

Das Radfahren im Gelände mit seinen ständig wechselnden Bedingungen erfordert ein hohes Fahrkönnen, schnelle, präzise Gangwechsel und wohldosierte Bremsmanöver. Mountain Bikes sind daher mit nur leicht gekröpften Lenk»stangen« ausgestattet, um die Kontrolle über das Rad zu erleichtern. Die Schalt- und Bremshebel sind so am Lenker angebracht, daß sie bedient werden können, ohne die Hand vom Lenker zu nehmen. Die Schalthebel werden per Daumendruck oder Drehen des Handgelenks betätigt. Die Bremshebel sind so geformt, daß mit nur zwei Fingern gebremst werden kann, die anderen Finger bleiben am Lenkergriff. Kräftige, gut dosierbare Bremsen sind für ein Mountain Bike unerläßlich, und so gibt es nicht nur zur einfach aufgebauten, aber wirkungsvollen Cantileverbremse unzählige Variationen, sondern auch in Sachen Bremsschuh- und Felgendesign. Das Optimum in Sachen Bremswirkung sind aber Hydraulik-Felgenbremsen oder gar die weitgehend nässeunempfindlichen Scheibenbremsen.

HEBELSYSTEM: Obwohl weit verbreitet, stellen *Shimanos STI*-Schalthebel noch nicht das Optimum dar. Sie sind im Innern höchst kompliziert aufgebaut, so daß die Fehlfunktion nur eines einzigen Kleinteiles den ganzen Schalthebel lahmlegen kann.

HOCHSCHALTEN: Ein Daumendruck auf den äußeren Hebel befördert die Kette zum nächstgrößeren Kettenblatt.

RUNTERSCHALTEN: Der kleine, innere Hebel muß nur kurz angetippt werden, damit die Kette aufs nächstkleinere Blatt rutscht.

DREHSCHALTGRIFFE

Ihr Hauptvorteil ist, daß beim Schalten die Hand vollständig am Lenker bleibt. Wenn der gesamte Lenkergriff gleichzeitig als Schaltgriff fungiert (Campagnolo Bullet und Sachs PowerGrip), besteht auf rauhem Untergrund die Gefahr von ungewollten Schaltmanövern. Der SRAM Grip Shift vermeidet dies durch seine Montage neben dem normalen Griffgummi.

DAUMENSCHALTER

Oberhalb des Lenkers montierte Daumenschalthebel sind für die meisten Mountain Bike-Rennfahrer noch immer erste Wahl. Sie sind leicht, unkompliziert und robust gebaut. Sollte die Rasterung aber dennoch versagen, kann man immer noch auf den konventionellen Reibungsmodus umschalten.

SCHALTUNG UND BREMSEN

Hydraulikbremsen
Anstelle von Seilzügen erfolgt die Kraftübertragung bei Hydraulikbremsen (links) über ölgefüllte Bremsleitungen. Die Reibungsverluste sind dabei sehr gering, daraus resultiert ihre hervorragende Dosierbarkeit auch unter schlechten Witterungsbedingungen.

Cantileverbremsen
Cantileverbremsen (rechts) bestechen durch ihren einfachen Aufbau und die kräftige Bremswirkung – wenn sie korrekt eingestellt und Bremsgummi und Felge gut aufeinander abgestimmt sind. Gegenüber U-Brakes oder Roller Cam-Bremsen sind sie leichter und weniger schmutzanfällig, wenn's mal schlammig wird.

HANDGRIFFE: Die Bremshebel werden leicht nach unten gedreht montiert und so eingestellt, daß sie auch mit nur zwei Fingern betätigt werden können.

DIE HINTERE SCHALTUNG: Auch hier schaltet der innere Hebel aufs kleinere, der äußere Hebel aufs nächstgrößere Ritzel.

Links Oder Rechts?
Bei der Schaltung gibt's kaum Probleme: Daß links der vordere Umwerfer und rechts das hintere Schaltwerk betätigt werden, ist praktisch weltweit Standard. Anders sieht's bei den Bremsen aus. Zwar gilt fast überall die gleiche Verteilung – linker Hebel/Vorderbremse und rechter Hebel/Hinterbremse –, die berühmte Ausnahme stellen aber (wieder mal) die Engländer dar. Mit der umgekehrten Konfiguration können sich aber vor allem auch Motorradfahrer anfreunden. Vorsicht also bei fremden Bikes: Vor dem Losfahren stets die Bremshebelzuordnung kontrollieren, sonst gibt's unliebsame Überraschungen.

DIE GANGSCHALTUNG

Physikalisch gesehen entspricht jeder »Gang« einem Hebel. Sein Übersetzungsverhältnis wird beim Fahrrad durch das Verhältnis der Zähnezahlen von Kettenblättern und Ritzeln bestimmt. Kombiniert man zum Beispiel ein Kettenblatt mit 52 Zähnen mit einem 13er Ritzel, so ergibt eine Kurbelumdrehung vier Radumdrehungen, die Übersetzung lautet also 4:1. Die Kombination 28/28 – also 1:1 – dagegen ist weder eine Über- noch eine Untersetzung; mit ihr können auch steilste Anstiege bewältigt werden. Der Durchschnittsradfahrer kann eine Dauerleistung von etwa 1/8 PS erbringen, am effektivsten bei 55 bis 85 Pedalumdrehungen pro Minute. Um diese Trittfrequenz bergauf, bergab und in der Ebene zu ermöglichen, sollte die Gangschaltung vorausschauend betätigt werden: Rechtzeitiges Schalten vor allem vor Steigungen hält die »Drehzahl« im optimalen Bereich. Dabei sollte man den Pedaldruck immer kurz zurücknehmen – eine halbe Kurbelumdrehung genügt –, auch wenn die modernen Schaltungen selbst unter Last geschaltet werden können. Der Verschleiß von Kettenblättern, Kette und Ritzeln wird so nämlich genauso gemindert wie durch das Vermeiden eines diagonalen Kettenverlaufs, das heißt der Kombination kleines Kettenblatt/kleinstes Ritzel oder großes Kettenblatt/größtes Ritzel. In diesen beiden Fällen würde auch der Reibungsverlust durch den Schräglauf der Kette unangenehm ansteigen.

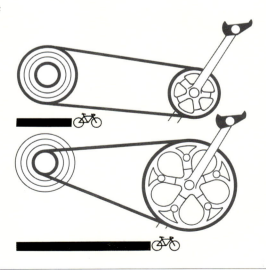

DAS MOUNTAIN BIKE

Was zum Anziehen

Beim Radfahren produziert der menschliche Körper zehnmal mehr Wärme als in Ruhe. Außerdem haben Untersuchungen ergeben, daß man sich dabei um zirka 11 Grad Celsius wärmer fühlt. Leichte Bekleidung ist daher angebracht, am besten in mehreren dünnen Schichten, nach dem »Zwiebel-Prinzip«. Je nach Witterungsbedingungen und Fahrtempo kann man so entweder noch etwas drüberziehen oder aber ein Kleidungsstück ablegen. Selbst im Sommer sollte aber auf jede Ausfahrt auch Schutzkleidung gegen Regen und Kälte mitgeführt werden. Und wer sich per Mountain Bike in unbekanntes Terrain begibt, sollte stets ein »Survival-Kit« (siehe Seite 34) dabeihaben.

WINTER-TOUREN

Wenn zu ohnehin schon niedrigen Temperaturen auch noch Wind und Regen kommen, hilft nur noch absolut wetterfeste Bekleidung am ganzen Körper. Ihr Material sollte atmungsaktiv und der Schnitt nicht zu eng sein, damit man drunter noch etwas Warmes anziehen kann. Noch ein Tip: Knöchelhohe, gefütterte Schuhe halten auch die Zehen warm.

SOMMER-TOUREN

Eine regendichte Windjacke gehört auch im Sommer stets zur Tourenausrüstung. Die leichtgewichtigen Überzieher lassen sich klein zusammenfalten und passen sogar in die Trikottasche.

HANDSCHUHE: Beim Fahren dämpfen sie die auftretenden Vibrationen, und im Sturzfall helfen sie, Schnittverletzungen und Schürfwunden zu vermeiden

HELMPFLICHT: Kälteisolierte Überzieher gibt's für den obligatorischen Helm genauso wie solche aus **Gore-Tex.** Im Sommer dagegen zählt nur gute Belüftung.

SCHUHWERK: Diese Mountain Bike-Schuhe können auch mit **clipless-Pedalen** gefahren werden.

WAS ZUM ANZIEHEN

WENN'S KALT WIRD

Unser Fahrer ist für Temperaturen unter 0 Grad gerüstet: Unter der windabweisenden Jacke trägt er einen Faserpelz-Pullover (Wolle geht auch) und darunter noch Sportunterwäsche aus schnelltrocknendem Material. Wenn die Außentemperatur ansteigt, sollte als erstes die mittlere Schicht abgelegt werden – für den Notfall am besten ins Gepäck. Für plötzliche Kälteeinbrüche eignet sich auch eine leicht verstaubare Daunenweste.

IN DER SOMMER-HITZE

Eigentlich genügen ja die Radhose und das Trikot, wie unten abgebildet. Trotzdem – und zum wiederholten Mal: Wetterfeste Kleidung gehört unbedingt ins Gepäck. Die hilft nämlich auch, wenn die Sonne mal zu stark »sticht« und der Lichtschutzfaktor der Sonnencreme überfordert ist. Gegen einen verbrannten Nacken hilft übrigens eine umgekehrt unter dem Helm aufgesetzte Schildmütze.

OBERKÖRPER: Besser, weil flexibler als eine einzige, dicke Jacke ist die Kombination aus Windjacke und einem wärmenden Pullover.

KOPF: Über die Kopfhaut wird bei weitem am meisten Wärme abgegeben. Ein Stirnband oder eine dünne Mütze unter dem Helm halten den Kopf warm.

LIPPEN: Wer hier empfindlich ist, sollte sich mit Schutzcreme gegen Wind und Wetter schützen.

TRIKOT: Moderne Radtrikots transportieren den Schweiß weg von der Haut – das bewahrt vor Auskühlung bei Fahrtwind.

BEINE: Dünne, enganliegende Lycra-Hosen bieten Wärmeschutz und sind beweglich genug fürs Pedalieren.

SCHUHE: Die in die Sohle integrierte **Pedalplatte** der *Shimano SPD*-Schuhe stört beim Laufen nicht.

RADHOSE: Das »Sitzleder« – heute häufig aus Kunstfasern – dient als Polster und verhindert ein Wundscheuern auf längeren Touren.

DAS MOUNTAIN BIKE

Die richtige Rahmengröße

Mountain Bikes sind für schnelles, sportliches Geländefahren ausgelegt – und eine dem Fahrer optimal angepaßte Sitzposition ist unbedingte Voraussetzung dafür. Bei korrekt eingestellter Sattelhöhe (siehe Seite 20) und waagerechten Kurbeln sollte sich die Kniescheibe genau senkrecht über der Pedalachse befinden. Wenn die Wirbelsäule um etwa 45 Grad nach vorne geneigt ist, kann auch die kräftige Muskulatur von Gesäß und unterem Rücken beim Pedalieren helfen. Bei dieser Sitzposition liegt allerdings relativ viel Gewicht auf den Armen, die zur besseren Stoßabsorption leicht angewinkelt werden sollten.

SATTELSTÜTZE: Die richtige Ausziehlänge ist 15 bis 20 Zentimeter, bei nach hinten abfallendem Oberrohr auch etwas mehr. Ansonsten gelten auch die Ratschläge der Seiten 20 und 21. Bei extremen Steilabfahrten hilft ein etwas tieferer Sattel bei der Gewichtsverlagerung nach hinten.

LENKER: Er sollte etwa 2 bis 7 Zentimeter niedriger als der Sattel sein – je tiefer, je sportlicher ist die Sitzposition. Die Lenkerbreite schwankt meist zwischen 45 und 60 Zentimetern. Breite Lenker erleichtern die Kontrolle in langsamen, schwierigen Geländepassagen, schmale werden von Rennfahrern bevorzugt.

KURBELN: In der Regel sind sie 5 Millimeter länger als beim Rennrad – zugunsten einer besseren Hebelwirkung. Standardlänge ist 175 Millimeter.

DIE RICHTIGE RAHMENGRÖSSE

SICHERHEITSFRAGE
Im Stand und auch beim Fahren ist ausreichend Beinfreiheit unerläßlich. Ein zu hohes Oberrohr kann jedenfalls zu unangenehmen Verletzungen führen – nicht nur bei Männern.

DAS MINIMUM:
8 bis 10 Zentimeter »Luft« zwischen Oberrohr und Schritt – drunter wird's im Gelände heikel.

EIN PAAR TIPS
Eine Faustregel besagt, daß Mountain Bike-Rahmen etwa 5 bis 10 Zentimeter kleiner gewählt werden sollten als Rennrad-Rahmen. Es gibt aber mehrere Arten, die Rahmengröße zu messen – vor allem bei Rahmen mit abfallendem Oberrohr –, daher sollte man vor jeder Kaufentscheidung immer mehrere Größen und Rahmentypen »probesitzen« oder gar -fahren, um ein Gefühl dafür zu bekommen, was paßt und was nicht. Zwar sind bei hochwertigen Mountain Bikes die Winkel und Rohrmaße auf die Rahmengröße abgestimmt. Mit den heutzutage sehr langen Sattelstützen läßt sich aber die notwendige Sattelhöhe auch bei extremen Rahmengrößen einstellen, was dann zählt, ist vor allem der Abstand zum Lenker und die Position zum Tretlager – man beachte die Ratschläge auf der linken Seite.

Speziell für Frauen
Mit ihrer kürzeren Reichweite benötigen sie entsprechend kürzer gebaute Rahmen. Als Faustregel gilt: Rahmenhöhe in Zentimetern = Schrittlänge x 0,52. Dies sollte aber nur als Anhaltspunkt genommen werden, ausführliches Ausprobieren der verschiedenen Größen ist unerläßlich – vor allem, weil die meisten Räder auf die männliche Anatomie zugeschnitten sind.

THINK SMALL!
Mountain Bike-Einsteiger fühlen sich meist auf einem größeren Rad wohler. Kleinere Rahmen sind jedoch besser manövrierbar, leichter und sicherer – siehe oben. Wir empfehlen, stets die kleinstmögliche Rahmengröße zu wählen, bei der sich die korrekte Sitzposition einstellen läßt.

ZU GROSS
Ein Rad mit hochliegendem Oberrohr eignet sich höchstens für die Stadt. Doch auch hier benötigt man mindestens 2 bis 3 Zentimeter Abstand, sonst ...

ZU KLEIN
Ein niedriges Oberrohr erleichtert so manchen Fahr-Trick. Wenn aber der Rahmen zu kurz ausfällt, wird's auf längeren Touren ziemlich unbequem.

DAS MOUNTAIN BIKE

MTBs für große Touren

In Sachen Vielseitigkeit sind Mountain Bikes nahezu unschlagbar, für Touren auf der Straße wie im Gelände. Selbst mit einem rein für den Rennsport ausgelegten Bike kann man Touren unternehmen – solange das Gepäck in einem Rucksack mitgenommen wird. So ein kleiner Tagesrucksack hat übrigens einen unschätzbaren Vorteil: Man beschränkt sich aufs absolut Notwendige und läßt all den unnötigen Kram zu Hause ... Es gibt aber auch vollkommen langstreckentaugliche Mountain Bikes, mit Befestigungsmöglichkeiten für Gepäckträger und mehrere Flaschenhalter. Sie können problemlos 30 Kilogramm Gepäck tragen,

LEICHT BELADEN: Für kurze Geländetouren mit wenig Gepäck empfiehlt sich ein Rucksack. Er verändert die Fahreigenschaften des Rades praktisch überhaupt nicht.

ZWECKENTFREMDET
Eigentlich ist das Klein Attitude *ein reines Renn-Mountain Bike. Für Kurztouren ist es gerade noch geeignet, doch auf längeren Distanzen leidet der Fahrspaß beträchtlich unter der wendig-nervösen Lenkung und der unnachgiebigen Gabel. Dafür ist es mit knapp 10 Kilogramm (je nach Ausstattung) ein absolutes Leichtgewicht.*

DIE SCHALTUNG: Dank ihrer Gangabstufung in kleinen Schritten über einen großen Übersetzungsbereich hinweg eignen sich Mountain Bikes grundsätzlich hervorragend für den Einsatz auf Radtouren.

HINTEN KURZ: Gepäckträger und -taschen würden beim kurzen Hinterbau des Renn-MTBs mit den Fersen kollidieren. Darum sind erst gar keine **Gewindeösen** am **Ausfallende** angebracht.

32

MTBs FÜR GROSSE TOUREN

ohne beim Fahren instabil zu werden – Dank ihrer verwindungssteifen Rahmen und einer gutmütigen Rahmengeometrie. Beim Bepacken sollte man allerdings darauf achten, daß der Schwerpunkt des Rades so niedrig wie möglich bleibt – die schweren Stücke gehören daher stets ganz unten in die Packtaschen.

ZWECKMÄSSIG

*Hier nun das Beispiel eines voll tourentauglichen Mountain Bikes von F. W. Evans: Rundum sind **Gewindeösen** zur Befestigung von Gepäckträgern, Schutzblechen und Flaschenhaltern angelötet. Die Rahmengeometrie ist nicht so wendig (aber eben auch nervös) wie bei einem Renn-MTB, sondern eher komfortbetont, richtungsstabil und für den Gepäcktransport ausgelegt. Der lange Hinterbau zum Beispiel schafft genügend Platz für die Fersen und Packtaschen. Mit einem solchen Rad können auch längere Touren unternommen werden, für die eine Komplettausrüstung einschließlich Zelt und Kocher nötig ist. Von einem »Basislager« aus kann man dann immer noch ohne Gepäck losziehen.*

FÜR DEN NOTFALL: Auf besonders holprigen Strecken kommt es häufig zu Defekten der Packtaschenbefestigung am Gepäckträger. Wir empfehlen daher, stets ein oder zwei Ersatz-Spannbänder mitzunehmen.

MEHR KOMFORT: Zur besseren Stoßdämpfung haben die Gabeln von Touren-MTBs eine größere Vorbiegung.

TIEF UNTEN: »Lowrider«-Gepäcktaschen und -träger plazieren das Gepäck nahe der Nabenachse. Das verringert den Einfluß auf die Lenkung.

LÄNGE LÄUFT: Ein langer Radstand verbessert den Geradeauslauf, vor allem mit großem Gepäck.

FEST VERZURRT: Gute Packtaschen werden oben am Gepäckträger eingehängt und unten mit einem Haken am Ausfallende fixiert – so wackelt nichts mehr.

HINTEN LANG: Lange Kettenstreben ergeben genügend Fersenfreiheit und ermöglichen, daß das Gepäck günstig über der Hinterachse plaziert werden kann.

DAS MOUNTAIN BIKE

Wie plane ich eine Bike-Expedition?

In abgelegenen Gegenden der Erde abseits von Straßen radzufahren bedeutet, daß man ganz auf sich gestellt ist. Jeder plötzliche Wetterumschwung, jede mechanische Panne, jede Verletzung oder die Tatsache, daß man sich verirrt hat, können eine Unternehmung, die morgens noch als großer Spaß begonnen hat, in eine lebensbedrohende Situation verwandeln. Wenn man in Panik gerät – oder sich gar schon aufgibt –, ist die Gefahr besonders groß. Mit einem klaren, durchdachten Plan darüber, was zu tun ist, sieht das Ganze bereits viel besser aus. Menschen, die gewohnt sind, lebensbedrohliche Situationen zu überstehen, sind meist entschlossener und anpassungsfähiger. Sie unternehmen Expeditionen auf eigene Faust und fühlen sich dabei wohl. Sollte dies für Sie nicht zutreffen, so tun Sie sich bei Bike-Touren ins Gelände am besten mit einem oder mehreren Freunden zusammen. Das gibt zwar keine endgültige Sicherheit, kann aber schon dann über Leben oder Tod entscheiden, wenn man einmal stürzt und sich einen Wirbel bricht. Eine ganz wichtige Grundregel ist es, vor jeder Ausfahrt andere darüber zu informieren, was man vorhat und wann man

DAS ALLERNÖTIGSTE

Auf keiner Ausfahrt »in die Wildnis« sollte ein »Survival-Kit« für den Notfall fehlen – auch wenn man sich nicht weit von der »Zivilisation« entfernt. Für alle Fälle vorbereitet zu sein, klingt übertrieben, ist aber absolut notwendig für das Zurechtkommen in abgelegenen Gegenden. Man sollte sich niemals zu sicher fühlen und die Sicherheits-Grundregeln mißachten, denn es passiert unglaublich schnell, daß man unbeabsichtigt in brenzlige Situationen kommt. Ob es ein Schneesturm ist oder ein plötzlicher Wetter- und Temperatursturz oder gar ein eiskalter Fluß, in den man fällt ... Die Minimal-Ausrüstung umfaßt drei Kapitel: zuerst Kleidung, Landkarte, Essen und Trinken, dann ein sogenanntes »Survival-Kit« mit Erste Hilfe- und Signalausrüstung und zuletzt das Nötigste für Reparaturen am Rad. Survival- und Reparatur-Kits gibt es übrigens auch fertig zu kaufen, eine individuelle Zusammenstellung ist aber in den meisten Fällen sinnvoller.

Zur Kleidung: Eine Jacke gehört unbedingt dazu, je nach Jahreszeit und Gegend sind auch eine lange Hose und eine Mütze zweckmäßig. Auf jeden Fall sollte man den Körper auch für längere Zeit vor Wind und Wetter schützen können – und auch vor der Sonne.

Unerläßlich ist es, genügend Wasser mitzunehmen. Je nach Bedarf auch etwas zu Essen, mindestens aber ein paar Energieriegel. Auch von einer bekannten Gegend sollte man stets eine Landkarte dabeihaben – auch wenn dies übervorsichtig erscheint.

34

WIE PLANE ICH EINE BIKE-EXPEDITION?

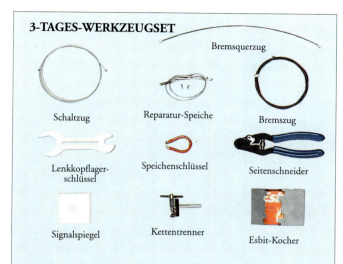

3-TAGES-WERKZEUGSET

FÜR DEN NOTFALL

Das Wichtigste verstaut man in einem kleinen Beutel: eine Trillerpfeife mit Schnur, einen Wasserentkeimungsfilter (oder -tabletten), eine oder besser zwei Rettungsfolien, wasserfeste Streichhölzer, eine Taschenlampe, einen Kompaß, ein Taschenmesser, Pflaster und Energieriegel. Dazu kommt dann das Werkzeugtäschchen mit Ersatz-Brems- und Schaltzügen (die sind leicht und nehmen wenig Platz weg), die man am besten schon vorher richtig abläng und an den Enden verlötet (siehe Seite 186) – das spart den Seitenschneider und verhindert ein Aufspleißen. Je nach Dauer der Tour kommen Werkzeug und Ersatzteile dazu: Ersatzspeichen, ein Speichenschlüssel, ein Ketten-trenner, Lenkkopf- und Tretlagerschlüssel – all das kann nötig werden. Ein praktisches Mehrzweck-Werkzeug ist übrigens das *Cool Tool* (siehe Seite 149). Man sollte aber auch stets aufs Gewicht achten. Wenn man mit anderen unterwegs ist, genügt ja ein komplettes Werkzeugset für alle, das gleiche gilt beispielsweise für Kochutensilien und ein umfassendes Erste-Hilfe-Paket.

zurückkommt. Ein Suchtrupp kann Sie nur dann finden, wenn es Anhaltspunkte über ihren Aufenthaltsort gibt. Eine weitere Regel ist es, sich nach Hilfsmöglichkeiten zu erkundigen, bevor man sie braucht. Wenn eine Situation brenzlig wird, sollte man so schnell wie möglich versuchen, in Sicherheit zu kommen – die meisten kritischen Fälle resultieren aus einer verhängnisvollen Kette von kleinen Fehlern und Irrtümern. Wenn Ihnen jemand helfen kann, dann bitten Sie darum. Und wenn Sie sich verirren, ihre Partner verlieren und dann wieder »in die Zivilisation« zurückkommen, melden Sie sich sofort bei denen, die Sie suchen. Es gibt kaum etwas Unangenehmeres, als in einer verregneten Nacht jemanden zu suchen, der längst daheim im warmen Bett liegt. Panik führt meist zu falschen Reaktionen, und genauso schlimm ist es, wenn man auf einen Unfall überhaupt nicht mehr reagiert, träge wird. Das wirksamste Gegenmittel dazu ist Handeln, und zwar nach klaren Prioritäten. Wenn man verletzt ist und vor Anbruch der Nacht keinen sicheren Ort mehr erreichen kann, wird es brenzlig. Das gilt aber auch, wenn niemand weiß, wo man sich befindet – dann muß man nämlich selber weiterkommen. Wenn man sich verirrt hat, sollte man sich für eine Richtung entscheiden und diese – am besten an Hand von markanten Punkten – strikt einhalten. Regelmäßige Pausen sind dabei unerläßlich. Wenn man übernachten muß, sollte man einen Unterschlupf suchen und, wenn möglich, ein Feuer machen. Am nächsten Morgen hinterläßt man dort dann eine Nachricht, wer man ist und wohin man aufgebrochen ist. Es gibt noch viele weitere Ratschläge, die ein Überleben in der Wildnis erleichtern sollen. Vor einer Expedition mit dem Mountain Bike sollte man sich die Zeit nehmen, so viel wie möglich darüber in Erste Hilfe- und Survival-Büchern zu lesen.

7-TAGES-WERKZEUGSET

DER FALL DER FÄLLE

Du radelst allein durchs Gelände, da gerät ein Ast ins Vorderrad, das Rad überschlägt sich und Du landest kopfüber im Unterholz – was tun? Als erstes einmal untersucht Du Dich selbst rein »mechanisch« auf größere Wunden oder Knochenbrüche. Ein solcher Unfall ruft nämlich oft einen Adrenalinstoß hervor, der genau wie ein Schock auch starke Schmerzen überdecken kann. Erste Hilfe ist im Verletzungsfall erstes Gebot. Danach – wenn Du wieder auf den Beinen bist – kümmerst Du Dich ums Fahrrad, damit nicht auf Grund eines Defekts nach ein paar Metern der nächste Unfall passiert. Wenn Du ernsthaft verletzt oder das Rad schwer beschädigt ist, gilt folgendes:
1. Schütze und bewahre Dich vor Panikreaktionen, Kälte, Hitze und großem Flüssigkeitsverlust.
2. Verschaffe Dir einen Überblick über die Situation und Deine Reserven, und entscheide, ob Du an Ort und Stelle bleibst oder nicht.
3. Schaue Dich nach ausreichend Wasser und Nahrung um.

DAS MOUNTAIN BIKE

Der Weg ist das Ziel

Neben der Möglichkeit, auch in extremem Gelände radzufahren, brachte die Erfindung des Mountain Bikes vor allem eines mit sich: Die Zahl der Leute, die ihre Freizeit draußen in der Natur verbringen, ist ganz beträchtlich angestiegen. Anfangs wurden die Mountain Bikes dort nicht gerade freundlich empfangen. Sie kamen in der Beliebtheitsskala gleich hinter Geländemotorrädern, von denen sie sich ja nur durch den fehlenden Motor unterschieden. Querfeldein durchs Gelände pflügen und den Frieden stören, das konnten sie. In den USA war man mit Streckenverboten in manchen Gegenden schnell bei der Hand – Wanderer und Reiter hatten eine etablierte und mächtige Lobby. Trotzdem ist seither die Beliebtheit des Mountain Bikes ganz enorm angestiegen, und eigentlich haben die Radfahrer längst bewiesen, daß ihre Sportart sich auch im Gelände mit Umweltschutzgedanken verträgt. Ein erster Schritt in die richtige Richtung ist auf alle Fälle die Gründung von Interessenvertretungen wie der IMBA (International Mountain Bike Association) in den USA oder der **DIMB (Deutsche Initiative Mountain Bike).** Hier treten Biker selbst aktiv für ihre Sportart ein und versuchen, der Öffentlichkeit ein positives Image vom Mountain Bike zu vermitteln. Eine besonders erfolgreiche Methode ist in den USA das »Adopt-a-Trail«-Programm. Lokale IMBA-Gruppen pflegen zusammen mit Umweltschützern und Behörden die bestehenden Wege oder legen gar neue an. Das kann genauso viel Spaß machen wie das Fahren selbst.

BIKEPACKING

Mit Mountain Bike und Zelt unterwegs zu sein, bedeutet ein ganzes Stück Unabhängigkeit und Freiheit. Das Zelt sollte allerdings besonders leicht und kompakt zu verpacken sein. Es gibt sogar Spezialausführungen, die zusammen mit dem Rad aufgestellt werden – an Stelle von (sperrigen) Zeltstangen braucht man nur ein paar Spannleinen zur Sattelstütze und zum Vorbau. Weiterer Vorteil: Das Rad kann wohl kaum unbemerkt gestohlen werden, solange man im Zelt liegt … Die meisten Leichtgewichtszelte benötigen allerdings Zeltstangen. Dafür sind sie in der Regel zweiteilig aufgebaut: Über ein Innenzelt aus atmungsaktivem Material wird ein regendichtes Überzelt gespannt, das verbessert die Belüftung und vermindert das Kondensieren von Feuchtigkeit.

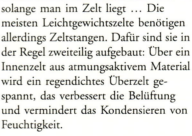

DIE LANDSCHAFT GENIESSEN

Wer den Spaß am Mountain Bike noch steigern will, der sucht sich für seine Ausflüge besonders wenig frequentierte, einsame Gegenden und Wege aus. Dafür empfiehlt es sich, Landkarten mit besonders großem Maßstab zu Rate zu ziehen. Sie enthalten oft Hinweise auf die verstecktesten Pfade, die womöglich schon länger nicht mehr begangen oder befahren wurden und nur noch als kleine Lücke im Gebüsch oder zwischen Bäumen zu erkennen sind. Oftmals führen solche Wege über Privatbesitz, also sollte man den jeweiligen Besitzer, wenn möglich, um Durchfahr-Erlaubnis bitten. Noch wichtiger ist es, alle Wege so zu benutzen, daß keine Spuren zurückbleiben – weder Abfall noch Bremsfurchen. Ansonsten zieht man sich den (berechtigten) Ärger aller anderen Wegbenutzer zu, die Folge ist dann eben, daß Fahrverbote für Mountain Bikes erlassen werden.

TOLLE AUSSICHTEN

Um die schönsten und spektakulärsten Stellen zu erreichen, muß man oft tage- oder gar wochenlang unterwegs sein. Dabei ist eine sorgfältige Planung unerläßlich. Die Überprüfung der eigenen Fitneß gehört genauso dazu wie die exakte Routenplanung, die Versorgung mit Lebensmitteln, die Frage nach der Unterkunft und die Vorsorge für Notfälle. Das Rad muß gut in Schuß sein, und jemand sollte darüber informiert sein, wohin und auf welchen Routen man unterwegs ist und wann man zurückerwartet wird.

REGELN FÜR BIKER

Mountain Biker werden erst dann als legitime Benutzer von Feld- und Waldwegen und Gebirgspfaden akzeptiert werden, wenn sie sich mehrheitlich rücksichtsvoll gegenüber der Natur und anderen Wegbenutzern verhalten. Als die »Neuankömmlinge« werden sie überall besonders aufmerksam – und manchmal mit Vorurteilen – beobachtet, in der Regel ziemlich skeptisch. Die (bisher meist negative) öffentliche Meinung wird sich nur dann ändern, wenn ein Mindestmaß an Regeln eingehalten wird:

- Nur auf Wegen fahren, die für Mountain Bikes freigegeben sind.
- Fußgängern stets den Vorrang lassen.
- Stets mit angemessener Geschwindigkeit fahren, vor allem bergab und an unübersichtlichen Stellen.
- Keine Abfälle hinterlassen.
- Nur ein technisch einwandfreies Fahrrad verwenden (Bremsen!).
- Nirgendwo Spuren hinterlassen – auch keine Bremsspuren.
- Rücksicht auf Pflanzen- und Tierwelt nehmen.
- Keinen unnötigen Lärm machen.

DAS MOUNTAIN BIKE

Gipfelsturm

Das Mountain Bike trägt einen durchaus passenden Namen – schon viele hohe und höchste Berggipfel wurden auf ihm »bestiegen«. Die Bezwingung von Afrikas höchstem Berg, dem Kilimandscharo, durch die Crane-Vettern zum Beispiel war der absolute Höhepunkt zahlreicher Expeditionen, die die beiden Briten per Rad unternommen hatten. Auf dem Gipfel, in fast 5900 Metern Höhe über dem Meeresspiegel, konnten sie dann nur noch ein paar Meter am Stück fahren – und standen kurz vor dem Kollaps durch Sauerstoffmangel. Der Lohn für derartige Mühen war allerdings enorm: eine grandiose Abfahrt, wie man sie nur einmal im Leben erfährt.

DER ABENTEURER UND SEIN BIKE
Nick Crane (unten) in voller Montur. Für seine Kilimandscharo-Befahrung benutzte er ein völlig serienmäßiges Mountain Bike ohne Modifikationen und Extras.

KOPFSCHUTZ: Unter die gefütterte Kapuze zog er noch eine Thermo-Mütze. Ihr ausfaltbarer Schirm diente als Sonnenschutz für Gesicht oder Nacken.

AUGENSCHUTZ: Die Schneebrille sollte vor den in dieser Höhe gefährlichen UV-Strahlen und vom Schnee reflektierten Licht schützen. Nachts kam dann eine Stirnlampe zum Einsatz.

KÄLTESCHUTZ: Die Kleidung bestand aus mehreren Schichten. Über der Unterwäsche trugen die Cranes Thermo-Hosen und Jacken mit Kunstfaser-Futter *(Thintech)* und *Gore Tex*-Beschichtung.

TRAKTIONSHILFE: Die 2,125 Zoll breiten Stollenreifen versagten weder im Schlamm, noch auf Felsen und im Schnee. Und bei 2,5 bar Reifendruck gab's auch keine Probleme mit Reifenpannen.

DIE AUSRÜSTUNG MACHT'S
Nick und Dick Crane schafften die 80-Kilometer-Tour zum höchsten Gipfel Afrikas und zurück in acht Tagen. Ersatzkleidung, Werkzeug und Nahrungsmittel trugen sie in kleinen Rucksäcken mit sich.

GIPFELSTURM

TEAMWORK
Freunde und bezahlte Träger schleppten die gesamte Ausrüstung – Öfen, Schlafsäcke, Trockennahrung und Zelte – mit nach oben. Außerdem sorgten sie dafür, daß die Medien mit Fotos und Berichten vom Fortgang der Expedition versorgt wurden.

OHNE KLETTERN GEHT'S NICHT
Die letzten 900 Höhenmeter waren nicht mehr fahrbar. Über Eis und Schnee mußten die Räder getragen werden (rechts). In Gipfelhöhe konnten die Crane-Vettern nur jeweils zwei Minuten fahren, dann brauchten sie zehn Minuten Erholungspause.

REISEPLANUNG
Den Kilimandscharo (links) wählten Nick und Dick Crane, weil seine Hänge über weite Strecken flach ansteigen, obwohl er Afrikas höchster Berg ist. Ihren Landkarten oder vielmehr dem Verlauf der Höhenlinien im Kilimandscharo-Gebiet entnahmen sie, daß sie – angefangen mit einem Regenwald – mehrere Klimazonen per Rad durchqueren konnten, bis auf etwa 4700 Meter Höhe. Die nächsten 914 Höhenmeter bis zum Kraterrand würden dann zu Fuß absolviert, bevor der restliche Weg zum Gipfel wieder fahrbar sein sollte. Diese Informationen waren aber keinesfalls verläßlich, denn schließlich hatte noch nie zuvor jemand eine ähnliche Unternehmung durchgeführt. Wieviel von der Strecke tatsächlich fahrbar war, darüber konnten weder Karten – ohne Angaben über die Streckenbeschaffenheit – noch Kilimandscharo-erfahrene Bergsteiger Auskunft geben. Übrigens kam der Erlös der Craneschen Expedition der Hilfsorganisation Intermediate Technology zugute.

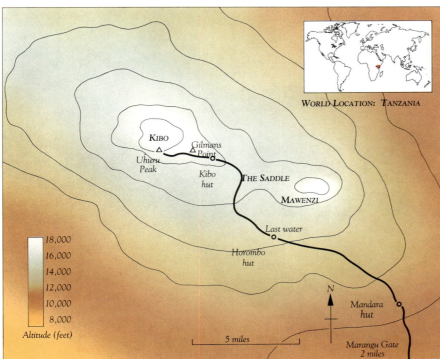

Gelände-Renner

Renn-Mountain Bikes sind kompromißlos auf Geschwindigkeit und Haltbarkeit unter härtesten Einsatzbedingungen ausgelegt. Ein 80-Kilometer-Rennen mit schnellen Geröllabfahrten, Bachdurchquerungen und knöcheltiefem Schlamm verlangen dem Bike genauso viel ab wie seinem Fahrer. Anders als bei Straßenrennen müssen die Fahrer mit dem gleichen Rad ins Ziel kommen, mit dem sie gestartet sind. Die Anforderungen an den Rahmenbauer sind groß: Während bei den in Großserie produzierten Rahmen solche aus überdimensionierten Aluminiumrohren in Sachen Gewicht und Steifigkeit vorne liegen, kann er mit all seiner Erfahrung und ohne Rücksicht auf die Kosten aus hochwertigen **Chrom-Molybdän-Stahl**rohren einen ebenso leichtgewichtigen und verwindungssteifen Rahmen herstellen.

KUNSTWERK AUS STAHL
Das Modell »Yo Eddy!« der US-Rahmenschmiede Fat City *hält als Wettkampf-Mountain Bike die Ehre der Stahlrahmen hoch. Seine Rohre sind per WIG (Wolfram-Inert-Gas)-Verfahren verschweißt – bei diesem Verfahren werden sie regelrecht miteinander verschmolzen. Rahmen und Gabel aus einer* **Chrom-Molybdän-Stahl***legierung wiegen zusammen 2,8 Kilogramm, ein komplettes Rad bis unter 11 Kilogramm.*

KABELSTRANG: Die weitgehende Außenverlegung von Brems- und Schaltzügen erhöht die Bedienungspräzision nicht unwesentlich, da Reibungsverluste und Elastizität langer Zugaußenhüllen vermieden werden.

PLATZ DA: Zwischen »Yo Eddys!« Kettenstreben passen selbst die breitesten Reifen. Und auch die Bodenfreiheit ist überdurchschnittlich.

KURZ UND GUT: Der mit 43 Zentimetern relativ kurze Hinterbau vermittelt eine direkte Kraftübertragung von den Kurbeln ans Hinterrad.

GELÄNDE-RENNER

GESCHALTET WIRD OBEN: Die Mehrzahl der Mountain Bike-Rennfahrer vertraut nach wie vor obenliegenden Daumenschalthebeln. Sie sind auch im Stehen oder beim Einsatz von Lenkerhörnchen leichter zu bedienen als unter dem Lenker montierte. Außerdem sind sie einfacher und robuster aufgebaut als diese.

GEWICHTSVORTEIL
Einer der leichtesten renntauglichen Mountain Bike-Rahmen heißt *Klein Attitude*. Komplett aufgebaut ist die 10-Kilo-Grenze erreichbar – dank des ultra-leichten Aluminiumrahmens mit ebensolcher Gabel und einteiliger Vorbau/Lenkerkombination.

RICHTUNGWEISEND: Die gerade Gabel und die geschmiedeten **Ausfallenden** sind kräftig dimensioniert und garantieren eine spurtreue Lenkung. Die **Gabelvorbiegung** und damit auch der **Nachlauf** werden durch den Knickwinkel der Gabelscheiden zum Gabelschaftrohr erzeugt.

IDEALMASS: Der vergleichsweise kurze Radstand (105 Zentimeter) sorgt mit für das wendige Fahrverhalten des Wettkampf-Bikes.

HÖCHSTMASS: Mit ihren 2,5 Zoll bieten diese *Specialized*-Reifen ein Superlativ in Sachen Breite und Traktion in allen Fahrsituationen.

DAS MOUNTAIN BIKE

Der Trend zur Federung

Thema Nummer eins beim Mountain Bike ist derzeit die Entwicklung von **Federungs-** und **Stoßdämpfungs**systemen. Diese werden zwar das Gewicht der Geländeräder nicht unerheblich erhöhen, versprechen aber gleichzeitig eine deutliche Steigerung des Fahrkomforts und bessere Fahreigenschaften. Jeder, der seine Erfahrungen mit Rüttelpisten oder schlaglochübersäten Straßen gemacht hat, wird ein Mehr an Komfort begrüßen. Noch bedeutsamer ist allerdings, daß eine Federung die Kontrolle übers Fahrzeug verbessern und damit höhere Geschwindigkeiten ermöglichen kann. Reifen, die nicht über jede Unebenheit hinüber»hoppeln«, bieten mehr Traktion, also können Kurven schneller gefahren und steile Anstiege besser bewältigt werden. Ist nur das Vorderrad gefedert, ermüden die Arme weniger schnell. Hinten müssen aber dann immer noch die Beine die Absorption von Fahrbahnstößen übernehmen. Das Optimum wäre also sicherlich ein voll gefedertes Mountain Bike.

DER SANFTE WEG
Der *Girvin Flexstem* stellt eine äußerst simple Methode dar, Fahrbahnstöße abzumildern, ohne die Geometrie eines Rades zu verändern. Der **Vorbau**arm ist drehbar gelagert und stützt sich gegen einen Kunststoffring am Vorbauschaft ab, der die **Federung** und **Dämpfung** übernimmt. In deren Genuß kommt aber nur der Fahrer, das Vorderrad verhält sich wie bei einem ungefederten Rad. Den Dämpferring gibt es in verschiedenen Härtegraden, für unterschiedliche Fahrergewichte und Komfortansprüche.

STAND DER TECHNIK
Das Gary Fisher RS-1 – hier noch im Prototypenstadium – war eines der ersten fahrbaren vollgefederten Mountain Bikes. Vorne kommt eine luftgefederte und ölgedämpfte Rock-Shox-*Federgabel zum Einsatz. Die Hinterradführung übernimmt eine Art Parallelogramm-Aufhängung mit insgesamt vier Drehpunkten. Die Stoßabsorption erfolgt über zwei Kunststoff-Elemente.*

DER TREND ZUR FEDERUNG

SCHOCK-ABSORBER
Bei Cannondales EST (Elevated Suspension Technology)-*Bike ist der mit nur 42,5 Zentimetern recht kurz geratene Hinterbau drehbar gelagert, in einer Art hochgelegtem Tretlager vor dem Sitzrohr. Das ölgedämpfte Federbein, dessen Federvorspannung einstellbar ist (links), bietet knapp 5 Zentimeter Federweg. Die Feder ist je nach Fahrergewicht in drei Härtegraden lieferbar. Zur Entlastung der Arme ist vorne serienmäßig ein Girvin Flexstem-***Vorbau*** (siehe linke Seite) montiert.*

PREISGÜNSTIGE VARIANTE
*Auch das Offroad Pro-Flex weist ein drehbar aufgehängtes Rahmenheck, dessen »Schwingenlager« (rechts) auf einem zwischen Unter- und Sitzrohr zusätzlich angeschweißten Rohrstück sitzt. Wie beim Flexstem, der auch an diesem Rad zum Einsatz kommt, übernimmt ein Kunststoff-Feder- und Dämpferelement die komfortsteigernden Aufgaben – mit etwa 3 Zentimetern »Federweg«. Auf glatter Fahrbahn bemerkt man dies kaum, wird der Untergrund aber holperig, dann besticht die einfache (und kostengünstige) Konstruktion durch ihre tatsächlich wirksame Stoß****dämpfungs****eigenschaften.*

43

DAS MOUNTAIN BIKE

Fahrtechniken

Mountain Bike-Fahren erfordert die totale Konzentration von Geist und Körper. Anders als beim Straßenrad, wo Fahrer und Rad praktisch eine Einheit darstellen, verändert man auf dem Mountain Bike, im Gelände, ständig die Körperhaltung und Fahrposition, um je nach Beschaffenheit des Untergrundes und je nachdem, wie steil es bergauf oder bergab geht, die optimale Kontrolle über sich und das Rad zu behalten. Mountain Biking ist eine so dynamische und anspruchsvolle Sportart, daß wirklich jeder seine Beweglichkeit, Kraft und Ausdauer und vor allem sein Fahrkönnen innerhalb kürzester Zeit spürbar steigern wird, ganz egal, wie hoch sein anfängliches Fitneß-Niveau vorher war.

AM STEILHANG

*Der linke Fahrer (oben) lehnt sich zu weit über den Lenker, sein Hinterrad wird gleich durchdrehen. Der zweite Fahrer hat sein ganzes Gewicht nach hinten verlagert, so daß sein Vorderrad den Bodenkontakt verliert. Beide Techniken bedeuten einen völlig unnötigen Verlust der Kontrolle übers Rad. Technisch einfache und besonders steile Anstiegen können im **Wiegetritt**, schwierigere Abschnitte besser sitzend gemeistert werden. Der eigene Körperschwerpunkt sollte stets genau senkrecht über den Pedalen sein, der Kopf überm Lenker. Und wenn's zu steil wird, kann man es immer noch schräg zum Hang versuchen.*

DIE GRUNDPOSITIONEN

*Zuerst einmal sollte das Rad korrekt auf den Fahrer eingestellt sein (siehe Seite 162-165). Beim Fahren sitzt man locker im Sattel, beide Hände sind am Lenker – mit je zwei Fingern an den Bremshebeln –, und ein Teil des Körpergewichts ruht auf den Armen. Aus dieser Position kann man blitzschnell in den Pedale stehen oder ein kleines Hindernis überspringen. Bei langsamem Tempo ist es besser, in den Pedalen zu stehen, im Rollen stets mit waagerechten Kurbeln. Beim Stehendfahren, dem sogenannten **Wiegetritt**, sollte das Gewicht nicht zu weit nach vorne verlagert werden.*

STEIL BERGAB

Die einzige Situation, in der man den Lenker fester packen muß, könnte eine besonders holprige Abfahrt sein. Innerhalb weniger Meter können sich die Hangneigung und der Untergrund verändern. Gelenkt wird hier nicht mit der Armmuskulatur. Die Verlagerung des Körperschwerpunkts, die durch Kopf- und Schulterhaltung gesteuert wird, reicht aus, um die richtige Richtung einzuschlagen. Brenzlige Situationen lassen sich leicht vermeiden: Man braucht nur vorausschauend zu fahren, die Geländebeschaffenheit zu beachten und stets reaktionsbereit zu sein.

FAHRTECHNIKEN

HINDERNISLAUF

Mit dem Mountain Bike im Gelände zu fahren bedeutet, daß man mit ständig wechselnden Fahrbedingungen fertig werden muß. Vorausschauend zu fahren ist da allererstes Gebot. Eins der schwierigsten Probleme auf einer Abfahrt ist es, Hindernisse wie Baumstämme oder Felsbrocken zu überwinden. Einfach frontal drüberfahren zu wollen, ist sicher die gefährlichste Möglichkeit – das endet meist mit einem verletzten Fahrer und kaputtem Rad. Im richtigen Moment sein Gewicht zu verlagern, heißt die Lösung, so wie es der Fahrer auf unserer Bilderserie vormacht. Er fährt zwar schnell, kann aber trotzdem die Vorderbremse lösen und das Vorderrad auf den Baumstamm anheben. Er rollt weiter – klar, es geht ja bergab –, entlastet nun das Hinterrad und rollt einfach über das Hindernis hinweg. Dann nimmt er sofort wieder seine normale »Downhill«-Position ein und kann nun, falls nötig, auch wieder vorne bremsen.

SLALOM PER RAD

Mit am wichtigsten ist es, niemals Schwung und Traktion zu verlieren und beide Räder möglichst auf dem Boden zu halten. Beim schnellen Bergabfahren muß das Körpergewicht so weit wie möglich nach hinten verlagert werden, müssen die Pedale stets waagerecht stehen, damit es zum Kurvenfahren genügt, sich leicht in die Kurve zu neigen. Wenn man vor einer Kurve bremsen muß, sollte dies so geschehen, daß man in der Kurve selbst die Bremsen wieder freigeben kann. Grundsätzlich sollte man immer nur so schnell fahren, daß man noch die volle Kontrolle über sich und sein Rad hat. Wenn's steiler wird und man ungewollt beschleunigt, betätigt man beide Bremsen vorsichtig, die hintere immer stärker als die vordere. Wer vorne zu stark bremst, den überschlägt es entweder über den Lenker, oder das Vorderrad rutscht seitlich weg. Ein blockierendes Hinterrad dagegen kann man meist wieder abfangen.

45

DAS MOUNTAIN BIKE

Geländearten

Beim Radfahren im Gelände besteht ein Teil des Reizes darin, daß sich die Streckenverhältnisse ständig ändern. Lose oder weiche Böden wie Sand, Schnee, Schlamm, Schotter und Geröll gehören dabei zu den größten Herausforderungen. Auf ihnen steilste Anstiege zu meistern, kontrolliert zu bremsen und abzufahren erfordert nicht nur ein technisch einwandfreies Bike, sondern auch ein Mindestmaß an fahrerischem Geschick. Man sollte dabei stets davon ausgehen, daß jede Strecke befahrbar ist – solange nicht das Gegenteil bewiesen wird. Das Rezept zum Befahren auch lockerster, tiefster Böden heißt, niemals Schwung und Traktion zu verlieren und das Hinterrad immer am Laufen zu halten. Je länger die Passage ist, umso

FELSENRITT
Auf losem, felsigem Untergrund (rechts) kann das Vorderrad leicht ausbrechen oder unkontrolliert verspringen. Gelenkt wird daher nicht mit den Armen, sondern durch Gewichtsverlagerung des ganzen Körpers, indem man sich und das Rad in die Kurvenrichtung hineinlegt.

SCHNEEMOBIL
Radfahren im Schnee (unten) ist etwas ganz Besonderes: Man sinkt wie in Sand ein, nur eben noch tiefer. Schon geradeaus zu fahren ist bereits schwierig genug und erfordert ständige Korrekturmanöver.

IM SAND BERGAB
Man sollte nicht glauben, daß man jede Abfahrt einfach hinunterrollen kann. Weicher Sand erhöht den Rollwiderstand derart, daß man sogar an Steilstücken noch treten muß, um nicht stehenzubleiben. Hier ist ein niedriger Reifendruck besonders wichtig.

GELÄNDEARTEN

wichtiger ist der Reifenluftdruck: Voll aufgepumpte Reifen sinken nämlich in lockere Böden tief ein, das erhöht den Rollwiderstand ganz beträchtlich. Weniger einzusinken bedeutet einen besseren Kontakt des Reifenprofils zur Bodenoberfläche – und damit mehr Traktion und Vortrieb. Wie tief der Reifendruck absinken darf, hängt von mehreren Faktoren ab: Leichtgewichtige Fahrer können breite Reifen mit unter 2,0 bar Druck fahren. Bei einem schwereren Fahrer oder besonders schmalen Felgen können dagegen 2,0 bis 3,0 bar nötig sein, um Durchschläge zu vermeiden. Bevor das Terrain zu tief wird, sollte man den passenden Gang einlegen, um nicht »steckenzubleiben«. Nun heißt es nur noch, auf dem kürzesten Weg kräftig in die Pedale zu treten und mit weit nach hinten verlagertem Gewicht das Vorderrad so weit zu entlasten, daß es nicht seiner »natürlichen« Neigung folgt und tief in den weichen Boden eintaucht.

WASSER MARSCH
Bevor man einen Wasserlauf zu durchqueren versucht, sollte man zuerst überprüfen, wie tief er ist. Und wieder heißt es: Herunterschalten, Beschleunigen, Gewicht nach hinten und durch …

REIFENTIPS
Abgesehen von drei Grundformen unterscheiden sich Mountain Bike-Reifen hauptsächlich durch ihr Profil und ihre Breite voneinander. Die Standard-Breite ist 2,1 Zoll, die Bandbreite reicht aber von nur 1 Zoll schmalen bis zu 2,6 Zoll breiten 26-Zoll-Reifen (gemeint ist der Durchmesser). Vollkommen glatte Slicks lassen das Geländerad zum Straßenflitzer werden, während Stollenreifen eigentlich nur abseits von Straßen geeignet sind. Ein Mittelding gibt es auch: Allround-Reifen, die auf der Straße wie im Gelände eingesetzt werden können.

SLICK
Profillose Slicks wie der Matrix Road Warrior *(links) erzielen auf glattem Asphalt eine optimale Haftung. Sie bestechen dort durch ihr leichtgängiges und fast geräuschloses Abrollverhalten.*

ALLROUNDER (1)
Der Specialized Nimbus *(rechts) ist ein besonders leichtgewichtiger Allround-Reifen, der eher auf der Straße (und dort bei Nässe) zur Geltung kommt. Im Gelände muß es schon trocken sein, denn im Schlamm hat er nichts verloren.*

ALLROUNDER (2)
Der Matrix Cliffhanger *(links) ist schon eher für den Geländebetrieb geeignet. Seine Seitenstollen sind aber so eng angeordnet, daß sie sich schnell mit Schlamm zusetzen.*

STOLLENREIFEN (1)
Onzas Racing Porcupine *(rechts) ist der Inbegriff des Stollenreifens. Sein Profil und die besonders weiche Gummimischung ergeben eine optimale Reifenhaftung. Seine Lebensdauer ist allerdings extrem kurz – vor allem am Hinterrad.*

STOLLENREIFEN (2)
Ein echter Alleskönner ist der Panaracer Smoke *(links). Seine Stollen setzen sich nicht übermäßig zu, wenn's schlammig wird, und die quer angeordneten Stollen in der Laufflächenmitte bringen enorme Traktion.*

STOLLENREIFEN (3)
Ein vor allem auf felsigem Untergrund bewährter Geländereifen mit eher traditionellem Stollenprofil ist der Specialized Hardpack *(rechts). Mit 2,2 Zoll Breite gehört er zur komfortableren Sorte.*

47

DAS MOUNTAIN BIKE

Mountain Bike-Rennsport

Mountain Bike-Rennen waren von Beginn an Leistungssport, allerdings ohne offizielle Anerkennung, aber auch ohne jede kleinliche Reglementierung, zum Beispiel das Rad oder die Kleidung betreffend. So waren die ersten Rennen, die 1976 auf der legendären Repack-Strecke ausgetragen wurden, spontan improvisierte Downhill-Zeitfahren auf einer Schotterpiste mit 396 Metern Gefälle auf knapp 3,2 Kilometern. In der Zwischenzeit ist diese in den USA entstandene Sportart nahezu weltweit verbreitet. Der Organisationsgrad ist stark gestiegen, und es gibt die unterschiedlichsten Wettkämpfe auf mitunter spektakulären Kursen. Der ursprüngliche Geist des Mountain Bike-Rennsports hat sich jedoch bis heute gehalten: ein Fahrer und sein Bike gegen die Elemente und den Rest des Feldes, ohne (mechanische) Hilfe von außen. Ein Rennwochenende besteht (in den USA) üblicherweise aus einem Cross Country-Rennen – dem Hauptrennen, in der Regel auf einem Rundkurs –, einem Downhill-Rennen, einem »Hill-climb« genannten Bergauf-Rennen, einem Parallelslalom und einem Trialwettbewerb (siehe Seite 50). Gewertet wird in verschiedenen Klassen – nach Leistungsstand, Alter und Geschlecht getrennt. Der internationale Standard für das Hauptrennen der Profis (Herren) – ein Cross Country-Rundstreckenrennen – ist eine Gesamtdistanz zwischen 39 und 58 Kilometern mit 6,5 Kilometern Mindest-Rundenlänge, die zu mindestens 90 % im Gelände verläuft und von der höchstens 10 % Tragepassagen sein dürfen. Ein Downhill-Rennen sollte etwa 8 Kilometer lang sein, mindestens 80 % davon bergab.

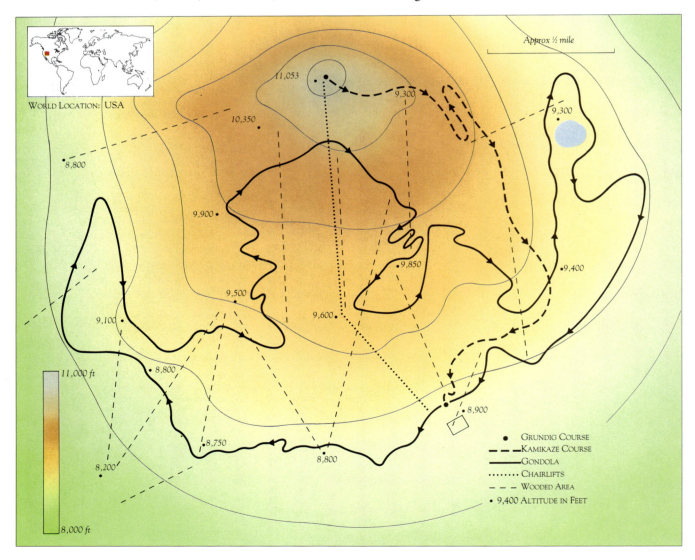

MOUNTAIN BIKE-RENNSPORT

RADSPORT IM GELÄNDE

ARTVERWANDT – DER QUERFELDEIN-SPORT
Lange vor der Erfindung des Mountain Bikes gab es schon Querfeldein-Radrennen im Gelände. Straßenrennfahrer hielten sich so über den Winter fit, auf Rennmaschinen mit schmalen Geländereifen und Cantilever-Bremsen. Querfeldein-Strecken weisen stets einige Passagen auf, die zu Fuß schneller zu bewältigen sind, als auf dem Rad (links). Mountain Biker bleiben dagegen auch in den unmöglichsten Situationen viel lieber auf dem Rad. Und während sie keinerlei technische Hilfe von außen bekommen, können Querfeldeinfahrer im Rennen sogar mehrmals das komplette Rad wechseln. Viel mehr Unterschiede gibt's aber nicht, und so ist es kein Wunder, daß immer mehr Fahrer zum populäreren Mountain Bike-Sport überwechseln.

Eine vielseitige Sportart
Neben den Hauptwettbewerben Cross Country und Downhill gibt es noch andere Arten von Mountain Bike-Rennen. Beim Trial müssen – ohne Zeitdruck – schwierigste Geländesektionen überwunden werden. Strafpunkte gibt es dabei schon, wenn man einen Fuß auf den Boden setzt. Beim Parallelslalom wird paarweise gestartet, auf zwei identischen, meist etwa 400 Meter langen und mit Toren abgesteckten Downhill-Strecken. Das Teilnehmerfeld wird per K. o.-Verfahren bis zum Finale der besten zwei dezimiert. Beim »Hill-climb«, einem Bergrennen mit Massenstart und meist extremen Steigungen, gewinnt derjenige, der zuerst oben ankommt.

DER KLASSIKER
Mammoth Lakes in der kalifornischen Sierra Nevada war einer der ersten Skiorte, der sich im Frühling und Sommer dem Mountain Bike verschrieben hat. Seither hat der Name »Mammoth« einen guten Klang in den Ohren von MTB-Rennfahrern. Auf dem Cross Country-Kurs (siehe Karte auf der linken Seite) werden mittlerweile Worldcup-Rennen ausgetragen, noch bekannter allerdings ist das »Kamikaze«-Downhill-Rennen: Der Hochgeschwindigkeitskurs weist auf 6,3 Kilometern knapp 610 Meter Höhenunterschied auf, die von den Schnellsten mit fast 70 Stundenkilometern Durchschnittsgeschwindigkeit absolviert werden.

KÖNNEN GEFRAGT
Cross Country-Rennen (rechts) sind die einzig wahre Prüfung für Allround-Könner auf dem Mountain Bike. Eine anspruchsvolle Strecke mit zahlreichen natürlichen Hindernissen abzustecken, ist nicht einfach. Der Start- und Zielbereich muß ausreichend groß für einen Massenstart sein, danach geht's meistens auf engen, winkligen Passagen weiter. Um bis dahin eine gute Position zu erreichen, absolvieren viele die ersten Meter in Sprintermanier, um sich dann an der ersten ernsthaften Steigung völlig außer Atem wiederzufinden …

49

DAS MOUNTAIN BIKE

Fahrrad-Trial

Die Sportart, die die vollkommenste Beherrschung des Fahrrads erfordert, heißt Trial. Ziel ist es, kurze, mit Hindernissen übersäte »Sektionen« zu durchfahren, ohne dabei einen Fuß auf den Boden zu setzen oder gar zu stürzen. Spitzenfahrer erklettern senkrechte Stufen und andere Extremschwierigkeiten scheinbar mühelos, dabei hüpfen sie meist von einer Stelle zur nächsten. Ein typischer Trial-Wettkampf besteht zum Beispiel aus zehn Sektionen, die je dreimal befahren werden. Pro Sektion kann man sich maximal 5 Strafpunkte einhandeln, durch »fußeln« oder das Berühren eines Baumes (oder Zuschauers). Für einen Sturz oder das Verlassen der abgesteckten Sektion gibt es grundsätzlich die Höchstpunktzahl. Es gibt zwei Arten von Trialrädern. Der eigentliche Trial-Sport wird auf Spezialrädern ausgeübt, mit 20-Zoll-Laufrädern, einer Schutzplatte unter dem Tretlager und nur einer Übersetzungsstufe – meist 1:1. Es ist beinahe unglaublich, welch haarsträubende Manöver den internationalen Top-Fahrern damit gelingen. Für normales Radfahren sind ihre Räder aber kaum geeignet. Der Hobby-Biker, der sein Fahrkönnen verbessern möchte, kann dies genauso mit seinem Standard-Mountain Bike trainieren. Es gibt aber auch speziell für diesen Zweck ausgelegte Mountain Bikes, mit besonders kurzem Hinterbau, steilen Rahmenwinkeln und einem höhergelegten Tretlager.

TRIAL-MOUNTAIN BIKE
Mit seinem kurzen **Radstand** *(105 Zentimeter), dem noch kürzeren Hinterbau (41 Zentimeter) und den hochgelegten Kettenstreben ist das* Rocky Mountain Experience *ein exzellenter Kletterer.*

HOCHGELEGT: Die Tretlagerhöhe beträgt knapp 31 Zentimeter, zugunsten einer großen Bodenfreiheit. Die Kettenblätter werden zusätzlich durch einen *Rock-Ring* vor dem Aufsetzen geschützt.

FREIGIEBIG: Trialfahrer fahren am liebsten ohne Haken und Riemen. Die *Power Grips* bieten etwas Halt, geben den Fuß aber auch schnell wieder frei.

FAHRRAD-TRIAL

WIE FAHR' ICH AM BESTEN ÜBER DEN BAUMSTAMM?

Etwa einen halben Meter vor dem Hindernis setzt Du zum »Wheelie« an: Du ziehst das Vorderrad hoch und trittst gleichzeitig in die Pedale (links). Sobald das Vorderrad den Stamm berührt, duckst Du Dich über dem Rad zusammen. Die Kurbeln stehen waagerecht.

Du springst und schiebst den Lenker dabei nach vorne (mittleres Bild). Nun sollte das Hinterrad da auf dem Baumstamm ankommen, wo vorher das Vorderrad war. Verlagere Dein Gewicht nun zuerst weit nach hinten, damit das Vorderrad sanft landen kann (unten). Dann geht's umgekehrt: Gewicht nach vorne, damit das Hinterrad … Der Trick an der Sache ist, daß Du den Baumstamm nicht »überfährst«, sondern ihn überspringst.

VERLÄSSLICH: Die *Grip Shift*-Drehschalter und die kraftvollen Cantileverbremsen mit Dreifinger-Hebeln lassen sich auch in schwierigen Fahrsituationen gut bedienen.

DER EIGENE TRAININGS-PARCOURS

Das Trialfahren ist eine der effektivsten Methoden, sein Fahrkönnen zu verbessern. Man braucht auch nicht lange nach einem geeigneten Gelände zu suchen – fast überall finden sich kleine Hindernisse oder genug Platz, um eine eigene Trainingsstrecke aufzubauen. Wer keinen umgefallenen Baumstamm zur Verfügung hat, der besorgt sich eben ein paar alte Autoreifen in verschiedenen Größen. Die eignen sich hervorragend zum Üben – vor allem, wenn man sie halb in die Erde eingräbt – , und die Kettenblätter sind auch nicht gefährdet. Man kann auch mehrere Reifen aneinander lehnen und so einen Baumstamm simulieren. Es empfiehlt sich übrigens, seinen Sattel etwas niedriger zu montieren – der höheren Bewegungsfreiheit beim Balancieren auf dem Rad wegen.

STABIL: Die kräftig dimensionierte *Tange »Big Fork«*-Gabel macht auch unter Extrembelastung nicht schlapp.

51

DAS MOUNTAIN BIKE

Extrem-Wettkämpfe

Langstreckenrennen per Mountain Bike zeigen auf extreme Art und Weise, was mit einem muskelgetriebenen Zweirad möglich ist. Schon immer seit seiner Erfindung wurde das Fahrrad dazu benutzt, die Grenzen der menschlichen Ausdauer kennenzulernen. So umkreisten bereits 1875 in Birmingham, England, ein paar Männer zwölf Stunden lang eine Rennbahn auf ihren Hochrädern, um zu sehen, wie schnell und wie weit sie vorankommen würden. Heutzutage halten ihre Lycra-bekleideten Nachfahren auf Mountain Bikes die Langstrecken-Tradition ganz besonders in Ehren – indem sie ausprobieren, wie viele Gipfel man in 24 Stunden befahren kann. Oder indem sie mitten im Winter 322 Kilometer durch Alaska um die Wette fahren, oder die Sahara im Rahmen des Paris-Dakar-Marathons durchqueren. Oder ganz einfach, indem sie irgendwo in den Hügeln von Wales gegen Rennpferde antreten. Das verrückte Element dieser Ausdauerwettkämpfe ist unverkennbar und erinnert an die Anfangszeit des Mountain Bikes Mitte der 70er Jahre. Das größte Vergnügen für die Pioniere aus Marin County war es damals, die Repack-Strecke, eine mit Haarnadelkurven gespickte 3,2-Kilometer-Abfahrt mit 397 Metern Gefälle, mit ihren »Clunkern« so schnell wie möglich »herunterzuheizen«. Die Teilnehmer heutiger Extrem-Wettkämpfe haben dasselbe Verlangen nach Abenteuer und Verrücktheit, also starten sie bei einer der unzähligen haarsträubenden Veranstaltungen mit niedrigem Preisgeld, einer gewissen (traurigen) Berühmtheit und der Chance, herauszufinden, wie lange man auf dem Bike überleben kann …

DAS KÄLTESTE RADRENNEN DER WELT
Das Iditabike-Rennen (oben) verlangt den Teilnehmern und ihrer Ausrüstung alles ab. Sonderanfertigungen und Erfindungen wie die Zwillingsreifen, eine Kombination von jeweils zwei Felgen mit nur einer Nabe, sollen helfen, das Fahren bei Wetter- und Streckenbedingungen zwischen 5 Grad Celsius mit tiefem Schneematsch und Schneestürmen bei -40 Grad zu ermöglichen. Die Teilnehmer, die sich jedes Jahr im Februar dieser Herausforderung stellen, auf einer Strecke, auf der sonst das Iditarod-Schlittenhunderennen ausgetragen wird, müssen schon besondere Fähigkeiten aufweisen. Schließlich müssen gefrorene Flüsse überquert werden, darf man auch nachts nicht die Orientierung verlieren. Für alle Fälle aber muß jeder Teilnehmer eine Kaution hinterlegen, mit der eine eventuell nötige Luftrettung bezahlt werden kann … 1990 mußte das Rennen übrigens abgebrochen werden, nachdem die ersten 84 Kilometer nur zu Fuß zurückgelegt werden konnten.

KAMPF GEGEN DEN WINTER
Auf der Suche nach einer festen, befahrbaren Schneedecke zieht ein Iditabike-Teilnehmer sein zerlegtes Bike auf einem Schlitten hinter sich her.

EXTREM-WETTKÄMPFE

LÄUFER GEGEN REITER GEGEN BIKER

1980 wurde das erste Rennen »Mensch gegen Pferd« (links) ausgetragen, nach einer hitzigen Diskussion in einem walisischen Pub, wer denn nun schneller sei, Läufer oder Reiter. Die Zweibeiner wurden auf dem Geländeparcours von den Vierbeinern klar geschlagen. Seit 1985 aber, seit auch Zweiräder, Mountain Bikes nämlich, teilnehmen, steht der Ausgang des Rennens nicht mehr von vornherein fest. 1988 war es dann Tim Gould, ein Weltklasse-Mountain Biker, der als erster und bisher einziger Zweibeiner in 1:51 Stunden den schnellsten Reiter um drei Minuten distanzieren konnte.

DER PARCOURS

Auf der 35,2-Kilometer-Strecke in den walisischen Brecon Beacons müssen Flüsse durchquert (unten) und insgesamt 1220 Höhenmeter überwunden werden. Eine echte Siegchance haben die Mountain Biker nur an heißen Tagen, dann sind die morastigen Stellen ausgetrocknet, außerdem kommen Pferde nicht so gut mit Hitze zurecht.

53

Das RENNRAD

Radrennsport ist ganz ohne Zweifel eine der härtesten Sportarten überhaupt. Wer ihn betreibt – egal in welcher der zahlreichen Sparten –, wird immer besessen davon sein, noch ein bißchen besser zu werden, die eigenen Grenzen noch weiter auszuloten. Ununterbrochen wird am Rad herumgetüftelt, werden Ausstattung und Geometrie neu überdacht, wird die Sitzposition optimiert, genauso wie das eigene Fahrkönnen, die Ernährung und der persönliche Trainingsplan bis hin zur Einteilung der Schlafenszeit.

Aero-Lenkeraufsatz

Hobby oder Manie?

Radsport kann allzu leicht zur totalen Besessenheit führen, zu einer Beziehung zwischen Mensch und Maschine nach dem Motto »Lebe, um zu fahren und fahre, um zu leben«. Alles dreht sich nur noch um das eine Ziel: Die völlige Harmonie zwischen Rad und Fahrer zu erreichen, gemeinsam zur »vollkommenen Maschine« zu werden. Dieses Bedürfnis kann sowohl auf der Bahn wie auf der Straße gestillt werden, auf kurzen wie auf langen Distanzen, auf Flachstrecken oder steilen Paßfahrten, im Kampf gegen das übrige Feld oder gegen die Stoppuhr. Gefragt sind Hingabe und Mut, und als »Belohnung« winken Schmerzen und Triumph. Die »nicht-radfahrende Welt« scheint davon ausgeschlossen zu sein – ihr erscheint die Welt des Radsports dafür als eine Art Ghetto, dessen Bewohner exotische Maschinen anbeten und ungewöhnliche Rituale wie das Rasieren der Beine oder das Tragen hautenger Kleidung pflegen und sich in einer seltsamen Geheimsprache unterhalten.

Bremszange

Dreispeichenrad

Ein Sport für Jedermann und Jedefrau

Dennoch ist Radrennsport vor allem ein Sport, den jeder betreiben kann, der ein Fahrrad und genügend Willenskraft mitbringt. Die Faszination Radsport liegt in der einzigartigen Kombination von interessanter Technik mit dem unstillbaren und unwiderstehlichen Drang des Menschen, seine Kraft und Ausdauer zu erproben. Die Mischung aus Fahrkönnen und physischer Stärke erfordert Durchhaltevermögen und Geschicklichkeit gleichermaßen, und es gibt noch kein endgültiges Rezept dafür. Sowohl dem Anfänger als auch dem Profi bietet die Vielfalt des Radsports jedoch genügend Möglichkeiten, seinen eigenen Weg zu gehen.

Radcomputer

Wasserflasche

Pedal

Straßenrennfahrer

DAS RENNRAD

Die Anatomie des Rennrades

Man nennt sie auch »Rennmaschinen«, und dementsprechend kompromißlos sind sie auf Geschwindigkeit geeicht. Beim Rahmendesign hat sich im letzten Jahrzehnt aber nicht viel geändert: Noch immer ist der klassische Diamant-Rahmen aktuell, mit kurzem **Radstand**, steilem Sitzrohr- und Lenkkopfwinkel und einer geringen **Gabelvorbiegung.** Die Unterschiede liegen im Detail, vor allem in Sachen Rahmenmaterial und Komponenten. Die Rahmenrohre der hier abgebildeten Rossin-Rennmaschine zum Beispiel sind aus Kohlefaser-verstärktem Kunststoff, sie ermöglichen einen Gewichtsvorteil von bis zu 30% gegenüber solchen aus Stahl.

56

DIE ANATOMIE DES RENNRADES

KOMPROMISSLOS SCHNELL
Mit Aero-Lenkeraufsatz wird der Rossin-Renner zur Zeitfahrmaschine.

HABEN SIE'S GEWUSST?
Zwei Radfahrer sind schneller als einer, wenn abwechselnd der eine im **Windschatten** des anderen fährt. Eine größere Gruppe oder gar ein komplettes Fahrerfeld formiert sich zu einer **Windkante**, mit ständigem Führungswechsel, so daß jeder Fahrer nur kurz die volle Leistung aufbringen muß.

DAS RENNRAD

Die Kunst des Rahmenbaus

Das (niedrige) Gewicht einer Rennmaschine ist ein ganz wesentlicher Gesichtspunkt, so ist das Streben nach einer möglichst schlanken, grazilen Rahmenbauweise schnell erklärt. Früher galt das aufwendige Verlöten dünnwandiger Stahlrohre zu hochwertigen Rennradrahmen als traditionelles und höchst anspruchsvolles Handwerk. In den 70er Jahren jedoch wurden Rohrsätze entwickelt, die sich in großen Stückzahlen maschinell zu leichtgewichtigen und dennoch preiswerten Rahmen verschweißen ließen. Die 80er Jahre brachten dann mit der Entwicklung von Aluminiumrohren einen weiteren Fortschritt in Sachen Leichtbau und Kostensenkung. Und das Rahmenmaterial der Neunziger scheint Kohlefaserverstärkter Kunststoff zu werden, aus dem sich die bisher steifsten und leichtesten Rahmen herstellen lassen.

SCHMUCKSTÜCK
*Muffen dienen nicht nur der Verstärkung von Lötstellen an Stahlrahmen, sie können auch die Optik eines Rahmens nachhaltig beeinflußen – vor allem, wenn sie von Hand nachbearbeitet und womöglich reich verziert sind. Rahmenbauer wie der Engländer Alf Hetchins haben die **Muffe** zum Kunstwerk erhoben. Fast schon Skulptur-artig mutet die Kreation »Magnum Bonum« an, eine wilde Mischung aus Bourbon-Lilie, Schwalbenschwanz- und Kringel-Design.*

VERSTÄRKUNG (1): **Muffen** erhöhen die Festigkeit von Rohrverbindungen, indem sie dem Lötmaterial eine extra große Kontaktfläche bieten.

DOPPELT-ENDVERSTÄRKTE ROHRE
*Die Entwicklung **doppelt endverstärkter** Rohre kam den erfahrenen Rahmenbauern entgegen. Sie sind schwieriger zu verarbeiten als solche mit durchgehender Wandstärke, reduzieren das Rahmengewicht aber ganz beträchtlich.*

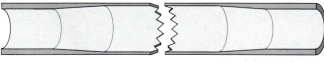

Dicke Wandstärke am Rohrende

Dünne Wandstärke am Rohrmittelteil

Die erhöhte Wandstärke verstärkt die Rohrverbindungen

STAHLRAHMEN
*Der unten abgebildete Rahmen aus **doppelt endverstärkten** Reynolds 531-Rohren – einer Stahllegierung mit Mangan – ist traditionell mit **Muffen** verlötet. Bei normalem Gebrauch ist seine Lebensdauer nahezu unbegrenzt – viele Radfahrer nehmen daher sein Mehrgewicht gegenüber anderen Materialien in Kauf.*

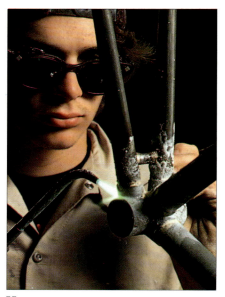

HANDARBEIT
An gelöteten Stahlrahmen fungiert entweder Messing- oder Silberlot als Verbindungselement – Metalle jedenfalls, die eine niedrigere Schmelztemperatur als Stahl aufweisen. Beim Verschweißen nach dem WIG-Verfahren dagegen werden die Rohre selbst – ob aus Stahl, Aluminium oder Titan – so weit erhitzt, daß sie miteinander verschmelzen.

ERFAHRUNGSSACHE: An hochwertigen Rennrahmen haben sich sämtliche Details im Laufe jahrelanger Erfahrung entwickelt und bewährt. So auch die bi-konkaven Sitzstreben am Condor-Rahmen.

FEINABSTIMMUNG: Rohre für Stahlrahmen werden in der Regel als kompletter Rohrsatz angeboten. Manche Rahmenbauer verwenden allerdings Rohre unterschiedlicher Qualitäten, um die Ansprüche des jeweiligen Fahrers genauer erfüllen zu können.

ARTENVIELFALT: Rennrahmen aus Stahl gibt es in allen erdenklichen Qualitäten und Bauformen – für Profi-Straßenrennen genauso wie für Zeitfahren oder Langstreckentouren.

ERKENNUNGSMERKMAL: Manche Rahmenbauer können an der individuellen Gestaltung ihrer Muffen identifiziert werden.

VORDERANSICHT: Dieser elegante Schrägschulter-Gabelkopf ist ein Gußteil.

VERSTÄRKUNG (2): Ovalisierte Gabelscheiden erhöhen die Biegesteifigkeit gegen die Kräfte, die beim Bremsen auftreten.

DIE KUNST DES RAHMENBAUS

VORBEUGENDE MASSNAHME: Aluminium-Rahmen können unter Dauerbelastung ermüden, daher sind sie meist besonders kräftig gebaut.

DICKE ROHRE: Aluminium ist zwar leichter, aber auch weicher als Stahl. Ausgeglichen wird dies durch die extra großen Rohrdurchmesser.

VERSCHRAUBT: Im Schadensfall läßt sich das Schaltwerksauge am *Cannondale*-Rahmen problemlos austauschen.

VERSTÄRKUNG (3): Das Unterrohr wird beim Fahren am stärksten belastet, also ist sein Außendurchmesser am größten.

DICK, ABER DENNOCH LEICHT

Obwohl er nicht danach aussieht, ist Cannondales 3.0-Rahmen einer der leichtesten und dabei verwindungssteifsten Rennrahmen auf dem Markt – und das zu einem durchaus akzeptablen Preis. Die großvolumigen, aber dünnwandigen Aluminiumrohre sind per WIG-Verfahren verschweißt, die Schweißnähte werden anschließend verschliffen.

KLEBEN STATT SCHWEISSEN

Eine gebräuchliche Fügetechnik ist das Verkleben von Aluminiumrohren mit Muffen. Bei diesem Verfahren kann sich der Rahmen nicht verziehen. Die Klebestellen weisen in der Regel eine höhere Festigkeit als die Rahmenrohre auf.

DIE MATERIALFRAGE

Stahl und Aluminium haben einen so hohen Entwicklungsstand erreicht, daß nur noch geringfügige Fortschritte zu erwarten sind. Die Zukunft in Sachen Rahmen-Leichtbau liegt in der Verwendung von Kohlefaser-verstärkten Kunststoffen. Karbon-Rahmen sind bis zu 30 % leichter als vergleichbare Aluminium-Rahmen – ein »schwerwiegender« Vorteil im Rennen.

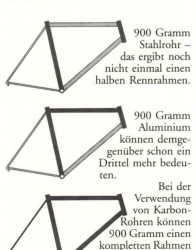

900 Gramm Stahlrohr – das ergibt noch nicht einmal einen halben Rennrahmen.

900 Gramm Aluminium können demgegenüber schon ein Drittel mehr bedeuten.

Bei der Verwendung von Karbon-Rohren können 900 Gramm einen kompletten Rahmen ausmachen

MEILENSTEIN

*Der Giant Cadex 980 war der erste Karbon-Rahmen zum Preis eines Stahlrahmens – dank Großserienproduktion. Bis auf die **Ausfallenden** (aus Stahl), die Gabel und die **Muffen** (einschließlich Lenkkopfrohr aus Aluminium) ist er komplett aus dem High-Tech-Material gefertigt.*

DESIGN-TRICK: Die gegabelte **Muffe** unterbricht die Sitzstreben und dient als Bremszangen-Befestigung.

WUNDER-FASER

Kohlefasern sind anisotrop – ihre enorme Zugfestigkeit haben sie nur in Faserrichtung. Durch entsprechende Formgebung können Karbonrohre aber so ausgelegt werden, daß sie allen auftretenden Belastungen gewachsen und dennoch gewichtsmäßig nicht zu unterbieten sind. Ein weiterer Vorteil ist ihre hervorragende Stoßdämpfung. Ihr Hauptnachteil – die hohen Herstellungskosten – kann durch modernste Massenproduktion (siehe Giant) ausgeglichen werden.

SCHÜTZT UND GLÄNZT: Zum Schutz vor Abnutzung werden die mattschwarzen Karbonrohre meist mit einer transparenten Schutzschicht (aus Aramid etwa) versehen.

ZUKUNFTS-TRÄCHTIG: Die Entwicklung der Kohlefaser-verstärkten Kunststoffe ist noch lange nicht am Ende – Experten halten sie für das Rahmenmaterial der Zukunft.

DESIGN-OBJEKT: Rahmen aus Kohlefaser-verstärktem Kunststoff müssen nicht unbedingt aus Rohren zusammengesetzt sein. Das Material fordert eine gänzlich unkonventionelle Formgebung geradezu heraus.

59

DAS RENNRAD

Schnelle Räder

Gleich nach dem Rahmen kommen beim Rennrad die Laufräder. Zwei Faktoren sind dabei entscheidend: Ihr Gewicht und ihre (mehr oder weniger) aerodynamische Form. Das meiste Gewicht – Felgen, Schläuche und Reifen – ist dabei weit außen plaziert, es kostet also besonders viel Energie, sie in schnelle Rotation zu versetzen. Nun sind konventionelle Speichenräder zwar verhältnismäßig leicht, ihre Speichen erzeugen aber erstaunlich kräftige Luftwirbel und damit Luftwiderstand, der proportional zum Quadrat der Fahrgeschwindigkeit zunimmt. Dagegen helfen nur windschlüpfrigere Bauformen. Selbst wenn sie schwerer als Speichenräder sind, können sie den Fahrwiderstand bei hohen Geschwindigkeiten ganz beträchtlich reduzieren helfen.

DREI-SPEICHENRAD
Beim Composite Wheel von Specialized, in Zusammenarbeit mit dem Kunststoff-Hersteller Du Pont entwickelt, werden die Aluminiumfelge und der Nabenkörper durch einen mit Kohle-, Aramid- und Glasfasern umwickelten Schaumkern verbunden. Etwa 50 % der Seitenfläche sind offen, das verringert die Seitenwindempfindlichkeit so weit, daß das »Tri-Spoke« problemlos vorne und hinten eingebaut werden kann. Der Hersteller verspricht sich von dem Profil der drei »Speichen« sogar einen gewissen Vortrieb bei Seitenwind – ähnlich wie bei einem Segelboot beim Kreuzen. Obwohl es gegenüber einem herkömmlichen Speichenrad (zirka 1 Kilogramm) um die Hälfte schwerer ist, soll es sich ab Geschwindigkeiten von 10,5 Stundenkilometern leichter beschleunigen lassen. Bei einem 40-Kilometer-Zeitfahren sollen sich daraus zwei bis drei Minuten Zeitersparnis ergeben.

36-SPEICHENRAD
Unser Beispiel ist eher ungewöhnlich: In einer Art »Krähenfuß-Muster« ist jede dritte Speiche radial, der Rest dagegen gekreuzt eingespeicht. Üblich ist entweder die eine oder die andere Einspeichart. Radial angeordnete Speichen sind kürzer und damit auch leichter und aerodynamisch günstiger. Gegenüber einer Dreifach-Kreuzung soll dies etwa eine Sekunde pro Kilometer einbringen, man findet sie daher häufig an Zeitfahrmaschinen oder Triathlon-Rädern. Gegen radiale Speichen spricht, daß sie das Antriebsdrehmoment beim Beschleunigen eigentlich nicht übertragen können: Die hintere Nabe muß sich dazu erst gegenüber der Felge etwas verdrehen, damit sich ein Hebelarm für die Speichenzugkraft ergibt. In der Praxis – bei einem harten Antritt – fühlt sich das wie eine Art Ruckdämpfer an. Konventionell dreifach gekreuzte Speichen dagegen führen vom Nabenflansch tangential weg. Der zur Drehmomentübertragung notwendige Hebelarm ist also maximal – die Folge ist, daß die Antriebskraft sehr direkt übertragen wird. In punkto Steifigkeit und Stoßdämpfung eines Laufrades ist der Einfluß der Einspeichart eher gering, verglichen mit dem, was Reifengröße, -luftdruck und die Steifigkeit der Felge bewirken können.

Kombi-Rad

Das HED CX ist eine Kombination aus 18 Säbel speichen mit einer ringförmigen Verkleidung, in die eine Aluminiumfelge eingelassen ist. Abwechselnd radial und gekreuzt angeordnete Drahtspeichen halten das Gewicht niedrig – etwa auf dem Niveau eines 32-Speichen-Laufrades – und verringern die seitliche Windangriffsfläche. Unter Triathleten gilt das HED-Laufrad als derzeit beste Lösung in Sachen Leichtbau und Aerodynamik.

Scheibenrad

Eine solche »Vollscheibe« durchschneidet quasi die Luft und produziert bei 48 Stundenkilometern nur noch halb soviel Luftwiderstand wie ein gewöhnliches Drahtspeichen-Laufrad. Am Vorderrad montiert wird allerdings Seitenwind zur akuten Gefahr: Ständig müssen windbedingte Schlenker ausgeglichen werden. Am Hinterrad ist der Aero-Vorteil auch nicht berauschend, denn hier kommt die Luft ja bereits durch Fahrer und Rahmen verwirbelt an. Bis auf die neuesten Modelle aus Kevlar sind Scheibenräder in der Regel deutlich schwerer als Speichenräder, dennoch sind sie für hohe Geschwindigkeiten besser geeignet als diese.

Reifen-Technik

Sein geringes Gewicht und hervorragende Laufeigenschaften auch bei höchsten Reifendrücken sprechen noch immer für den auf der Felge verklebten Schlauchreifen. Sein Mantel aus Baumwoll- oder Seidengewebe ist rundum – mit dem Schlauch darin – vernäht. Die Lauffläche ist auf das Gewebe aufvulkanisiert. Bevor ein Schlauchreifen zum Einsatz kommt, muß er 6 bis 12 Monate »altern«, sprich austrocknen. Ist die Lauffläche noch zu feucht, dann ist sie pannenempfindlich, ist sie zu trocken, sinkt die Reifenhaftung.

DAS RENNRAD

Verbotene Räder

Das schnellste Rad mit den besten Fahreigenschaften ist noch lange nicht das optimale Rennrad. So lange nämlich, wie es den geltenden Bestimmungen nicht genügt. Unser Beispiel, der Prototyp eines Bahnrades, wurde 1986 zu den Rad-Weltmeisterschaften nicht zugelassen, weil sein einteiliger **Monocoque-**Rahmen nicht dem Reglement der Union Cycliste Internationale (UCI) entsprach. Fünf Jahre später jedoch wurde er plötzlich zugelassen, die Regeln waren nämlich im Zuge des technologischen Fortschritts etwas gelockert worden. Die Bestimmungen, die exakt festhalten, was denn nun ein »Fahrrad« ist und was nicht, beschränken sich fast nur noch auf die Abmessungen. Ansonsten muß es lediglich »zu gebrauchen, verkäuflich und für jede Art Radsportler benutzbar« sein. Rahmendesigner können heute also ihr ganzes Können und sämtliche verfügbare Materialien einsetzen, um das Äußerste aus ihren Rennmaschinen herauszuholen.

AERO-STÜTZE: Zur Verringerung des **Luftwiderstands** ist der Rahmen bis zur Sattelaufnahme hochgezogen – es bleiben noch 12 Millimeter vertikale Verstellmöglichkeit. Dieser Prototyp ist jedoch individuell auf einen bestimmten Fahrer zugeschnitten.

AERO-SITZPOSITION: Der »Sitzrohrwinkel« beträgt 75 Grad. Der Fahrer sitzt also fast direkt über dem Tretlager, so daß der Öffnungswinkel zwischen Oberkörper und Beinen groß genug ist.

TYPISCH BAHNRAD: Die nach hinten offenen **Ausfallenden** sind voll in den Rahmen integriert und daher ebenfalls aus Kohlefaser-verstärktem Kunststoff.

FESTE VERBINDUNG: Wie bei allen Bahnrennrädern gibt es nur eine Übersetzung, und die ist auch noch starr.

VERBOTENE RÄDER

STROMLINIENFORM

Anstelle traditioneller Rohre ist das Windcheetah Monocoque *aus Kohlefaser-verstärktem Kunststoff in einem Stück und somit besonders strömungsgünstig geformt. Sein Erbauer, Mike Burrows, der es als Studie zum Thema Stromlinienform angefertigt hat, behauptet, er sei genauso verwindungssteif wie ein vergleichbarer Stahlrahmen. Das komplette Rad wiegt knapp 9 Kilogramm.*

MASSARBEIT: **Monocoque-**Rahmen können nicht nur strömungsgünstig, leicht und verwindungssteif gebaut sein, sie können (und sollten) auch für jeden Fahrer und jede Einsatzart maßgeschneidert werden, um ein optimales Ergebnis zu erzielen. Um die jeweils gewünschte Festigkeit zu erzielen, werden je nach Bedarf mehr oder weniger Lagen Fasermaterial in die Konstruktion eingearbeitet.

TRAGFLÄCHENFORM

Die beiden aus Aluminium-Vollmaterial gefertigten Lenker-»Flügel« sind extrem windschnittig. Ihr Mehrgewicht gegenüber einem herkömmlichen Lenker aus Rundrohren wird durch den verringerten **Luftwiderstand** *mehr als ausgeglichen.*

HANDGERECHT: An die Lenker-»Flügel« sind Hörnchen angeschweißt.

EINZELFALL: Anstelle einer konventionellen Gabel mit zwei Gabelscheiden befindet sich an der Aero-Studie eine einarmige Konstruktion, die eben auch strömungsgünstiger sein soll. Die Hauptschwierigkeit dabei ist es, ausreichend Festigkeit und Steifigkeit zu erzielen.

KLEINTEIL: Das 24-Zoll-Vorderrad hilft, den **Radstand** mit 94 Zentimetern relativ kurz zu halten.

GRÖSSENPROBLEM: Der aerodynamische Vorteil des kleinen Laufrades wird zumindest zum Teil durch seine schlechteren Abrolleigenschaften wieder wettgemacht. Ein Nachfolgemodell der hier gezeigten Studie wurde daher mit einem Standard-Laufrad (Größe 700 C) ausgestattet.

SONDERFALL: Anders als gewöhnliche Bahnrennräder ist Mike Burrows' Studie mit einer Bremse ausgestattet. Als eleganteste Lösung erschien ihm eine Trommelbremse, da eine Cantilever- oder Seitenzugbremse den **Luftwiderstand** unnötig erhöht hätten.

DAS RENNRAD

Die Kleidung fürs Rennen

Bei der Auswahl seiner Bekleidung muß ein Radrennfahrer nicht nur die Art des Rennens und die Wetterbedingungen beachten, sondern auch die Bestimmungen und Anforderungen, die der jeweilige Veranstalter in bezug auf die Kleidung macht. Für Straßenrennfahrer sind diese Grenzen eng gesteckt. Für Zeitfahrer schon nicht mehr so ganz, und für Triathleten sind sie praktisch nicht vorhanden: Die steigen aus dem Wasser direkt aufs Rad, in ihren schnelltrocknenden Schwimm-Klamotten. Ein Straßenrennfahrer muß dagegen wenigstens ein Trikot, Shorts, Socken, Radschuhe und einen Helm tragen, um den Regeln zu genügen. Bei einem Etappenrennen, wo täglich mehrere Stunden im Sattel verbracht werden, sind Sicherheits- und Komfortaspekte ganz wesentlich, so erklären wenigstens diejenigen, die die Bekleidungsregeln aufstellen, ihre Fürsorge für die Rennteilnehmer.

Der Gesetzgeber

Sämtliche Regeln, die im Radsport Geltung haben, werden von der Union Cycliste Internationale festgelegt. Die UCI mit Sitz in der Schweiz ähnelt damit auf dem Radsportsektor durchaus den Vereinten Nationen – genauso schwerfällig, aber auch ge-

FREIZÜGIG
Triathleten tragen, was sie wollen. Einziger gültiger Maßstab ist die Funktionalität ihrer Bekleidung.

OBERTEIL: Alles was ein Triathlet an einem warmen, trockenen Tag für ein 40-Kilometer-Zeitfahren braucht, ist ein ärmelloses Lauf-Trikot.

UNTERTEIL: Auch nach dem Schwimmen, wenn sie naß ist, ist diese Badehose auf dem Rad und beim Laufen bequem. Sie ist nämlich aus einem schnelltrocknenden Material und hat ein eingearbeitetes Sitzpolster.

DIE KLEIDUNG FÜRS RENNEN

nauso mächtig und nur der Vollversammlung ihrer 138 Mitgliedsverbände Rechenschaft schuldig. Dafür wird sie nicht nur von den Sportlern, sondern auch von denjenigen kritisiert, die Radsport zu einer Fernseh-Sportart machen wollen. Eine Regel verbietet nämlich kamerafreundliche Fahrertrikots mit Namensnennung des jeweiligen Fahrers – aus Sicht der UCI, damit dieser nicht wie eine Reklametafel aussieht.

Das Ritual
Profi-Radsportler rasieren sich ausnahmslos

STRENG REGLEMENTIERT
Die UCI-Regeln sind so strikt, daß dem Radrennfahrer eigentlich nur noch die Auswahl des Materials bleibt. So gibt es immer noch Trikots aus Wolle oder Wolle/Acryl-Mischgewebe, durchgesetzt hat sich aber ein Stoff namens Lycra. Das Sitzpolster der Radhose ist entweder aus Leder (traditionell) oder aus Synthetik (funktionell). Die Hauptsache bei der Kleider-Auswahl sollte aber stets die optimale Paßform sein – Sparsamkeit ist hier völlig fehl am Platz.

UNTEN: Radhosen schützen die Muskulatur vor Auskühlung und verhindern, daß die Oberschenkel direkt am Sattel reiben. Ihr Nylon/Lycra-Gewebe ist besonders abriebfest.

die Beine. Der Grund ist, daß glatte Haut für den Soigneur, den Team-Masseur, wesentlich einfacher mit Massageöl einzuschmieren ist als behaarte. Außerdem sind im Radrennsport kleinere Blessuren wie Schürfwunden keine Seltenheit, und wiederum läßt sich glattrasierte Haut leichter säubern, verarzten und verbinden. Die Vorstellung, daß rasierte Beine windschlüpfriger sind und somit wertvolle Sekundenvorteile einbringen, beruht wie alle Legenden auf einem Körnchen Wahrheit: Windkanal-Tests haben ergeben, daß glattrasierte Beine bei einem 40-Kilometer-Zeitfahren fünf Sekunden einsparen helfen – das sind 0,125 Sekunden pro Kilometer. Doch auch angesichts dieses nur minimalen Vorteils rasieren sich selbst Radamateure vor jedem Rennen die Beine – einfach, um sich »mental« stärker zu fühlen.

OBEN: Moderne Radtrikots sind aus atmungsaktivem und feuchtigkeitstransportierendem Gewebe gefertigt. Am Rücken haben sie zwei bis fünf Einschubtaschen – für Essen oder Ersatzreifen beispielsweise.

GANZ UNTEN: Im Rennsport kommen fast nur noch die sogenannten Klick-Pedale zum Einsatz. Die entsprechenden **Pedalplatten** werden an der Sohle der Rennschuhe verschraubt.

DAS RENNRAD

Tour de France-Siegertypen

Wer die Tour de France gewinnen will, das bedeutendste Radrennen der Welt, das jedes Jahr im Juli über mehr als 3000 Kilometer führt, muß im Hochgebirge, beim Zeitfahren und den übrigen der insgesamt 21 heißumkämpften Etappen zu den Siegern zählen oder wenigstens ständig vorne mit dabei sein. Nachdem bei der Tour von 1989 der Unterschied zwischen Sieg und Niederlage nur 8 Sekunden durch einen neuartigen Aero-Lenkeraufsatz betrug, wird von den Fahrern nun keine noch so winzige Möglichkeit zur Materialverbesserung ausgelassen. Das Preisgeld für den Gewinn des Gelben Trikots und die noch viel höheren Verdienstmöglichkeiten hinterher haben dazu geführt, daß sämtliche Sieganwärter ihre neuesten Techno-Kreationen bis zur letzten Minute vor der Konkurrenz verborgen halten.

AERODYNAMIK ZÄHLT:
Der Luftwiderstand der Laufräder kann durch ein Scheibenrad hinten und ein radial gespeichtes Vorderrad reduziert werden.

BERGSPEZIALIST
Karbonrahmen von TVT sind seit einigen Jahren erste Wahl bei den Hochgebirgsetappen der Tour. Übrigens: Ein guter Bergfahrer legt zum Gipfel (oder Pass) hin immer höhere Gänge ein. Er beginnt unten im Tal mit einer komfortablen Übersetzung, schaltet dann nach und nach hoch und wird dabei immer schneller. Bei der anschließenden Abfahrt ist die Lauerposition an zweiter Stelle optimal – etwa 9 Meter hinter dem Führenden, ohne daß dieser entwischen kann.

GEWICHT ZÄHLT: Die Spezialräder für Kletteretappen sind deutlich leichter als solche mit gewöhnlichen Stahlrahmen. Mit dem *TVT*-Rahmen sind 8,5 Kilogramm jedenfalls kein Problem.

TOUR DE FRANCE-SIEGERTYPEN

ZEITFAHRSPEZIALIST
Was zählt, ist allein die gestoppte Zeit, also muß eine Zeitfahrmaschine so leicht und aerodynamisch günstig wie möglich gebaut sein. Der Lenker ist meist niedriger montiert, um eine windschlüpfrigere Sitzposition zu ermöglichen. Auf flachen Strecken wird sogar der Umwerfer demontiert. Bei der Tour de France gibt es zwei Arten von Zeitfahren – Einzel- und Mannschaftszeitfahren. Die langen Einzelzeitfahren zur Tourmitte sind besonders grausam, weil hier enorm viel Zeit gutgemacht werden kann. Beim Mannschaftszeitfahren werden die höchsten Geschwindigkeiten in enger Windschattenformation erzielt, weil jedes Neuner-Team sich ständig in der Führung abwechseln kann.

ENTSCHEIDUNG AM BERG
Tour de France-Sieger wird man auf den schweren Paßfahrten in den Alpen und den Pyrenäen. Steigungen von 25 % und mehr als 3000 Höhenmeter während einer Etappe sind keine Seltenheit. Der Höhepunkt ist traditionell die Fahrt hinauf zur Alpe d'Huez: Am Ende der 183-Kilometer-Etappe mit unter anderem dem Col de la Madeleine und seinen 1525 Höhenmetern warten 22 grausame Serpentinen und 1830 Meter Höhendifferenz auf ihre Bezwinger. Da zählt jedes eingesparte Gramm, und so verwundert nicht, daß den Rahmen aus Kohlefaser-verstärktem Kunststoff, die heute schon bei knapp 900 Gramm (Leicht-)Gewicht angekommen sind, eine große Zukunft vorhergesagt wird.

SICHERHEIT ZÄHLT: Seit 1991 besteht Helmtragepflicht bei der Tour de France. Viele Fahrer weigern sich aber trotz der Verhängung von Geldstrafen, einen solchen Kopfschutz zu tragen, mit der Begründung, daß es unter einem Helm oft zu heiß sei.

ZUVERLÄSSIGKEIT ZÄHLT: Rennfahrer verlassen sich lieber auf qualitativ hochwertige und erprobte Komponenten, bevor sie sich auf Experimente mit Leichtgewichts-Bauteilen einlassen.

ALLESKÖNNER
In den zahlreichen Flachetappen, die das Bild der Tour bestimmen, muß der Fahrer Ausdauer und Stärke beweisen. Dazu braucht er ein entsprechendes Rad, das zuverlässig und wendig genug ist, um sowohl harte Positionskämpfe mitten im Peloton zu bestehen als auch einen kraftvollen Sprint am Etappenende mitzumachen.

67

DAS RENNRAD

Tour der Leiden

Etappenrennen sind die schwierigste Disziplin im Straßenrennsport, und die Tour de France ist das schwierigste Etappenrennen überhaupt. Dieses härteste aller Radrennen zu gewinnen, erfordert nicht nur physische und mentale Stärke, sondern auch noch ein enormes taktisches Gespür und die Vielseitigkeit, sowohl bei Zeitfahren als auch in den Bergen und im Sprint am Ende einer Flachetappe vorne dabei zu sein. Ohne eine unerschütterliche Entschlossenheit, die für die Dauer der Tour nicht nachlassen darf, geht überhaupt nichts. Eine absolute Seltenheit sind zwei- oder mehrfache Toursieger – sie werden dafür wie Götter in der Welt des Radsports verehrt.

PUBLIKUMSNAH
Die Tour de France ist das drittgrößte Sportereignis der Welt, und dabei können die Zuschauer bis in Armreichweite der Superstars gelangen. Bis zu 300000 Radsportfans stehen an der Strecke, wenn Heroen wie Greg LeMond oder Pedro Delgado (unten) einen Ausreißversuch in den Alpen lancieren.

DER FARBEN-CODE
Zur besseren Erkennung trägt der Führende einer Wertung das entsprechende Trikot.

DAS GELBE TRIKOT: Der Führende der Gesamtwertung fährt stets »in Gelb«. Und wer es nach der letzten Etappe noch trägt, der hat die Tour gewonnen. So einfach ist das …

DAS PUNKTE-TRIKOT: Rote Punkte auf weißem Grund stehen für den besten Bergfahrer im Feld.

DAS GRÜNE TRIKOT: Sprintpunkte werden auf fast jeder Etappe vergeben. Der Punktbeste kriegt dann das begehrte Grüne Trikot.

68

TOUR DER LEIDEN

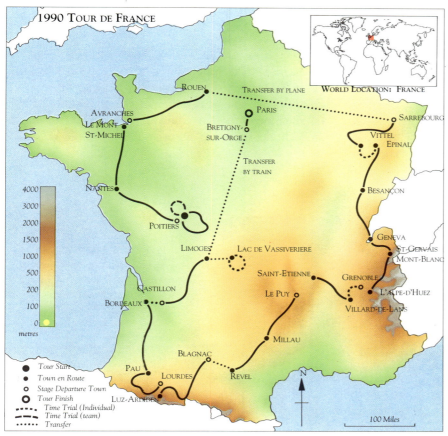

DER ETAPPENPLAN

Politik und Business bestimmen heutzutage die Streckenführung der Tour de France (links). Jedes Jahr aufs Neue bewerben sich zahllose Städte in der Hoffnung, daß die Präsentation in den Medien wenigstens für einen Tag ihnen zugute kommt, ein klein wenig Bekanntheit vermittelt. Für die Zahl der Zeitfahren oder der Bergetappen gibt es keine Bestimmungen, und meist ist die Route nicht einmal mehr zusammenhängend. Die Rennfahrer und der Rest der Tour-Karawane müssen oft abends oder an Ruhetagen zum nächsten Etappenort fliegen. Die Tour de France überschreitet sogar nicht selten die französischen Landesgrenzen – alles nur eine Frage des Preises.

DAS PELOTON

Das große Fahrerfeld (unten) ist der »Motor« jedes Etappenrennens und damit entscheidend für das Tempo und den nötigen Energie-Aufwand für die Tour. Die meisten Mannschaftsmitglieder oder Domestiken sind unterbezahlt und müssen ihrem Kapitän Wasserträger-Dienste leisten. Ihre Hauptaufgabe ist strategischer Art: Immer in einer vorderen Position sein, um schnell auf Ausreißversuche reagieren oder Stürze vermeiden zu können. Dazu gehört aber auch, daß sie dem Kapitän notfalls ihre Wasserflasche oder gar ein Laufrad überlassen müssen, wenn dessen Plazierung gefährdet ist.

DAS RENNRAD

Kriteriums-Rennen

Sie sind schnell und aktionsgeladen. Besonders beliebt sind sie in den USA – die Rede ist von Kriteriums-Rennen, dem Straßenrennsport »rund um den Häuserblock«. Gefahren wird zwischen 40 und 100 Kilometern, meist auf kurzen Rundkursen durch Stadtzentren oder Parks. Für die Zuschauer sind sie interessant, weil die Fahrer alle zwei, drei Minuten vorbeifahren – bis zu 100mal und mehr. Außerdem werden in der Regel spezielle Sprintpreise ausgelobt, um die die Fahrer heftig kämpfen. Es gibt zwei Kriteriums-Arten: Bei der einen hat derjenige gewonnen, der zuerst die Ziellinie überfährt. Bei Punkterennen gewinnt natürlich der mit den meisten Punkten, die er beim Gewinn bestimmter Runden gesammelt hat.

KRITERIUMS-RENNER

Steif müssen sie sein – der vielen heftigen Antritte wegen – und besonders wendig, damit man blitzschnell »um die Ecken wetzen« kann. Die Kurbeln sind kürzer als gewöhnlich, so daß auch in Kurvenschräglage gekurbelt werden kann – bei einem Rennen um 100 oder mehr Straßenecken machen 4 oder 6 Pedalumdrehungen mehr pro Kurve schon eine Menge aus.

ERLEICHTERT: Die Laufräder müssen besonders steif sein und die Reifen so leicht wie möglich – nur nicht zu Lasten der Pannenanfälligkeit.

ERHÖHT: Um mehr Kraft auf die Pedale zu bringen, ist die Sattelposition etwas höher als beim »normalen« Renner.

FESTGEKLEBT: Damit sie bei heftigen Antritten und in großer Schräglage nicht von der Felge springen, müssen die Schlauchreifen besonders sorgfältig verklebt sein.

GEKÜRZT: **Nachlauf** und **Gabelvorbiegung** sind relativ kurz, das erhöht die Wendigkeit, die bei der Kurvenhatz nötig ist.

HOCHGELEGT: Zur Erhöhung der möglichen Kurvenschräglage sind die Kurbeln um 2,5 Millimeter kürzer und das Tretlager gegenüber einem Standard-Rennrad etwas höhergelegt.

VERKÜRZT: Kettenstreben und Radstand sind mit 40 beziehungsweise 98 Zentimetern (oder noch weniger) relativ kurz gehalten.

ABGELAGERT: Die Reifen erreichen erst dann ihre optimalen Laufeigenschaften und höchste Haftung, wenn sie sechs bis zwölf Monate gelagert und anschließend »eingefahren« worden sind.

KRITERIUMS-RENNEN

ZUSCHAUERFREUNDLICH

Ihre geringe Streckenlänge und das abwechslungsreiche Renngeschehen machen Kriteriums-Rennen (rechts) zu einer in den USA sehr populären Fernseh-Sportart. Aus Zuschauersicht stellen sie die ideale Mischung aus Straßen- und Bahnrennsport dar. Zusätzlich zu fest installierten Kameras am Kurs gibt es eine Extra-Fahrspur für ein Kamera-Motorrad, so daß jeder Zwischenspurt, jeder Ausreißversuch am Bildschirm »live« miterlebt werden kann.

TIEFERGELEGT: Zugunsten einer aerodynamisch günstigeren Sitzposition werden **Vorbau** und Lenker etwas tiefer montiert.

VERLEGT: *Grip Shift-* oder Lenkerend-Schalthebel lassen sich im hektischen Rennbetrieb schneller bedienen. Mitten im Sprint zum Schalthebel am Unterrohr greifen zu müssen, kann wertvolle Sekundenbruchteile kosten.

ANGEPASST: Je nach Rahmenhöhe kann der Lenkkopfwinkel bis zu 75 Grad betragen – je steiler, desto agiler das Lenkverhalten.

KURVENTECHNIK

Kriteriums-Rennen werden in den Kurven entschieden – schließlich geht's in einem 40-Kilometer-Rennen über hundert Mal, in einem 100-Kilometer-Rennen sogar mehrere hundert Mal »um die Ecke«. Je höher die Kurvengeschwindigkeit, desto besser. Günstig ist daher eine Position gleich hinter der Spitze des Fahrerfeldes, wo gleichmäßig schnell gefahren wird und wo man jeden Ausreißversuch sofort mitbekommt. Wenn das Hauptfeld in eine Kurve einbiegt, ist das Gedränge groß und die Sturzgefahr ebenfalls. Außerdem muß man stärker abbremsen und nachher gleich wieder voll beschleunigen. Im dichtgedrängten Feld sind Rempeleien bei Positionskämpfen durchaus an der Tagesordnung, und so kommt es häufig zu Stürzen, in die immer gleich eine ganze Reihe Fahrer verwickelt ist. Die geeignete Renntaktik variiert ständig – je nach Rennart und je nachdem, ob man auf sich alleine gestellt oder als Fahrer in eine Mannschaftstaktik eingebunden ist. So oder so ist permanente Aufmerksamkeit gefragt, jeder paßt auf den anderen auf und ständig ändert sich der Rennverlauf. Die häufigen Sonderwertungen mitten im Rennen geben jedem Fahrer zahlreiche Gewinnmöglichkeiten, daher ist das Renngeschehen sehr schnell und hektisch. Am Ende jedoch sollte man noch genug Reserven haben, um als Erster den Zielstrich überqueren zu können.

DAS RENNRAD

Zeitfahr-Maschinen

Die »Stunde der Wahrheit« werden sie genannt: Einzelzeitfahren gehört zu den härtesten Radsport-Disziplinen überhaupt. Sie verlangen dem Fahrer das Äußerste ab, beim Versuch, eine festgelegte Distanz so schnell wie möglich zu absolvieren oder in einer bestimmten Zeit so weit wie möglich zu kommen. Zeitfahrer brauchen leichtgewichtige und windschlüpfrige Räder, wobei der Hauptgesichtspunkt die Sitzposition ist. Windkanaltests haben nämlich ergeben, daß im Geschwindigkeitsbereich oberhalb von 30 Stundenkilometern der Körper des Fahrers den größten Teil des Luftwiderstands verursacht. Durch eine optimierte Sitzposition, geduckt und mit den Armen am Aero-Lenker kann dieser Luftwiderstand um bis zu 25 % verringert werden. Diese Sitzhaltung erfordert spezielle Rahmengeometrien, die in Form von nach vorn abfallenden Oberrohren, kurzen Lenkkopfrohren, aerodynamisch optimierten Rohrquerschnitten und neuen Lenkerformen an den modernen Zeitfahrmaschinen zu bewundern sind.

STEIL: Die weit nach vorn geneigte Sitzhaltung erfordert einen steileren Sitzrohrwinkel, damit die Atmung nicht durch die kurbelnden Beine beeinträchtigt wird.

SCHNITTIG: Vollscheibenräder sind windschlüpfriger und haben eine steifere Struktur als konventionelle Speichenräder. Hinten montiert beeinträchtigen sie das Fahrverhalten bei Seitenwind nicht so gravierend wie vorne.

SCHMAL: Beim Zeitfahren kommen die schmalsten und leichtesten Reifen zum Einsatz. Ihre Seidenkarkasse sorgt für optimales Abrollverhalten auch bei höchstem Luftdruck. Die Extremisten unter den Zeitfahrern befüllen ihre Pneus mit Helium – das soll zirka 10 Gramm Gewichtsersparnis pro Laufrad bringen.

SICHER: Klick-Pedale haben sich weitgehend durchgesetzt. Sie geben den Fuß im Unfall frei, bieten aber sonst festen Halt und sind aerodynamisch günstiger als Haken/Riemen-Pedale.

ZEITFAHR-MASCHINEN

SCHNELLER ITALIENER
An dieser Rossin-Zeitfahrmaschine findet sich ein Großteil der Details, die für den »Kampf gegen die Uhr« entwickelt worden sind: Scheibenräder, schmale Reifen, Aero-Lenker und so weiter. Aero-Lenker wurden übrigens erst vor kurzem von der UCI für Zeitfahrwettbewerbe freigegeben. Zu Radrennveranstaltungen, bei denen das Feld geschlossen an den Start geht, sind sie nicht zugelassen, weil sie angeblich ein Sicherheitsrisiko darstellen – vor allem bei abrupten Lenkmanövern.

WENIGER WIDERSTAND
Im Vergleich zu den bislang eingesetzten Hornlenkern verringern Aero-Lenker oder -Lenkeraufsätze den Luftwiderstand um bis zu 12 %.

WENIGER WENDIG: *Zeitfahrmaschinen haben einen flacheren Lenkkopfwinkel und mehr* **Nachlauf** *als »normale« Rennmaschinen.*

WENIGER EMPFINDLICH: *Für den Einsatz am Vorderrad empfehlen sich Drei-Speichen-Räder. Sie sind viel windschlüpfriger als konventionelle Speichenräder und deutlich weniger empfindlich gegenüber Seitenwind als die sogenannten »Vollscheiben«.*

WENIGER GEWICHT: *Ein kleineres Vorderrad sorgt dafür, daß die Lenkerpartie »tiefergelegt« ist. Eine aerodynamisch günstige Sitzposition wird so ermöglicht, außerdem ist das Laufrad leichter.*

HABEN SIE'S GEWUSST?
»Die Stunde« wird der bedeutendste Rekord im Radsport genannt. In einer Stunde legte der Italiener Francesco Moser 1984 in Mexiko City 51,151 Kilometer zurück.

73

DAS RENNRAD

Der Kampf gegen die Uhr

Die schnellste Methode, um im Radsport Fuß zu fassen, ist es, Zeitfahren zu trainieren. Wer dabei ständig versucht, seine eigenen Bestmarken zu übertreffen, verbessert seinen persönlichen Leistungsstand kontinuierlich, egal wie alt er (oder sie) ist. Man lernt, hohe Geschwindigkeiten über lange Strecken zu halten, und man lernt, seine Energiereserven richtig einzuteilen. Beides ist auch bei Eintagesoder Etappenrennen äußerst nützlich, wo man ständig mit Tempowechseln und Ausbruchversuchen im Fahrerfeld konfrontiert wird. Erfolgreich Zeitfahren

KÖRPERHALTUNG:
Ein gerader Rücken ist aerodynamisch günstiger als ein gekrümmter. Die Atmung darf aber nicht durch die Sitzhaltung behindert werden.

KOPFSCHUTZ:
Ein Helm dient nicht nur der Sicherheit. Bei entsprechender Formgebung verringert er den Luftwiderstand ganz erheblich.

ÜBERSETZUNG: Der höchste Gang, den man noch »rund« treten kann, ist genau richtig. Profis montieren meist ein 55er Kettenblatt vorn und ein Ritzelpaket mit 12 bis 18 Zähnen. In der »Amateurklasse« genügt das 52er Blatt und hinten 13 bis 19 Zähne.

STARTPOSITION
Balancieren heißt die Devise, bevor es losgeht. Gestartet wird in der Regel im Minutenabstand – die Schnellsten ganz am Ende.

BEKLEIDUNG:
Hauteng Einteiler – womöglich noch mit integrierten Handschuhen – sind unter aerodynamischen Gesichtspunkten die beste Wahl.

STARTHELFER:
Auf der Startrampe sorgt ein Rennfunktionär für den nötigen Halt.

REIFENDRUCK: Während normalerweise maximal 7,5 bar genügen, pumpen Zeitfahrer ihre Pneus mit bis zu 10 bar auf.

MUSKULATUR:
Richtig aufgewärmt gehts an den Start – da helfen Warmfahren, Massage und diverse Muskelöle.

TRITT-FREQUENZ:
In der Ebene sind 86 bis 92 Kurbelumdrehungen pro Minute ideal. Zum Ausruhen kann man die Beine abwechselnd für etwa fünf Umdrehungen entlasten.

74

DER KAMPF GEGEN DIE UHR

RADCOMPUTER

Von der Möglichkeit, Fahrzeit und Geschwindigkeit immer unter Kontrolle zu haben, profitieren Zeitfahrer am meisten. Sie brauchen sich nicht mehr aufs Schätzen zu verlassen, sondern können direkt am Lenker auf Knopfdruck ablesen, ob sie momentan eher zu langsam oder gar zu schnell unterwegs sind.

Typenvielfalt

In Sachen Ausstattung und Anzahl der Funktionen gibt es ein vielfältiges Angebot an Radcomputern. Rennfahrer bevorzugen allerdings die kleinsten und leichtesten Modelle wie zum Beispiel den *Avocet 30* oder den *Cateye Vectra*. Beide bieten die Grundfunktionen Momentan- und Maximalgeschwindigkeit, Tages- und Gesamtfahrstrecke, Stoppuhr und Zeitangabe. Der *Vectra* ermittelt zusätzlich noch die Durchschnittsgeschwindigkeit, genau wie der *Altimeter 50*. Dessen Spezialität ist allerdings die Höhenmessung: Er zeigt die gefahrenen Höhenmeter sowie die aktuelle Höhe über dem Meeresspiegel an. Während beim Gros der Radcomputer die Daten vom Sensor (an der Gabel) per Kabel in Richtung Lenker weitergeleitet werden, gibt es neuerdings auch kabellose Modelle wie den *Cateye Cordless*.

ist eine Kunst für sich und erfordert eine ernsthafte und penible Vorbereitung. So ist es beispielsweise besonders vorteilhaft, die jeweilige Rennstrecke genauestens zu kennen. Achtung: Viele Zeitfahrwettbewerbe starten schon am frühen Morgen. Da heißt es hellwach sein und rechtzeitig ein (leichtes) Frühstück einnehmen.

Vor dem Start

Die Aufwärmphase vor dem Rennen sollte ungefähr 8 Kilometer Warmfahren umfassen, bei etwa 75 % der eigenen Höchstleistung. Auf der Startrampe heißt es dann noch ein paarmal tief Durchatmen, bevor man auf dem Kurs »explodiert«. Wer das Rennen zu schnell angeht, dessen Körper gerät bald in »Sauerstoffschuld«, er kommt außer Atem. Erfahrene Sportler können mit dieser sogenannten anaeroben Schwelle gleichsam »spielen«, sich ihr das ganze Rennen über so knapp wie möglich nähern, um sie erst auf den letzten Metern im Schlußspurt zu überschreiten.

DAS RENNRAD

Triathlon-Technik

Die absoluten »Newcomer« im Rennradbereich sind Triathlon-Räder. Sie müssen nicht nur schnell sein, sondern gleichzeitig so komfortabel wie irgend möglich. Schließlich hat ein Triathlet, wenn er sein Rad besteigt, gerade eine kraftraubende Schwimmstrecke hinter sich und sollte anschließend noch in der Lage sein, einen Langstreckenlauf zu absolvieren. Die ersten Triathleten experimentierten mit reinrassigen Zeitfahrmaschinen herum. Deren Sitzposition war zwar aerodynamisch äußerst günstig, verlagerte aber zu viel Gewicht auf die vom Schwimmen gestreßten Unterarme. Aero- oder Triathlon-Lenker schafften zwar Abhilfe, doch nun war die Sitzhaltung extrem gestreckt, kamen sich Oberkörper und Oberschenkel ständig in die Quere. Die Lösung brachten erst spezielle Sattelstützen, die den Sattel weiter vorn plazieren.

KLEIDUNG FÜRS RENNEN: Leichte, schnelltrocknende Gewebe müssen zwischen den verschiedenen Disziplinen nicht gewechselt werden – das bringt Zeitvorteile.

STARTNUMMERN: Ein Triathlet muß jederzeit identifizierbar sein – daher die Startnummern auf beiden Armen und Beinen.

SATTELSTELLUNG: Tria-Räder haben entweder spezielle Sattelstützen oder extra steile Sitzrohrwinkel (bis 80 Grad) – die weit nach vorn gestreckte Position auf dem Aero-Lenker macht's nötig.

IRONMAN
Auf Hawaii findet alljährlich das größte Spektakel der Dreikampf-Szene statt. Bei diesem »Urvater« aller Triathlon-Wettbewerbe kämpfen die Sportler und Sportlerinnen auf der 180 Kilometer-Radstrecke gegen Hitze, extrem hohe Luftfeuchtigkeit und Gegenwind bis zu 65 Stundenkilometern an. Es gilt dabei die gleiche Regel wie beim Zeitfahren: Wer beim **Windschattenfahren** *– dem sogenannten »Drafting« – erwischt wird, wird sofort disqualifiziert.*

TRIATHLON-TECHNIK

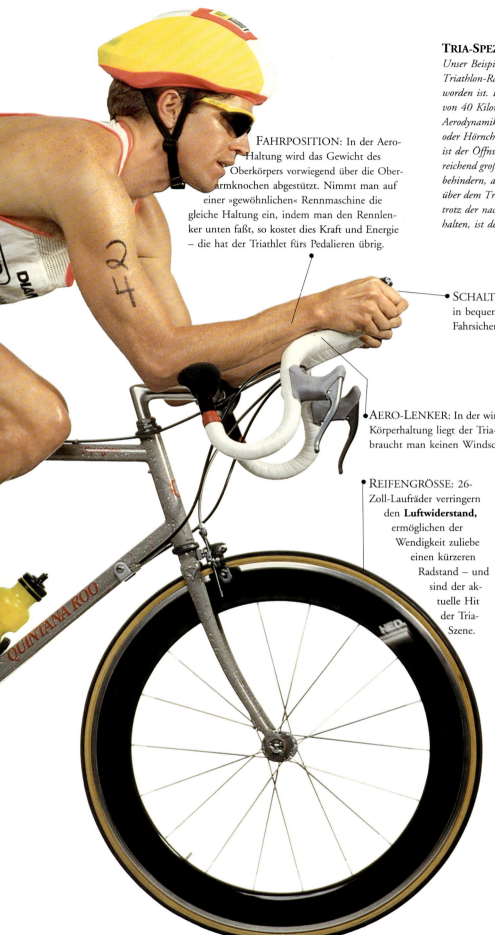

TRIA-SPEZIAL

Unser Beispiel, das Quintana Roo Superform, *ist eines der ersten Triathlon-Räder, das konsequent vom Lenker ausgehend konzipiert worden ist. Der Grund ist einleuchtend: Bereits auf einer Distanz von 40 Kilometern ist man mit Dank »Liegelenker« verbesserter Aerodynamik bis zu 3 Minuten schneller als mit konventionellem oder Hörnchen-Lenker. Durch den 79 Grad steilen Sitzrohrwinkel ist der Öffnungswinkel zwischen Oberkörper und Beinen ausreichend groß, um weder die Atmung noch die Pedalierbewegung zu behindern, außerdem ermöglicht die Stellung der Hüfte fast direkt über dem Tretlager besonders kraftvolles Kurbeln. Um die Lenkung trotz der nach vorne orientierten Gewichtsverteilung stabil zu halten, ist der Lenkkopfwinkel mit 72,5 Grad eher flach gehalten.*

FAHRPOSITION: In der Aero-Haltung wird das Gewicht des Oberkörpers vorwiegend über die Oberarmknochen abgestützt. Nimmt man auf einer »gewöhnlichen« Rennmaschine die gleiche Haltung ein, indem man den Rennlenker unten faßt, so kostet dies Kraft und Energie – die hat der Triathlet fürs Pedalieren übrig.

SCHALTHEBEL: Die befinden sich stets in bequemer Daumenreichweite – der Fahrsicherheit zuliebe.

AERO-LENKER: In der windschlüpfrigen Körperhaltung liegt der Tria-Erfolg – da braucht man keinen Windschatten.

REIFENGRÖSSE: 26-Zoll-Laufräder verringern den **Luftwiderstand,** ermöglichen der Wendigkeit zuliebe einen kürzeren Radstand – und sind der aktuelle Hit der Tria-Szene.

HABEN SIE'S GEWUSST?

• Der erste Triathlon-Wettbewerb überhaupt, der Hawaii-Ironman von 1976, entsprang der Streiterei einer Gruppe von sportbegeisterten Amerikanern darüber, welche Sportart den besten Allround-Könner hervorbringt – Schwimmen, Radfahren oder Laufen? Sie reihten einfach die drei härtesten Ausdauerprüfungen aneinander, die Hawaii zu bieten hatte: 3,9 Kilometer Brandungsschwimmen, ein 180-Kilometer-Radrennen und einen Marathonlauf.

• Dave Scott, der Erfinder des Tria-Lenkers, hat den Hawaii-Ironman schon sechsmal gewonnen. Er war auch der erste, der die Strecke in weniger als 9 Stunden bewältigte.

• Die Ironman-Radstrecke wird von den Spitzenathleten mit einem Stundenmittel von 37 Kilometern absolviert.

• Auch Kinder können schon an Tria-Wettbewerben teilnehmen – die »Ironkids« fangen aber mit 100-Meter-Schwimmen, 7-Kilometer-Radfahren und 1-Kilometer-Laufen an.

DAS RENNRAD

Das längste Rennen

Wenn es um den Nachweis geht, zu welchen körperlichen Leistungen der Mensch fähig ist, dann steht das Race Across America (RAAM) – mit 4960 Kilometern quer über den nordamerikanischen Kontinent der Welt längstes Non-Stop-Radrennen – beispiellos da. Rein physisch gesehen entspricht es 58 Marathonläufen oder 18 Durchquerungen des Ärmelkanals – am Stück. Bei diesem Rennen geht es ums Ganze, ohne Etappensiege und Gelbes Trikot. **Windschattenfahren** ist unmöglich, und es gibt keinerlei Regelung über Schlaf- oder Pausenzeiten. Was zählt ist, als Erster oder Erste über den Zielstrich zu fahren. Die Hälfte der Teilnehmer bleibt regelmäßig auf der Strecke – wegen totaler Erschöpfung.

DIE STRECKE

Nach einer »Radtour« von Los Angeles nach New York in 13 Tagen, einer Stunde und 20 Minuten kam John Marino 1978 auf die Idee, daraus ein Rennen zu machen. Seither wurde die Siegerzeit ständig verbessert, aktueller Rekordhalter ist Paul Solon, der 1989 8 Tage, 8 Stunden und 45 Minuten benötigte. Susan Notorangelo, die schnellste Frau, schaffte es in 9 Tagen, 9 Stunden und 9 Minuten. Die RAAM-Route ändert sich jedes Jahr. 1990 zum Beispiel (siehe Karte) ging es in Colorado über drei Pässe in 2750 Metern Höhe. Obwohl die Betreuer mit einem 60-seitigen Streckenplan ausgerüstet werden, verfahren sich Jahr für Jahr einige Teilnehmer.

SOLO-FAHRT

Nach den ersten 50 Kilometern zerstreut sich das Fahrerfeld. Nachricht über den Verbleib ihrer Konkurrenten erhalten die Teilnehmer über Funk von »Spionagewagen« oder bei den Kontrollpunkten, die im Abstand von 50 bis 80 Kilometern entlang der Route eingerichtet sind.

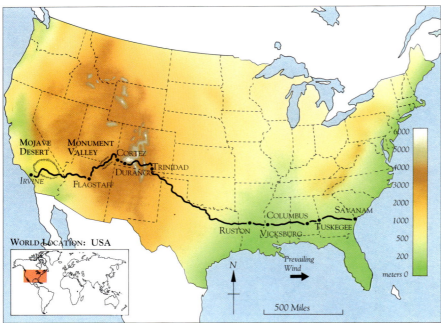

HABEN SIE'S GEWUSST?

- Hervorragende Steuerkünste, ein verläßliches Betreuerteam, ein wohldurchdachter Ernährungsplan und vollständige Konzentration sind Voraussetzung für einen RAAM-Erfolg. Dazu bedarf es einer langjährigen Erfahrung – bis auf eine Ausnahme ist bisher jeder Gewinner in den Jahren davor »hinterhergefahren«.
- Auf der Ebene und ohne Gegenwind kommen die Teilnehmer auf 26 bis 35 Stundenkilometer Durchschnittsgeschwindigkeit. Wenn man die Pausen mitrechnet, bleiben immer noch 21 bis 24 Stundenkilometer.
- Gefahren wird auf öffentlichen Strassen und unter Beachtung der Verkehrsregeln. Jede Überschreitung wird mit einer 15-minütigen Strafe an der letzten Kontrollstelle geahndet. Die Disqualifikation erfolgt bei 6 Verstößen gegen die Verkehrsordnung.

DAS LÄNGSTE RENNEN

ESSEN AUF RÄDERN
Ohne eine perfekt arbeitende Betreuermannschaft geht überhaupt nichts. Essen und Trinken, Kleiderwechsel und Reparaturen halten ein mindestens 6-köpfiges Team mit Arzt, Masseur und Mechanikern auf Trab.

NOT MACHT ERFINDERISCH
Der Sieger von 1986, Pete Pensayres, hatte sich diesen Vorläufer eines Aero-Lenkeraufsatzes ausgedacht.
Auf den zwei »handgeschnitzten« Polsterschalen konnte er sich einigermaßen ausruhen, vorne war noch ein dritter Bremshebel montiert.

SCHLAF-LOS
Nachts wird durchschnittlich drei Stunden geschlafen. Am gefährlichsten sind die Stunden zwischen Mitternacht und Sonnenaufgang – und jede Nacht wird immer schlimmer. Die Teilnehmer bekommen Halluzinationen und stürzen, weil sie beim Fahren einschlafen.

DAS RENNRAD

Bahnrennsport

Radsport in seiner schnellsten und aufregendsten Form – das ist Bahnrennsport. Anders als Straßen- oder Mountain Bike-Rennen sind Bahnrennen ein Spektakel mit Hang zum Gladiatorenkampf. Die Zuschauer erleben das Drama in einer Amphitheater-artigen Arena – dem Velodrom – hautnah mit. Hochklassige Bahnveranstaltungen bieten eine abwechslungsreiche Show mit ganz unterschiedlichen Renndisziplinen: Einzelfahrer oder Mannschaften, Sprint, Verfolgung und Zeitfahren in immer neuer Kombination. Unterhaltung pur, spannend bis zum Psycho-Thriller oder einfach die Demonstration ungeheurer Ausdauer. Die Publikumslieblinge sind diejenigen, die die Spannung auf die Spitze treiben, die beim Sprint mit mehr als 80 Stundenkilometern von ganz oben an der Balustrade nach unten »stechen«.

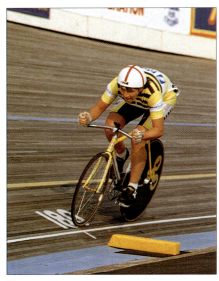

EINZELVERFOLGUNG
Ein echter Test, psychologisch wie physisch gesehen: Zwei Fahrer starten von gegenüberliegenden Punkten. Sieger ist, wer den anderen überholt oder die schnellere Zeit über die gesamte Renndistanz erzielt. Die variiert zwischen 3 Kilometern für Damen und Junioren und 5 Kilometern für die Profis.

VERFOLGUNGS-MASCHINE
Eine Bahnmaschine für Verfolgungsrennen (rechts) weist im Prinzip die gleichen Merkmale auf wie eine Zeitfahrmaschine (siehe Seite 74), schließlich sind die Anforderungen annähernd gleich. Anders als diese muß sie aber ohne Bremsen und Gangschaltung auskommen. Der einzige Unterschied in Sachen Rahmengeometrie ist der kürzere Radstand. Ein kürzerer Rahmenvorderbau ist möglich, weil sich Vorderrad und Pedale beim Geradeausfahren auf der Bahn nicht in die Quere kommen – anders als bei enger Kurvenfahrt auf der Straße.

SITZHALTUNG: Geduckt, aber doch entspannt – so ist sowohl der Aerodynamik als auch dem Komfort Genüge getan.

KEINE SCHALTUNG, KEINE BREMSEN: Bahnräder kommen ohne aus, denn auf Radrennbahnen gibt es weder Steigungen noch Hindernisse, vor denen man bremsen müßte.

BAHNRENNSPORT

DAS HÖCHSTE: DER SPRINT
Zwei, manchmal auch drei Fahrer auf einer Distanz von 1000 Metern. Es beginnt als Katz- und-Maus-Spiel und endet explosionsartig auf den letzten Metern. Auf den ersten 800 Metern geht es einzig und allein darum, die günstigere – sprich hintere – Position innezuhaben. Eigentlich zählt nur die Zeit für die letzten 200 Meter. Auf der bis zu 50 Grad aus der Horizontalen geneigten Bahn erreichen Sprinter bis zu 80 Stundenkilometer. Die Bahnlänge für ein Olympia-taugliches Radstadion beträgt übrigens mindestens 333 Meter, es gibt aber auch kleinere Hallen mit nur 150 Metern Länge.

SPRINTER-RAD
Der Windhund unter den Rennrädern ist das Rad des Bahnsprinters. Sein geringes Gewicht (7,5 bis 9 Kilogramm), der kurze Radstand und steile Rahmenwinkel machen es vor allem wendig. Das Tretlager hat extra viel Bodenfreiheit, damit das rechte Pedal beim langsamen Belauern des Gegners nicht auf der schrägliegenden Bahn aufsetzt.

NABEN: Bahnfahrer und ganz besonders Sprinter brauchen Laufräder mit hoher Steifigkeit. Daher kommen Hochflanschnaben zum Einsatz, die kürzere, flacher stehende Speichen ermöglichen.

STARRANTRIEB: An der Hinterradnabe eines Bahnrades ist ein einziges Ritzel festverschraubt. Die Kurbeln hören also erst dann zu rotieren auf, wenn das ganze Rad still steht. Ansonsten muß der Fahrer die ganze Zeit mittreten.

STEILE-WINKEL: Bahnräder haben mit 74 bis 75 Grad deutlich steilere Sitzrohr- und Lenkkopfwinkel als Straßenrenner mit ähnlich kurzem **Radstand**. Das ergibt ein sehr agiles Lenkverhalten – gerade richtig für blitzschnelle Manöver im Latten- oder Betonoval.

DAS RENNRAD

Sport oder Spektakel?

Schon seit den ersten Tagen des Radrennsports wurden Bahnrennen von den Veranstaltern als »Entertainment« verkauft. Ob Keirin in Japan oder Six-Days in Europa – hier vermischen sich Sport und Spektakel. Der Zuschauer ist König, und so manche Radsport-Größe läßt sich von den fürstlichen Gagen auf die Bahn locken – wo Nervenkitzel, Stürze, Glanz und Glamour warten. In Japan gehören die Keirin-Stars zu den bestbezahlten Sportlern mit Saisongagen bis zu einer halben Million Mark. In Europa sind die Six-Days Einladungsrennen, wo die besten Fahrer fast so viel verdienen wie ein Tour de France-Gewinner.

Sechs-Tage-Rennen
Von November bis März findet Radsport in Europa in der Halle statt. Die heutigen Six-Days sind nicht mehr so erbarmungslos wie die ersten ihrer Art im Amerika der Jahrhundertwende. Damals fuhren die Fahrer volle sechs Tage im Kreis – mit nur wenigen kurzen Schlaf- und Massagepausen. Der Rekord aus diesen Tagen wurde 1897 von C. W. Miller aufgestellt: 3361 Kilometer absolvierte er und saß dabei nur 10 Stunden nicht im Sattel. Schwere Verletzungen und totale Erschöpfung der Fahrer kamen so häufig vor, daß diese »Alptraum-Marathons« per Gesetz auf 12 Fahrstunden pro Tag limitiert wurden. Da kamen die Veranstalter auf die Idee, die Fahrer in Zweier-Teams starten zu lassen, wieder rund um die Uhr. Heute geht es bei Six-Days zivilisierter zu: Gefahren wird nur noch acht Stunden pro Tag. Der Höhepunkt ist dabei die Große Jagd, wenn sämtliche Fahrer auf der Bahn sind: Blitzschnelle Übergaben zwischen den beiden Fahrern einer Mannschaft oder die taktischen Manöver kurz vor einem Punktesprint machen einen Gutteil der Six-Days-Faszination aus.

A NIGHT AT THE RACES
Außen die Zuschauermassen, dann die Rennbahn und im Innern des Ovals die »Oberen Zehntausend« beim Dinieren – so sieht's bei den Münchner »Six« aus.

SPORT ODER SPEKTAKEL?

KEIRIN – SPORT FÜR DIE MASSEN

Jedes Jahr besuchen mehr als 25 Millionen Japaner die Keirin-Rennen – nachweislich die härteste Bahnsport-Disziplin überhaupt. Anders als Sechs-Tage-Rennen, die zwischendurch immer wieder durch (mehr oder weniger) lustige Einlagen aufgelockert werden, wird Keirin – die Antwort der Radfahrer auf Hunderennen – mit beinahe tödlichem Ernst betrieben. Im Japan der 50er Jahre für eine Nation von Glücksspielern erfunden, sind Keirin-Rennen die Ausnahme von der Spieler-Regel, daß man niemals auf etwas Geld setzt, das sprechen kann. Über 5 Billionen Mark Wetteinsatz wandern jährlich in die Kassen der Wettbüros. In Japan gibt es mehr als 50 Keirin-Bahnen und eine ganze Menge Zeitschriften und Zeitungen, die sich mit dem Thema befassen. Die größten Rennen werden landesweit im Fernsehen übertragen und haben ein großes Publikum.

HASENJAGD

Keirin – das ist ein Sprint über 2000 Meter oder 5 Runden einer japanischen Radrennbahn. Und wie beim Bahnsprint zählen nur die letzten 200 Meter. Die neun Fahrer starten aus numerierten Boxen – wie Windhunde eben. Etwa 90 Meter vor ihnen fährt der »menschliche Hase«. Nach dem Startschuß geht eine wilde Jagd auf die Windschattenposition hinter dem »Hasen« los. Der forciert das Tempo bis zur letzten Runde, während die Fahrer immer noch um die günstigste Ausgangsposition streiten, und dann geht die Post ab: Gekämpft wird mit Haken und Ösen, Ellbogen-Checks und Stürze bei 60 Stundenkilometern sind keine Seltenheit. Helme und Schulterpolster sind notwendige Ausrüstungsgegenstände. Besonderheit am Rande: Vor dem Rennen werden die Fahrer in Quarantäne genommen, damit sie vom Wettgeschehen nicht beeinflußt werden können ...

DAS RENNRAD

Stretching für Radfahrer

Für ambitionierte Radsportler gehören Dehnübungen (engl. Stretching) zum festen Trainingsprogramm. Beim Radfahren werden viele Muskelgruppen beansprucht. Sie werden angespannt, aber nicht gedehnt, und man riskiert Verletzungen, wenn man diese Muskeln nicht auch entspannt. Stretching beugt dem vor und hilft gleichzeitig noch, die Körperhaltung zu verbessern. Man sollte jeden Morgen und jeden Abend Dehnübungen machen, aber auch vor und nach jeder Trainingsfahrt – das beschleunigt die Regeneration.

QUADRIZEPS
Man steht auf einem Bein und nimmt den Knöchel des anderen Beins in die Hand. Die Hüfte sollte dabei nach vorne gedrückt, der Rücken gestreckt sein. Diese Stellung hält man zirka 30 Sekunden, dann heißt es Beinwechsel.

WADENSTRECKER
Man steht etwa 60 Zentimeter von der Wand entfernt. Dann beugt man sich nach vorne und stützt sich mit beiden Händen an der Wand ab. Ein Fuß wird nach vorne geschoben, der Wadenmuskel des anderen wird angespannt. Nach 30 Sekunden Beinwechsel.

ACHTUNG, RÜCKEN: Das Vorbeugen sollte vor allem in der Hüfte geschehen, damit der Rücken nicht zu sehr belastet wird.

OBBERSCHENKELBEUGER
Die Muskeln auf der Oberschenkelhinterseite werden beim Pedalieren zusammengezogen. Um sie zu dehnen, steht man mit gekreuzten Beinen und läßt den Kopf, die Arme und den Oberkörper herunterbaumeln, so weit es noch bequem ist. Nach 30 Sekunden wechselt man die Beinstellung.

ACHTUNG, KNIE: Unter- und Oberschenkel sollten in einer Linie sein, damit das Kniegelenk nicht durch seitliche Kräfte übermäßig belastet wird.

ABSTAND HALTEN: Der optimale Abstand des Fußes von der Wand hängt von der Beinlänge ab. Die Ferse sollte am Boden bleiben.

STRETCHING FÜR RADFAHRER

ÜBUNGEN FÜR DEN RÜCKEN

Die Übungen auf dieser Seite sollen die Rückenmuskulatur stärken. Beim »Rückenheber« werden die unteren Rückenmuskeln beansprucht. Die »Aufsitzer« wirken genau entgegengesetzt, sie trainieren die Bauchmuskeln.

RÜCKENHEBER

1. *Man liegt flach auf dem Boden, das Gesicht nach unten, die Hände unterm Kinn gefaltet.*

2. *Arme und Fersen werden langsam angehoben. 15 Sekunden Halten, dann Entspannen und wieder von vorn Beginnen.*

AUFSITZER

1. *Man liegt flach auf dem Rücken, mit gebeugten Knieen und über der Brust verschränkten Armen. Dann sitzt man langsam auf.*

2. *15 Sekunden Halten, dann Entspannen. 10 bis 20 Wiederholungen.*

SEITENDEHNUNG

1. *Hände und Knie sind auf dem Boden, die Zehen in der Luft.*

2. *Kopf und Schultern werden zuerst zu einer Seite gedreht, dann zur anderen. 10 bis 20 Wiederholungen.*

RÜCKENDEHNUNG

1. *Wieder sind Hände und Knie auf dem Boden. Der Kopf wird hängengelassen, der Rücken bildet einen Bogen. 10 Sekunden halten.*

2. *Nun ist es umgekehrt: Kopf hoch und Rücken nach unten Durchbiegen. Das Ganze wieder 10 bis 20 Mal wiederholen.*

DAS RENNRAD

Das Training zu Hause

Zu Hause Trainieren hat etwas für sich, wenns draußen zu kalt wird, die Straßen vereist sind, es zu früh dunkel wird oder man einfach nicht genug Zeit hat, außer Haus Radfahren zu gehen. Hometrainer oder Rollentrainer können zwar nicht das Fahrkönnen verbessern helfen, aber wenigstens das Trainingsprogramm am Laufen halten. Kraft und Ausdauer können durchaus trainiert werden, und dafür gibt es mittlerweile ein breites Angebot an Geräten. Der Trainingseffekt hängt dabei nicht vom Ausstattungsumfang des jeweiligen Apparats ab. Die Unterschiede liegen vielmehr hauptsächlich im Preis, dem Bedienungskomfort und dem Unterhaltungswert.

ANZEIGE: Dieses Gerät gleicht einem kleinen Computer mit seinen neun Bedienungsknöpfen und der LCD-Anzeige. Die informiert über die Pulsfrequenz, die Fahrgeschwindigkeit, die **Trittfrequenz** und den Energieverbrauch in Kalorien.

ANPASSUNG: Auf dem eigenen Rad ist die Sitzposition (hoffentlich) optimal eingestellt. Die meisten Hometrainer in Fitneß-Studios lassen sich dagegen nur grob justieren und haben in der Regel eine sehr aufrechte Sitzposition.

ÜBERSETZUNG: Auf der Trainingsmaschine kann man genau erfühlen (und messen), was einzelne Gangwechsel bewirken.

AUFBAU: Ein paar Handgriffe nur – und schon ist die Gabel per Schnellspanner fixiert, das Hinterrad läuft auf der eigentlichen Trainingsrolle.

MESSBEREICH: Ein ganz wichtiges Maß zur Ermittlung der Trainingseffektivität ist die Trittfrequenz. Sie kann per Magnet und Sensor (wie beim Radcomputer) an der Kurbel gemessen werden.

KOMFORT-TRAINER

Ein Beispiel für High-Tech-Rollentrainer ist der Schwinn Velodyne. Man montiert sein eigenes Rad, und schon geht's los: Die ausgeklügelte Elektronik beurteilt die Leistungsfortschritte des Trainierenden an Hand von simulierten Olympia-Radstrecken, -Bahnen und -Sprints. In einer Art Etappenrennen kann man sich mit einem Peloton messen, das gemeinerweise immer dann schneller wird, wenn man entweder voraus- oder hinterherfährt.

DAS TRAINING ZU HAUSE

SCHÖNE NEUE WELT

Der letzte Schrei in Sachen Preis und Datenangebot, der Precor Electronic Cycling Simulator (oben), versucht, das Hauptproblem aller Hometrainer zu bewältigen: Langeweile. Ein Simulator, wie er von Fitneß-Studios gerne eingesetzt wird, lenkt den »Fahrer« durch eine mehr oder weniger realistische Bildschirm-Anzeige über das Trainingsgeschehen ab. Man kann bis zu sieben Geräte kombinieren und deren Benutzer gegeneinander antreten lassen – ein Farbmonitor gibt dabei Auskunft über den Stand des Rennens. Die Strecke wird vorgegeben, und so geht es durch digitalisierte Täler und über elektronisch erzeugte Steigungen. Man kann aber auch alleine trainieren und hat die Auswahl über verschiedene Fahrstrecken. Die nötige Motivation wird über den Vergleich mit eigenen, vorangegangenen »Trainingsfahrten« erreicht, mit der Ermittlung von Geschwindigkeit, Durchschnittsgeschwindigkeit, gefahrener Distanz und der verbrannten Kalorien. In einem fiktiven Rennen wird die Plazierung und der Abstand zu den Konkurrenten angezeigt, genau wie der aktuelle Streckenrekord, die Steigungsprozente oder der gerade eingelegte Gang.

FITNESS ÜBER ALLES

Ein Pulsmesser fungiert gleichsam als persönlicher »Tachometer«, der verläßlich Auskunft darüber gibt, wieviel Leistung man gerade erbringt. Dazu wird ein Sensor mit Sender an die Brust geschnallt, der seine Informationen an ein Anzeigegerät am Handgelenk oder an den Radcomputer übermittelt.

Tips für den Puls

Der wohl erfolgversprechendste Weg zur Steigerung der körperlichen Leistungsfähigkeit ohne das Überschreiten gewisser Sicherheits-Limits ist das Training mit einem Pulsmesser. Einen ungefähren Anhaltspunkt bietet die Formel 220 – Alter = Maximalpuls. Bei einem 30-jährigen wären dies also 190 Schläge pro Minute. Die Obergrenze des aeroben Bereichs (entspricht der anaeroben Schwelle, siehe S. 18) liegt bei 85 % dieses Maximalpulses, also bei 161 Schlägen für den 30-jährigen. Die Untergrenze liegt bei 70 %, respektive 133 Schlägen pro Minute. Der Trainingseffekt ist am größten, wenn man sich in diesem Zielbereich mindestens dreimal pro Woche für 20 bis 30 Minuten aufhält. Ein zusätzliches Training mit Gewichten ist nicht unbedingt nötig, kann aber den Oberkörper trainieren und so Rückenproblemen zuvorkommen. Die beste Trainingsmethode für Radrennen ist immer noch Radfahren.

Trainingsort Wohnzimmer

Ein klappbarer »Windtrainer« stellt eine kostengünstige Alternative zu den auf diesen Seiten gezeigten Geräten dar. Dabei wird einfach die Hinterachse am Trainer fixiert und dabei das Hinterrad auf eine Rolle gedrückt, die durch einen Ventilator gebremst wird. Mit Hilfe eines Radcomputers können hierbei die wichtigsten Daten gemessen werden. Eine andere Möglichkeit sind die eigentlichen Rollentrainer: Das Hinterrad läuft auf zwei, das Vorderrad auf einer Rolle, die mit den hinteren durch einen Treibriemen verbunden ist. Jede noch so kleine Lenkbewegung führt zu einem heftigen Schlenker, der auch mit einem Sturz von der Rolle enden kann. Ein Rollentrainer fördert also gleichzeitig auch noch das Einüben einer gleichmäßigen, hochfrequenten Pedalierbewegung.

Das TOURENRAD

Kettenblatt

Die »Freiheit auf zwei Rädern« in all ihrer Vielfalt zu genießen, ist das reine Vergnügen. Eine Radtour, das kann ein Tagesausflug in einer reizvollen Landschaft sein oder eine dreimonatige Odyssee quer durch einen Kontinent. Die Erkundung eines fremden Landes in zwei Wochen genauso wie ein Sonntagnachmittag in den Straßen und Gassen eines malerischen Städtchens. Sich mit bis zum Platzen vollgestopften Packtaschen auf ein Rad-Abenteuer einzulassen, wie man es nur einmal im Leben macht, gehört ebenso dazu wie ein Wochenendausflug mit nichts als einer Kreditkarte im Gepäck.

Entscheidungsfreiheit

Eine Radtour kann man überall beginnen: Auf der Garageneinfahrt, an einem Flughafen oder Bahnhof, von einem Hotel oder von einem Campingplatz aus. Man fährt solange man Lust dazu hat –

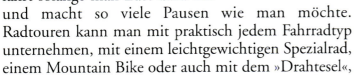
Packtasche

und macht so viele Pausen wie man möchte. Radtouren kann man mit praktisch jedem Fahrradtyp unternehmen, mit einem leichtgewichtigen Spezialrad, einem Mountain Bike oder auch mit dem »Drahtesel«, den man gerade vor dem Schrottplatz bewahrt hat. Ein Ausflug mit dem Rad kann perfekt geplant oder auch völlig spontan sein – man verläßt sich entweder auf Landkarten oder auf seinen Spürsinn und entscheidet sich an jeder Wegkreuzung nach Gefühl. Es gibt sowohl

Haken/Riemen-Pedal

professionell veranstaltete Touren, durchorganisiert bis zum Kopfkissen, oder eben solche, die Selbständigkeit, Selbstversorgung und einen Schlafsack erfordern. Radtouren können öffentliche Veranstaltungen sein, zum Beispiel für einen guten Zweck, oder eher privat. Man unternimmt sie mit Freunden, der Familie oder ganz allein – ganz individuell eben. Eine Radtour ist anregend, aber auch anstrengend, und sie kann wie ein selbstgedrehter Film sein: Man saugt die Bilder der vorüberziehenden Landschaften in sich auf, immer mit einer Brise Wind im Gesicht.

Überraschungen inbegriffen

Sattel

Radtouren können einen über die höchsten Pässe führen oder in brenzlige Situationen, bei Einbruch der Dunkelheit etwa – 50 Kilometer weg von zu Hause, bei starkem Gegenwind. Man wird mit den Elementen konfrontiert, muß mit wechselnden Windrichtungen zurechtkommen und den Himmel »lesen« lernen wie ein Seemann. Eine Radtour stimuliert und entspannt: Man gebraucht seine Sinne, nimmt Düfte wahr und Vogelgezwitscher, den Einbruch der Dämmerung am Abend und die wärmenden Sonnenstrahlen. Zu jeder Radtour gehören unerwartete, nicht eingeplante Ereignisse, und eigentlich ist dies die einzig echte Art zu reisen. Radtouren sind das, was man aus ihnen macht
– viel Vergnügen.

Tourenfahrer

DAS TOURENRAD

Die Anatomie des Tourenrades

Tourenräder, die für Langstrecken mit großem Gepäck gedacht sind, weisen eine bequeme Sitzposition, guten Geradeauslauf und eine spurtreue Lenkung auf. Der Rahmen sollte besonders verwindungssteif sein – wie unser Beispiel, ein *Cannondale ST 1000*, mit seinen großvolumigen Aluminiumrohren. Die Kettenstreben sind extra lang, damit der Schwerpunkt der Packtaschen noch vor oder auf Höhe der Hinterachse liegt und sie dennoch nicht den Fersen in die Quere kommen. Vorne sorgen ein flacher Lenkkopfwinkel und ausreichend **Gabelvorbiegung** dafür, daß die Lenkung nicht nervös und dennoch wendig ist.

90

DIE ANATOMIE DES TOURENRADES

ROBUSTER TOURER
Der kräftig dimensionierte Aluminiumrahmen verhilft dem *Cannondale ST 1000* zu ausreichender Verwindungssteifigkeit auch bei großer Beladung.

DAS TOURENRAD

On the road again

Wer etwas von der Welt sehen möchte, der sollte eine Radtour unternehmen. Am besten auf einem Rad, dessen Rahmengröße genau »paßt«, und so schnell, wie er (oder sie) gerade möchte: in scharfem Tempo, wenn einen der Geschwindigkeitsrausch gepackt hat, genüßlich auf kleinen Nebenstraßen und durch reizvolle Landschaften, immer wieder durch Pausen unterbrochen, um einen schönen Ausblick oder einfach nur den Augenblick zu genießen und zu entspannen. Die einen tun dies auf einem leichtgewichtigen Rennrad, mit nicht mehr als einem kleinen Werkzeugtäschchen und einer Kreditkarte dabei. Andere wiederum sind lieber Selbstversorger, sie haben Zelt, Schlafsack und Kochutensilien im Gepäck.

STRASSENRENNER
*Das **Trek 1200** (siehe Bild) ist zwar eigentlich eine reine Rennmaschine, eignet sich aber auch für Touren – mit leichtem Gepäck, versteht sich.*

GUT IM GRIFF: Eine höhere Griffposition entlastet Rücken, Arme und Hände. Wenn's dann steil wird, greift man besser unten.

BREIT GENUG: Die optimale Lenkerbreite entspricht genau der Schulterbreite – so wird die Atmung nicht eingeengt.

ETWAS KÜRZER: Für eine auch auf langen Strecken ausreichend komfortable Sitzhaltung sorgt ein vergleichsweise kurzer **Vorbau**.

SCHMAL ODER BREIT: Je nach Straßenbelag variiert die Reifenbreite zwischen 23 und 28 Millimetern.

EHER GRÖSSER: Radtouristen wählen meist einen größeren Rahmen als Rennfahrer – siehe Seite 20/21 –, weil der **Radstand** und damit die Fahrstabilität so zunimmt.

VERSTÄRKT: Die biegesteife Sohle eines guten Tourenschuhs entlastet des Radlers Fuß.

92

Manche fahren in die entlegensten Gegenden, während andere Großstädte erkunden. Radtouren bieten eben Freiheit, Vielfalt und Vergnügen – wenn man fährt, wohin und wie man möchte. Die Reisegeschwindigkeit sollte sich dabei nicht nach der Muskelkraft richten, sondern nach der Kapazität von Herz und Lungen. Ist man zu schnell, sind Ermüdung und Muskelkater die Folge. Ist man zu langsam, so wird man träge und lethargisch.

Puls und Atmung

Puls und Atmung können ruhig etwas beschleunigt sein, allerdings sollte man immer noch singen oder sich unterhalten können – solange es nicht steil bergauf geht. Die richtige **Trittfrequenz** ist äußerst wichtig: Lockere 55 bis 65 Kurbelumdrehungen pro Minute sind ein guter Wert. Darunter drücken die Beine jeden einzelnen Tritt mühsam durch, die Muskeln übersäuern schnell und schmerzen. Bei über 85 Umdrehungen benötigen sie zu viel Sauerstoff, und man gerät außer Atem.

NIEDRIGER ALS ÜBLICH: Die Sattelhöhe wird etwas niedriger als beim Rennrad eingestellt, um die Knie zu entlasten. Bergauf rutscht man auf dem Sattel nach hinten, damit man mehr Druck aufs Pedal bringen kann.

KORREKT JUSTIERT: Bei richtiger Einstellung und Rahmenhöhe ragt die Sattelstütze noch 7,5 bis 10 Zentimeter aus dem Sitzrohr.

GUT ÜBERSETZT: Um die Trittfrequenz auch an extremen Steigungen nicht unter das Minimum von 55 Umdrehungen pro Minute absinken zu lassen, montieren Tourenfahrer meist Ritzelpakete mit größeren Zähnezahlen oder gar Dreifach-Kettenblätter vorne.

ON THE ROAD AGAIN

SITZGELEGENHEIT

Eine wahre Begebenheit: Zwei Radfahrer auf dem Weg nach Indien – eine 10000-Kilometer-Tour immerhin – mußten schon nach 160 Kilometern anhalten, beide mit üblen Sitzbeschwerden. Sie tauschten ihre Sättel – und hatten fortan keinerlei Probleme mehr. Es gibt schmal geschnittene, leichte Sättel, an denen man beim Treten kaum reibt, es gibt aber auch sogenannte »Anatomische«, deren Form den Druck auf die Sitzknochen vermindern soll. Gel-Sättel wiederum sollen sich der Anatomie des Fahrers oder der Fahrerin exakt anpassen. Die Wahl des passenden Sattels gehört jedenfalls zu den Hauptaspekten beim Kauf eines Tourenrades. Dabei sollte man sich nicht von besonders harten Exemplaren abschrecken lassen. Schließlich wird auch das »Sitzfleisch« mit der Zeit härter, und der Komfort eines schmalen Sattels steigt an.

DAMENSATTEL
Die Sitzknochen liegen bei Frauen weiter auseinander, daher sind Damensättel etwas kürzer und hinten breiter geschnitten. Dieser hier ist sogar noch zusätzlich gepolstert.

LEDERSATTEL
Ein Kernledersattel wie dieser Brooks B 17 *benötigt bis zu 800 Kilometer Einfahrstrecke. Dann aber paßt er wie angegossen.*

GELSATTEL
Das Elastopolymer-Gelpolster unter der Satteldecke – hier ein Damenmodell von Specialized *– soll sich der Gesäßform optimal anpassen. Manche schwören auf den Komfortgewinn der Gelfüllung, andere verfluchen sie.*

STANDARDMODELL
Viele Fahrräder sind serienmäßig mit vollkommen untauglichen Sätteln ausgerüstet. Ein Austausch kostet nicht allzu viel, bringt aber enormen Nutzen.

FEDERSATTEL
Dieser Mountain Bike-Sattel von Brooks *erinnert an die Zeiten, als die Straßen Rüttelpisten glichen und gefederte Sättel die einzige Möglichkeit waren, die Fahrbahnstöße etwas abzumildern.*

93

DAS TOURENRAD

Touren-Bekleidung von Kopf bis Fuß

Jeder Radfahrer, dem sein Kopf etwas wert ist, trägt heutzutage einen Helm. Schließlich machen Kopfverletzungen mehr als die Hälfte aller schweren oder gar tödlichen Verletzungen bei Radfahr-Unfällen aus. Ein guter Helm vermindert das Verletzungsrisiko ganz beträchtlich, in Schweden und Teilen der USA und Australiens gilt daher schon die Helmtragepflicht für Radfahrer. In einigen Ländern gibt es »Helmnormen«, die anerkanntesten und weitverbreitetsten sind die US-amerikanischen **ANSI**- und Snell-Prüfungen. Geprüft wird die Paßform, ob der Helm im Sturz-Fall auf dem Kopf bleibt und ob die Schutzwirkung der stoßabsorbierenden Polsterung (meist aus Polystyren/Schaumstoff) ausreicht. Ein Helm sollte so fest auf dem Kopf sitzen, daß er sich mitbewegt, wenn man die Stirn runzelt. Er sollte weder die Ohren bedecken noch die Sicht nach vorn oder zur Seite beeinträchtigen.

ZUGLUFT: Hinter dem (verschiebbaren) Namensschild verbirgt sich ein zusätzlicher Belüftungskanal.

VARIABEL: Die Feinanpassung der Helmgröße erfolgt über kleine Schaumstoffpolster, die in den Helm geklebt werden.

SCHICHTBAUWEISE
Die stoßdämpfende Helminnenschale des Bell V-1 Pro *ist aus Polystyren. Die harte Außenschale soll vor dem Eindringen spitzer Gegenstände schützen.*

SICHERHEITSGURT: Bei richtiger Einstellung verläuft der Gurt direkt unter dem Kinn.

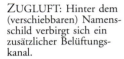

WINDEI
Der windschlüpfrige Cinelli Aero *ist ein Hartschalenhelm für Bahnrennen.*

SCHAUMSTOFFKAPPE
Die Polystyren-Schale des Specialized Air Force *wird durch einen feinmaschigen »Überzieher« geschützt.*

LÖCHRIGES ALIBI
Der Sturzring ist zwar bei den Radprofis recht beliebt, hat aber so gut wie keine Schutzwirkung.

SOFT SHELL
So nennt man die Helmbauweise mit Polystyrenschale und Stoffüberzug.

HARD SHELL
Hier wird die Innenschale durch einen harten Kunststoffüberzug geschützt.

TOUREN-BEKLEIDUNG VON KOPF BIS FUSS

FROSTSCHUTZ: Im Winter sollte man unter dem Helm eine Mütze tragen. Bei 4 Grad Celsius gibt ein unbedeckter Kopf 50% der Körperwärme ab, bei minus 15 Grad sind es sogar 75%.

WINDSCHUTZ: Wenn man nichts anderes dabei hat, hilft auch eine unter die Jacke oder das Trikot gesteckte Zeitung.

Kleidung für Radtouren muß leicht, bequem und funktionell sein. Spezielle Radkleidung eignet sich am Besten, denn sie ist auf die Bedürfnisse von Radfahrern zugeschnitten und weist so praktische Details wie zum Beispiel Rückentaschen auf. Was und wieviel man trägt, wird durch Klima und Jahreszeit bestimmt. Grundsätzlich erzeugt Radfahren aber einiges an Wärme. Bergauf sollte man nicht überhitzen, bergab dagegen nicht durch den Fahrtwind auskühlen. Optimal sind mehrere Kleidungsschichten, die man je nach Bedarf ergänzen oder ablegen kann.

STRAHLENSCHUTZ: Eine Sonnenbrille hält schädliche UV-Strahlen, aufgewirbelte Steinchen oder gar Insekten von den Augen ab. Für schlechtere Lichtverhältnisse gibt es auch transparente Scheiben.

SCHEUERSCHUTZ: Radhosen sind elastisch, daher verrutschen sie auch beim Pedalieren nicht. Das eingearbeitete, nahtlose Sitzpolster hilft gegen das gefürchtete Wundsitzen.

ZWIESPALT: Biegesteife Sohlen und Schuhplatten, die ins Pedal einrasten sind gut fürs Radfahren – aber unbequem beim Gehen. Für Touren geeignete Schuhe bieten einen guten Kompromiß zwischen Abrollkomfort und einer steifen Sohle.

KLEIDUNG FÜR KALTE TAGE

In Herbst und Winter braucht man mindestens zwei Kleidungsschichten: Auf der Haut trägt man am besten einen dünnen Pullover, Radunterhosen und Socken aus feuchtigkeitstransportierender Klimafaser, damit der Körper trocken und warm bleibt. Darüber kommt dann der Wetterschutz: Hose und Jacke aus atmungsaktiven, aber dennoch wind- und regenabweisenden Materialien wie zum Beispiel Gore-Tex. Bei noch kälteren Temperaturen empfiehlt sich eine zusätzliche (mittlere) Schicht – am besten aus Wolle, Faserpelz oder mit Daunenfüllung. Für die Hände gibt es gut isolierende Fingerlinge – aus Neopren etwa –, und für die Füße spezielle Winterschuhe oder Überschuhe. Zum Schluß noch etwas für ganz oben: ein Gore-Tex-Helmüberzug.

DAS TOURENRAD

Massenbewegung

"Organisiere eine Radtour für 20000 Teilnehmer, und 40000 werden da sein.« Diese Erfahrung haben schon zahlreiche Veranstalter gemacht, seit ab Mitte der 70er Jahre Massenveranstaltungen wie »London-Brighton« in England, das New Yorker »Five-Boro«, die »Tour de Montreal« in Kanada oder in Mexiko »Rosarito-Ensenada« einen phänomenalen Zuspruch erlebten. Jede dieser Touristik-Veranstaltungen begann mit ein paar hundert Teilnehmern, heute finden sich dort zum Teil mehr als 50000 Radfahrer ein – ohne Voranmeldung geht da nichts mehr. Den Reiz dieser Massen-Radtouren, deren Erlös häufig wohltätigen Zwecken zugute kommt, macht wohl vor allem die spontane Kameradschaft und Verbundenheit aus, die entsteht, wenn Tausende von Radfahrern zum gleichen Ziel unterwegs sind. Es sind riesige Straßenfeste, und jeder einzelne begeht sie in seinem eigenen Tempo. Die gesamte Vielfalt der »Fahrradwelt« trifft sich hier ein: Manche kommen kostümiert, andere auf Uralt-Rädern. Man sieht dort reinrassige Rennmaschinen genauso wie Tourenräder, Mountain Bikes, Tandems und **HPVs.** Es bilden sich spontan **Pelotons,** in denen man **Windschattenfahren** und das berauschende Gefühl hoher Geschwindigkeit inmitten eines großen Fahrerfeldes erleben und genießen kann. Damit das ganze aber auch wirklich pures Vergnügen bleibt, sollte sich jeder Teilnehmer vorher über die Strecke informieren. Die Kenntnis der Veranstalterhinweise über den Standort der Verpflegungs- und Servicestellen sowie der Erste Hilfe-Stationen ist Pflicht. Ebenfalls sollte sich das Fahrrad in technisch einwandfreiem Zustand befinden, Flickzeug und ein Minimum an Werkzeug gehören unbedingt ins Gepäck. Auch an etwas zu essen und trinken sollte man denken, auch wenn der Veranstalter eine ausreichende Versorgung verspricht – man weiß ja nie ...

MASSENBEWEGUNG

STÄDTETOUREN
Durch seine niedrige (motorisierte) Verkehrsdichte eignet sich die CSFR hervorragend für einen Urlaub per Rad. Hier besichtigt »unsere« Reisegruppe gerade eine Stadt.

AUF DER LANDSTRASSE
Auch abseits großer Städte bietet Osteuropa dem Radtouristen viele Reize. Solch einsame Sträßchen erkundet man am besten allein oder in einer kleinen Gruppe.

VON LONDON NACH BRIGHTON
Touristik-Veranstaltungen sind eine gute Möglichkeit, Radtouren über längere Strecken einmal auszuprobieren. Eine Massenveranstaltung wie »London-Brighton« (links) ist dabei in Sachen Service kaum zu schlagen: Die Strecke – fast ausschließlich über kleine Landstraßen – ist perfekt ausgeschildert, man benötigt also keine Landkarte. Der größte Teil ist autofrei, das Unfallrisiko entsprechend gering. Für genügend Essen und Trinken ist entlang der Strecke gesorgt, ebenso für eventuell notwendige Reparatur-Hilfe. Und am Abend besteigt man dann einen Sonderzug zurück nach London, so daß der ganze Tag eigentlich nur aus Radfahren besteht.

DAS TOURENRAD

Touren-Sport

Der neueste Radtouren-Trend besteht darin, schnell und mit möglichst wenig Gepäck unterwegs zu sein. Organisierte Touren bieten heutzutage in der Regel ein Begleitfahrzeug, das das nötige Gepäck transportiert – oder auch mal einen ausgelaugten Radler. Neben diesen voll durchorganisierten Reisen gibt es aber auch noch solche, bei denen einem lediglich eine Landkarte in die Hand gedrückt wird, alles weitere bleibt einem selbst überlassen. Auch die Fahrräder haben sich bereits diesem Trend angepaßt. Während bis dato Tourenräder auf sichere Fahreigenschaften auch bei großer Beladung ausgelegt waren, nähern sich moderne Sport-Tourer immer mehr reinrassigen Rennmaschinen an. Der sportliche Aspekt von Radtouren tritt immer mehr in den Vordergrund.

SPORT-TOURER
Die Unterschiede zwischen Rennrad und Tourer erkennt man erst auf den zweiten Blick. Die Cantileverbremsen zum Beispiel – anstelle von Seitenzug-Rennbremsen – erlauben auch die Montage von breiten, großvolumigen Reifen. Das Gepäck muß allerdings auf ein Minimum beschränkt bleiben: Zuerst legt man sich alles Notwendige zurecht – und packt dann nur die Hälfte davon ein.

LEICHTE LADUNG: In die Lenkertasche kommt das »Handgepäck«: Landkarte, Kamera, Sonnencreme und eine Kleinigkeit zu essen. Achtung: Zu viel Gewicht macht sich beim Lenken negativ bemerkbar.

VOLLE LADUNG: Wer mit viel Gepäck reisen will, findet auch am Sport-Tourer die nötigen **Anlötteile** und **Gewindeösen** für Gepäckträger und Schutzbleche vor.

ERSATZLADUNG: In die kleine Satteltasche passen ein Ersatzschlauch und etwas Werkzeug.

LÄNGE LÄUFT: Die Kettenstreben sind länger als bei einer Rennmaschine, das Lenkverhalten dementsprechend weniger nervös.

TOURENSPORT

RADTOUREN LEICHT GEMACHT
»Kreditkarten-Touring« heißt die gewichtssparendste Art, per Fahrrad unterwegs zu sein. Ins Gepäck kommt nur die nötige Radbekleidung, etwas Werkzeug für Notfälle – und die Kreditkarte. Nun kann man losfahren, am besten so schnell und weit die eigene Kondition es erlaubt. Gegessen wird in guten Restaurants, übernachtet in ebensolchen Hotels. Wer auf dem Rad weit kommen möchte, sollte seinen Körper stets mit dem nötigen »Treibstoff« versorgen: Häufiges Essen ist angesagt, am besten nur leichte Kost. Obst, Salate und andere kohlenhydratreiche Speisen können schnell in verwertbare Energie umgewandelt werden, während fetthaltige Speisen zu langsam verdaut werden und Zucker die Energieumwandlung im Körper bremst – mehr dazu auf Seite 19. Genauso wichtig ist eine permanente Flüssigkeitsaufnahme, selbst wenn man noch keinen Durst verspürt, ehe man zwei Liter Flüssigkeit verloren hat. Die können nämlich nicht so schnell »nachgetankt« werden, und bei großer Hitze verschwitzt man schließlich bis zu drei Liter pro Stunde.

STEHVERMÖGEN: *Die Kondition für Langstrecken-Touren erwirbt man nur durch regelmäßiges Training. Die Länge der nächsten Tagesetappe richtet sich immer auch danach, wie schnell sich der Körper von den Strapazen der vorhergehenden erholen kann.*

RENN-TOURER
Radtouristen, denen es vor allem auf Schnelligkeit und geringes Gewicht ankommt, sind mit den heutzutage angebotenen Serien-Rennmaschinen gut bedient. In Sachen Rahmenmaterial haben sie die Wahl zwischen Stahl, Aluminium, Titan oder Kohlefaser-verstärktem Kunststoff – je nachdem, was den persönlichen Wünschen (und dem Geldbeutel) entspricht. Die Ausstattung orientiert sich an dem, was sich im Rennsport bewährt hat.

99

DAS TOURENRAD

Extrem-Touren

Schon seit im Jahre 1896 drei Engländer um die Welt radelten, gilt es als bewiesen, daß man mit dem Fahrrad ungewöhnliche Grenzen erreichen kann. Heute werden die Expeditionen per Rad immer exotischer, aufwendiger und gefährlicher, um die Medien dafür zu interessieren – den Sponsoren oder Wohltätigkeitsorganisationen zuliebe, die dahinter stehen. Die Crane-Vettern zum Beispiel – wir kennen sie bereits vom Kilimandscharo – unternahmen eine Reise zum »Mittelpunkt der Erde«. Zwischen der Schneeschmelze im Himalaja und der Juni-Hitze (bis zu 41 Grad Celsius) blieben ihnen nach Expertenmeinung 50 Tage Zeit, um den Punkt, der auf der ganzen Welt in alle Himmelsrichtungen am weitesten vom Meer entfernt ist, in einer Wüste in Nordwest-China zu erreichen. Sie schafften es in 58 Tagen…

NICK UND SEIN RAD
Für die Wüstentour ließ sich Nick Crane einen Maßrahmen aus leichtgewichtigen Reynolds 753-Rohren löten. Im Fahrtenbuch dieses Weltenbummlers per Rad steht auch schon eine Überquerung des Atlas-Gebirges in Nordafrika.

REISETAUGLICH: Die Rahmengeometrie ist durch den 73-Grad-Lenkkopfwinkel und den 74-Grad-Sitzrohrwinkel nicht übermäßig wendig geraten.

GLÜCK GEHABT
Eine Felsenhöhle (unten) gewährt nächtlichen Unterschlupf während eines Schneesturms. Auf ihrer Tour überstanden die Cranes Schnee und Eis, Monsunregen, Staub und Temperaturen bis zu 46 Grad Celsius. Sie kamen bis auf 5000 Meter über dem Meeresspiegel und bis 300 Meter darunter. Sie hatten weder etwas zu essen, noch ein Zelt oder Ersatzkleidung dabei – nur eine Wasserflasche für jeden. Ihre einzigen Pannen waren je zwei platte Reifen und ein gerissener Schaltzug, als tibetanische Kinder an einem Schalthebel gespielt hatten.

MITTEN IM VERKEHR
Im Gewühl zwischen Rikschas eingekeilt hatten die Cranes weniger Schwierigkeiten als mit der Polizei in Bangladesh: Die wollte sie einmal wegen »politischen Aktivismus« festnehmen.

FUSS-SCHALTUNG: Ein Umwerfer wurde nicht montiert, also mußte die Kette per Fußtritt aufs kleinere Kettenblatt »geschaltet« werden. Umgekehrt mußte man die Hand zu Hilfe nehmen.

EXTREM-TOUREN

LEICHTBAU-WAHN

Genügsamer gehts nicht mehr: Um ja so schnell wie möglich fahren zu können, wurde die gesamte Ausrüstung – die sowieso nur aus den Rädern, einigen wenigen Ersatzteilen und Schlafsäcken bestand, geradezu zwanghaft abgespeckt. Die Räder brachten je 10 Kilogramm auf die Waage, Gepäck und Kleider gerade mal deren 8. An jedem Ausrüstungsgegenstand wurde gespart: An der Unterwäsche schnitten sie die Etiketten heraus, ebenso die Ecken ihrer Landkarten. Der einzige Schraubenschlüssel wurde mehrfach durchbohrt, der Speichenschlüssel gar halbiert. Selbst ihre Eßstäbchen waren teilweise ausgehöhlt, und die Schutzkappen für die Kameraobjektive bestanden aus einer extra leichten Gummimischung.

REISE ZUM MITTELPUNKT DER ERDE
Die 5290 Kilometer lange Route führte von Bangladesh aus durchs Ganges-Delta ins tibetanische Hochland und durch die Wüsten Gobi und Takla-Makan. Zurück ging's dann per Flugzeug.

101

Thema Radtransport

Bei jeder Reise sollte man sein Fahrrad dabeihaben. Per Rad kann man nämlich hervorragend auf Entdeckungsfahrt gehen. Beim Bahn-Transport sollte ein Namensschild mit dem Bestimmungsort deutlich sichtbar am Rad befestigt sein, am besten verlädt man es selber in den Gepäckwagen und verzurrt es mit Spanngurten. Gepäcktaschen und andere lose Gegenstände kommen mit ins Abteil. Wer per Flugzeug verreist, sollte sich vorher nach den Bestimmungen für den Rad-Transport erkundigen, manche Fluggesellschaften lehnen dies nämlich ab. Bei anderen bekommt man sogar einen Transport-Karton – umsonst oder gegen Gebühr. Pedale und vorsichtshalber auch das Schaltwerk sollten abmontiert werden. Die Vorbauklemmschraube wird gelöst, so daß der Lenker parallel zum Rahmen gedreht werden kann. Der Reifenluftdruck wird weitgehend abgelassen. Wenn das Rad nicht extra verpackt wird, sollte man die Rahmenrohre wenigstens mit Pappe umwickeln. Wenn man ein Laufrad ausbaut, sollte ein Stück Holz als Verstrebung zwischen die Ausfallenden geklemmt werden. Auf alle Fälle ist es ratsam, eine Reisegepäckversicherung abzuschließen.

WOHIN MIT DEM RAD?

Mit demontierten Laufrädern paßt ein Fahrrad sogar schon in den Kofferraum eines Kleinwagens. Sobald aber weitere Personen oder Räder mitgenommen werden, ist der Kauf eines Fahrradträgers unerläßlich. Grundsätzlich gibt es zwei verschiedene Bauformen: Dachgepäckträger (rechts) oder aber Heckgepäckträger (nächste Seite unten). Auf dem Dach wird meist ein Grundträger montiert, der auch anderweitig verwendet werden kann. Auf diesem befestigt man dann eine oder mehrere Radhalterungen und beläßt sie dort bei häufigem Gebrauch auch dauerhaft. Sämtliche Schraubverbindungen am Träger und die sichere Befestigung des Rades sollten vor jeder Fahrt kontrolliert werden. Außerdem empfiehlt es sich, empfindliche Bauteile wie zum Beispiel einen Ledersattel zu schützen oder gar zu demontieren. Wenn man sein Fahrzeug irgendwo abstellt, sollten die Räder gegen Diebstahl gesichert sein.

AM BESTEN OBEN DRAUF

Auf einem Dachgepäckträger (links) haben bis zu fünf Räder Platz. Dort oben sind sie weitgehend vor Verschmutzung sicher. Sie müssen absolut sicher befestigt werden – schließlich zerrt der Fahrtwind schon bei Geschwindigkeiten um 100 Stundenkilometer recht heftig an einem aufrecht stehenden Rad. Mit dem Luftwiderstand steigt natürlich auch der Benzinverbrauch deutlich an, und die Fahrleistungen nehmen vor allem bei einem schwächlich motorisierten Auto merklich ab.

ODER DOCH HINTEN?

Heckträger werden meist nur im Bedarfsfall montiert, mit Spanngurten, die am Kofferraumdeckel einhaken. Sie bieten Platz für zwei bis drei Fahrräder. Das Beladen ist weniger mühsam, weil der Träger niedriger ist. Dafür muß man aufpassen, daß die Räder sich nicht berühren können, sonst wird deren Lackierung in Mitleidenschaft gezogen. Leider verschmutzen hinten montierte Räder durch aufgewirbelten Straßendreck recht schnell.

THEMA RADTRANSPORT

IM KOFFER
*Stabile Fahrrad-Koffer sind meist aus glasfaserverstärktem Kunststoff mit einer Schaumstoffpolsterung innen. Obwohl nicht übermäßig schwer, sind die meisten Modelle mit kleinen Laufrollen ausgestattet. In der Regel müssen Pedale, Sattel und -stütze, Vorderrad und Lenker samt **Vorbau** demontiert und extra gepolstert werden. Für Lufttransporte muß der Reifenluftdruck mindestens halbiert werden.*

SO IST ES TRAGBAR
Die Tasche mit Kleidern und Wertsachen in der linken Hand, den Radkoffer rechts geschultert, so gehts zum Bahnhof oder Flughafen. Am Ankunftsort deponiert man den Koffer bei der (hoffentlich vorhandenen) Gepäckaufbewahrung. Wenn man die Rückreise von einem anderen Ort aus antritt, kann man den Koffer ja vorausschicken.

Das ALLTAGSRAD

Mit weltweit etwa 800 Millionen Exemplaren ist das Fahrrad das am weitesten verbreitete Transportmittel auf diesem Planeten. Der überwiegende Teil dient rein als Gebrauchsgegenstand und wird das ganze Jahr über vielseitig eingesetzt. Immer noch spielen sich die Aktivitäten der Menschen hauptsächlich in der näheren Umgebung jedes einzelnen ab. Die meisten alltäglichen Wege ließen sich zu Fuß in weniger als einer Stunde bewältigen – per Fahrrad geht's allerdings etwa vier mal schneller. In den Ländern der Dritten Welt werden diese Wege größtenteils auf diesen robusten schwarzen Vehikeln zurückgelegt, deren Konstruktion sich bestimmt seit Ende des Ersten Weltkriegs nicht geändert hat.

Lampe

Draht-Esel

Dieser Typ macht weltweit etwa zwei Drittel des Radmarktes aus: Er ist äußerst strapazierfähig, ohne überflüssige Details, ist komplett aus geometrie ist auf Bequemlichkeit ausgelegt. Die Bremsen sind schlecht, die Reifen empfindlich, der Sattel breit und gut gefedert. Ärzte, Lehrer und sogar Regierungsbeamte benutzen ihn als einfaches Verkehrsmittel. Mit Anhänger hinten dran dient er Bauern als Transporter zum Markt. Vor eine Rikscha gespannt ist er ein Taxi, und mit einer Wasserpumpe verbunden wird er zum menschengetriebenen Motor. In der westlichen Welt erlebt er gerade sein Comeback als sympathisches Nahverkehrsmittel, das vor allem von Leuten mit Sinn für Umwelt-

Bügelschloß

Cantileverbremse

schutz eingesetzt wird: auf dem Weg zur Arbeit oder Schule oder um damit die Post oder den Einkauf zu transportieren. Manchmal fährt sogar die Polizei auf so einem Fahrrad durch die Stadt.

Gesund und vielseitig

Fahrräder bringen mehr Spaß in den Alltag. Sie verringern die Abhängigkeit vom Automobil und bringen Bewegung, Fitneß und Freiheit in unser Leben. An Fahrrädern bewundern wir das geringe Gewicht, ihre Leistungsfähigkeit und den Gebrauch modernster Materialien. Immer häufiger wer den Mountain Bikes für den Alltagsbedarf hergenommen. Sie werden millionenfach gekauft, nicht etwa, um damit ins Gelände zu gehen, sondern weil ihre breiten Reifen sich besser für holprige Straßen eignen und weil ihre Cantileverbremsen die im Stadtverkehr nötige Sicherheit gewährleisten. Trotz oder gerade wegen ihrer speziellen Bauweise sind sie für (fast) alle Anforderungen geeignet. Und je hochwertiger sie sind, desto mehr Spaß macht Radfahren.

Fahrradhelm

Schaltwerk

Fahrrad-Pendler

DAS ALLTAGSRAD

Radfahren in der City

Zur Hauptverkehrszeit in großen Städten schlängeln sich zwei Gruppen von Radfahrern durchs dichte Verkehrsgewühl: Pendler auf dem Weg zur oder von der Arbeit und Fahrrad-Kuriere. Für diese gilt der Spruch »Time is money« – Zeit ist Geld – ganz besonders: Je mehr Aufträge sie erledigen, desto mehr verdienen sie. Sie müssen schnell und geschickt Radfahren können, brauchen einen guten Orientierungssinn, ein Gedächtnis wie ein Adreßbuch, Nerven aus Stahl und eine Art »sechsten Sinn« für gefährliche Verkehrssituationen. Fahrrad-Pendler brauchen vielleicht nicht dieselben physischen Fähigkeiten, dafür aber umso mehr Selbstvertrauen und Wachsamkeit, was in der Regel erst mit überdurchschnittlichem Fahrkönnen einhergeht.

GESCHULTERT: Fahrrad-Kuriere bevorzugen solche Schultertaschen, weil sie leicht zu handhaben sind und mehr Stauraum als herkömmliche Packtaschen haben.

GEDUCKT: Eine relativ hohe Sattel- und niedrige Lenkerstellung sorgen für die optimale Sitzposition. Sie erlaubt kraftvolle Sprints und genug Übersicht im Verkehrsgewühl.

DER FAHRRAD-KURIER
Fahrrad-Kurier zu sein ist mehr als nur ein Job – es ist ein Lebensstil, wenn nicht gar eine Subkultur. Dazu gehört auch die entsprechende Kleidung, bei der es nicht nur auf die Funktion ankommt. Eine Tasche, ein Funkgerät, Radhosen und -schuhe und eine Brille gegen aufgewirbelten Straßendreck sind absolut notwendig. Das Rad muß schnell, wendig und zuverlässig sein – und zu häßlich zum Stehlen, daher die Vorliebe der Kuriere für unansehnliche Straßenräder. In einer flachen Gegend gleicht das Radkurier-Dasein einer endlosen Folge von Sprints, 10 Stunden am Tag. Manche »Bike-Messengers« satteln daher auf ultra-leichte Renner mit fester Übersetzung um.

VERLEGT: Zeitfahrlenker in Kombination mit Lenkerendschalthebeln ermöglichen blitzschnelle Schalt-, Brems- und Lenkmanöver.

VERBORGEN: Die Rahmenrohre sind mit schwarzem Isolierband umwickelt. Das schützt die Lackierung und verbirgt den wahren Wert des Rades vor dem Blick von Dieben.

RADFAHREN IN DER CITY

DER PENDLER
Mit dem Rad zur Arbeit zu fahren kann eine Notwendigkeit zum Vergnügen machen – aber nur, wenn das eigene Fahrkönnen den Anforderungen der heutigen Verkehrsverhältnisse angepaßt ist. Sehr hilfreich ist es, auch im Stand die Füße auf den Pedalen lassen zu können, dann kann man an jeder Kreuzung vor sämtlichen Autos aufs Grün-Signal warten und als Erster losfahren. Auf Kurzstrecken und bei trockener Straße kann man auch im Anzug zur Arbeit fahren. Sobald es aber anstrengender wird, ist spezielle Radbekleidung einfach praktischer.

GESCHÜTZT: Gerade in der Stadt ist ein Helm absolut notwendig.

GEFAHREN IN DER STADT
Ob man zum Vergnügen oder rein geschäftlich radfährt, im Stadtverkehr ist stets besondere Vorsicht geboten. Am besten kombiniert man eine bewußt defensive Einstellung mit bestimmtem, selbstbewußtem Auftreten. Man sollte sich für die motorisierten Verkehrsteilnehmer bemerkbar machen, dabei jedoch jederzeit bereit zu plötzlichen Ausweichmanövern sein – in der Annahme, daß die anderen einen doch übersehen haben. Trillerpfeifen, Klingeln und sogar Signalhörner sind durchaus legitime Mittel, um die in ihren Autos Eingesperrten auf sich aufmerksam zu machen. Vor dem Abbiegen gibt man Handzeichen, und an Kreuzungen sucht man den Blickkontakt zum Autofahrer. Oder man fährt ganz einfach da, wo er ein anderes Fahrzeug erwarten würde.

AUFFÄLLIG: Spätestens bei Einbruch der Dämmerung sind solche Reflektor-Gurte ein sicherheitssteigerndes Zubehör.

GESICHERT: In der Stadt sollte man niemals ohne Schloß unterwegs sein. Ganz Vorsichtige bewahren sogar am Arbeitsplatz noch ein Reserve-Schloß auf.

GEEIGNET: Schlaglöcher, Bodenwellen, Glasscherben und anderer Straßendreck fordern ihren Tribut vom Stadt-Rad. *Hybridräder* wie dieses *Trek 7900* sind als Mischform aus Rennrad und Mountain Bike – mit Cantileverbremsen, der aufrechten Sitzposition, großen Laufrädern, Schutzblechen und mäßig breiten Reifen – für die Anforderungen des Stadtverkehrs ausgelegt.

BELEUCHTET: Wer früh morgens oder am Abend noch radfährt, sollte nicht auf eine funktionierende Lichtanlage verzichten – Sicherheit geht vor.

DAS ALLTAGSRAD

Engagement fürs Fahrrad

Das Ziel der »Fahrrad-Aktivisten« ist es, Radfahren gesellschaftsfähig zu machen. Die Verkehrspolitik in der westlichen Welt wird vom Automobil vollkommen beherrscht, unter anderem durch bezahlte Lobbyisten und Spenden an die Parteikassen. Auf Anweisung der Auto-Lobby werden Straßen gebaut, Verkehrsregeln verabschiedet und Straßenbenutzungsgebühren niedrig gehalten oder gar nicht erst eingeführt. Das Resultat ist eine massive Subventionierung des motorisierten Straßenverkehrs aus Steuergeldern – und das muß nicht so bleiben. In den Ländern und Gemeinden, wo Radfahrer sich politisch engagieren, ist schon einiges erreicht worden, das Radfahren einfacher und sicherer macht. Dazu gehören zum Beispiel das Anlegen von Radwegen oder eigenen Fahrspuren, besonders auf vielbefahrenen Straßen und die Einrichtung von Parkmöglichkeiten für Fahrräder. Besonders fortschrittliche Gemeinden oder Unternehmen konnten dazu überredet werden, Einstellmöglichkeiten, Duschen und Umkleideräume bereitzustellen und denjenigen Angestellten Kilometergeld zu zahlen, die statt mit dem Auto mit dem Fahrrad zur Arbeit kommen. Heutzutage, wo eigentlich jedermann klar ist, daß das Automobil eine immer größere Bedrohung

KONKRETE AKTIONEN

Manchmal gehen engagierte Radfahrer sogar so weit, sich ihre eigenen Fahrspuren zu schaffen – wie auf diesem Foto (oben), das in Montreal (Kanada) entstanden ist. Solch phantasievolle und dreiste Aktionen können aber immer nur Stückwerk bleiben. Viel wichtiger ist heutzutage die Unterstützung der Anliegen von Radfahrern durch die breite Bevölkerung – nur so erreicht man Beachtung und politische Macht.

AUTO-FREI

Um Staus abzubauen und Alternativen zum Autoverkehr zu schaffen, haben Städte wie London auf vielen Straßen eigene Fahrspuren für Busse, Taxis und Fahrräder eingerichtet.

RESERVIERT!

Vor allem in Universitätsstädten werden immer häufiger spezielle Fahrrad-Spuren eingerichtet. So kommen die Radfahrer nicht ständig mit Fußgängern in Konflikt und sind doch vor dem Autoverkehr einigermaßen sicher.

ENGAGEMENT FÜRS FAHRRAD

darstellt – durch Luftverschmutzung, Energieverschwendung und eine immer größere Verkehrsdichte, ist die Zeit mehr als reif, um für das Fahrrad als sauberes, emissionsfreies und energiesparendes Verkehrsmittel zu werben. Dies gleicht jedoch noch immer einem schweren Kampf. Jeder Radfahrer und jede Radfahrerin sollte daher solche Organisationen unterstützen, die sich fürs Fahrrad engagieren, und sei es nur durch Spenden oder passive Mitgliedschaft. Engagement fürs Fahrrad ist nicht nur eigennützig, sondern kommt allen zugute: Jeder Fortschritt für den Fahrrad-Verkehr bedeutet ein Mehr an Lebensqualität für die Allgemeinheit.

PARKPLATZ-NOT
Eines der Hauptprobleme für Fahrrad-Pendler ist die Suche nach Parkmöglichkeiten. Besonders akut wird dies an Bahnhöfen, die einzige Lösung ist das Bereitstellen von Fahrradständern (oben). Laternenpfähle jedenfalls bieten wenig Diebstahlschutz, außerdem behindern die Räder dort meist den Fußgängerverkehr.

MISCH-VERKEHR
Die ideale Kombination wäre natürlich die Mitnahmemöglichkeit von Fahrrädern im Öffentlichen Nahverkehr (oben). Außer in Japan ist dies aber nirgendwo ohne Einschränkungen möglich.

WERDEN SIE AKTIV!
• Treten Sie Organisationen bei, die für das Fahrrad als Verkehrsmittel eintreten, oder gründen Sie selber eine Bürgerinitiative auf lokaler Ebene.
• Wenden Sie sich an diejenigen, die für die Verkehrsplanung in Ihrem Wohnort zuständig sind, und erläutern ihnen die Argumente fürs Fahrrad und die konkreten Bedürfnisse der Radfahrer vor Ort.
• Das Thema Städteplanung kommt immer wieder auf die Tagesordnung Ihres Stadt- oder Gemeindeparlaments. Versuchen Sie zu erreichen, daß schon dort die Belange der Radfahrer berücksichtigt werden.
• Nutzen Sie die Medien. Verfassen Sie Presseerklärungen und geben Sie Interviews.

WAS TUN GEGEN DICKE LUFT?
Die erste Verteidigungslinie im Kampf gegen verschmutzte Luft ist die Nase. Es ist stets besser, durch die Nase zu atmen als durch den Mund, denn sie ist wie eine Art Filter mit feinen Härchen und Schleim ausgestattet. Teil zwei der Strategie ist es, zu Stoßzeiten die Hauptverkehrsadern zu meiden, denn dort ist die Belastung am größten. Man hat herausgefunden, daß sich die Luftverschmutzung in Seitenstraßen etwa halbiert. An Kreuzungen mit Verkehrsampeln sollte man immer ganz vorne warten, anstatt in unmittelbarer Auspuffnähe stehenzubleiben. Wohnt man in einer Stadt mit besonders stark belasteter Luft, empfiehlt sich das Tragen einer Schutzmaske mit Aktivkohlefilter. Ozon zum Beispiel wird anders als feste Schmutzpartikelchen nicht vom körpereigenen Filter, der Nase, »abgefangen«.

VERMUMMUNGSGEBOT
Eine Filtermaske ist die weitestgehende Methode, sich vor dem Einatmen schadstoffbelasteter Luft zu schützen. Allerdings bietet auch sie keinen hundertprozentigen Schutz gegen die Abgase, die vor allem von motorisierten Verkehrsteilnehmern produziert werden. Außerdem behindert die Maske die Atmung so, daß schnelles Radfahren nicht mehr möglich ist. Immerhin haben Messungen ergeben, daß das Atmungsprobleme hervorrufende Ozon zu 96% vom Aktivkohlefilter absorbiert wird.

DAS ALLTAGSRAD

Sicher ist sicher

Fahrraddiebe sollte man einfach irgendwo anketten, am besten mit genau den überdimensionierten Schlössern, die uns die Furcht vor dem Fahrradklau aufgezwungen hat. Die Schlüssel könnte man dann ja wegwerfen ... Nur wenige Dinge enttäuschen einen so sehr wie der Diebstahl des eigenen Fahrrades – und jedes Jahr werden unzählige Räder gestohlen. Der vollkommen freundliche und sozialverträgliche Charakter des Radfahrens kann einen zu der Annahme verführen, man sei vor Diebstahl sicher, doch dem ist nicht so. Heutzutage muß man extrem wachsam sein und sein Rad am besten mit mehr als einem Schloß sichern, um Diebe abzuschrecken. Wer bei Dunkelheit radfährt, muß mindestens genauso wachsam sein, diesmal allerdings wegen der Gefahr, von Auto-, Bus- oder Lastwagenfahrern übersehen zu werden. Reflektoren und eine Lichtanlage werden bereits vom Gesetzgeber gefordert, und ohne sie unterwegs zu sein kommt einem Russischen Roulette gleich. Eigentlich bedeutet Radfahren ja Spaß und Freiheit, Schlösser und Lampen dagegen sind hinderlich und schwer. Für den Alltags-Radfahrer aber sind sie unerläßlich.

ENTWEDER ELASTISCH
Kabel-, Ketten- oder Gelenkschlösser (siehe Foto) sind – in Grenzen – elastisch und lassen sich daher vielseitiger verwenden als Bügelschlösser. Dafür sind sie nicht ganz so widerstandsfähig, eine Kombination aus beiden ist daher empfehlenswert. Stabile Schlösser wie das hier abgebildete sind ziemlich schwergewichtig und unhandlich. Wer sein Rad tagtäglich an der selben Stelle ankettet, könnte so ein Schloß auch dort belassen.

ODER STARR
Bügel- oder U-Schlösser aus gehärtetem Stahl und mit einem robusten Schloß sind nur schwer zu knacken. In besonders diebstahlgefährdeten Gegenden kann man sie noch durch eine Kette ergänzen, deren Enden am Bügel aufgefädelt werden.

SCHUTZHÜLLE: Die Stahlrollen sind zusätzlich noch kunststoffummantelt.

SICHERHEITSVERSCHLUSS: Für hochwertige Schlösser gibt es 100000 verschiedene Schließzylinder.

TRANSPORTHILFE: Für die Mitnahme von Bügelschlössern am Rad gibt es spezielle Rahmenhalterungen.

ODER LAUT
Die SSB-Alarmanlage (rechts) gibt ein 95 Dezibel starkes Alarmgeräusch von sich, sobald an einem damit gesicherten Fahrrad herumhantiert wird. Wie bei Auto-Alarmanlagen kann nur der Besitzer das Gerät in Betrieb nehmen und wieder entschärfen.

9-Volt-Batterie

Alarmanlage

Schlüssel

Befestigungs-Kleinteile

110

SICHER IST SICHER

Entweder Batteriegespeist

Die meisten Batterielampen für Fahrräder produzieren nur einen diffusen, breit gefächerten Lichtkegel, der für andere Verkehrsteilnehmer besser zu sehen ist, als er seinem Besitzer beim Zurechtfinden auf dunklen Straßen und Wegen hilft. Halogen-Birnchen leuchten zwar stärker, dafür ist die Batterie schneller leer. Der große Vorteil einer Batteriebeleuchtung ist, daß sie innerhalb weniger Sekunden montiert oder demontiert werden kann, wenn man das Fahrrad auf der Straße abstellt. Ihr Betrieb ist jedoch ziemlich teuer, außer man verwendet wiederaufladbare Batterien. Die wiederum haben auch ihre Schattenseiten – zum Beispiel, daß sie ohne Vorwarnung kaputt gehen, wenn sie zu stark entladen werden.

Lenkerhalterung

hinter Halteplatte

Vorderscheinwerfer   Rücklicht   Batteriegehäuse

Vorderscheinwerfer

Rücklicht

Seitendynamo

Oder Dynamogetrieben

Beleuchtungsanlagen mit einem Dynamo als »Lichtmaschine« bieten gerade genug Leuchtkraft, um zu sehen, wohin man fährt. Es gibt Seitendynamos, und es gibt Rollen- oder Walzendynamos, die meist direkt hinter dem Tretlager montiert werden. Beide Bauarten sind bei Regen nur bedingt geeignet, da die Antriebsrollen durchrutschen können. Ihre Betriebskosten sind minimal, solange die Birnchen nicht durchbrennen – das kann bei hohen Geschwindigkeiten schon einmal vorkommen. Bei langsamen Geschwindigkeiten und im Stand leuchten sie schwächer bis gar nicht mehr, es sei denn, sie sind mit einer batteriegetriebenen Standlichtanlage kombiniert.

Kleinteile zur Lampen- und Dynamobefestigung

Oder Wiederaufladbar

Wer auf eine leistungsfähige Beleuchtung angewiesen ist, der kommt an den Systemen mit wiederaufladbaren 6- oder 12-Volt-Akkus und Scheinwerfern bis zu 50 Watt Leistung kaum vorbei. Die Akkus – entweder in Blei/Säure- oder Nickel/Cadmium-Bauweise – sorgen ein bis sechs Stunden lang für Licht, je nach Leistung der Glühbirnchen. Akku-Lichtanlagen sind teuer, aber die Investition lohnt sich. Es gibt sowohl einfache als auch Doppelscheinwerfer (mit Abblend- und Fernlicht), die am Rad oder auf dem Helm montiert werden.

Wasserflaschen-Akkus lassen sich optimal handhaben

BLT-Rücklicht

Lampenhalterungen

Batterieladegerät

BLT-Vorderscheinwerfer

Verbindungskabel

Kabelbinder zur Befestigung am Rahmen

111

DAS ALLTAGSRAD

Zweck-Räder

Zunächst einmal sind sie Werkzeuge und dann erst Fahrräder. Sie sind für bestimmte Zwecke ausgelegt, sei es als Lebensmittel-Transporter, als rollende Eisdiele, als Fortbewegungsmittel für Fensterputzer (mit Leiter) oder als Polizeifahrzeug. Überhaupt: Fahrräder als Streifenfahrzeuge lassen die Vergangenheit wieder aufleben. Vor nicht einmal 100 Jahren war ein Polizist auf dem Fahrrad ein alltägliches Bild. Mit dem Aufkommen des Automobils wurden die Zweiräder gegen vier Räder getauscht, am vollständigsten in den Vereinigten Staaten. Die Vielseitigkeit des Mountain Bikes und die immer größere (Auto-)Verkehrsdichte haben jedoch das Comeback des Fahrrades als Einsatzgerät der Polizei ermöglicht.

Auf Patrouille

Die Rückkehr des Fahrrades in den Polizeidienst wurde in Seattle eingeläutet, wo zwei Streifenpolizisten ihre Vorgesetzten davon überzeugen konnten, daß sie in den verstopften Straßen des Stadtzentrums per Rad viel effektiver arbeiten könnten. In den ersten zwei Monaten schafften sie 500 Festnahmen – fünfmal so viele wie mit dem Auto oder zu Fuß. Mit dem Fahrrad sind auch enge Passagen kein Hindernis, ebenso Treppen oder andere »Unebenheiten«, und im ›;»Bunny Hop« auf den Bürgersteig kann man sich fast lautlos an Ganoven heranpirschen. Außerdem ist ein Polizist anscheinend auf dem Mountain Bike viel glaubwürdiger, als einer, der im Auto sitzt.

UNIVERSAL-VERKEHRSMITTEL
Das Fahrrad stellt noch immer die effektivste und einfachste Form des Personen- und Gütertransportes dar. Seine niedrigen Anschaffungs- und Unterhaltskosten haben entscheidend zu seiner weltweiten Verbreitung beigetragen.

EINSATZFAHRZEUG
Polizisten auf Fahrrädern gab es in Europa schon immer. Mit der verbesserten Ausrüstung von heute – überwiegend Mountain Bikes anstelle der schwergewichtigen und schwerfälligen Drei-Gang-Räder – macht es Polizisten auch wieder Spaß auf Patrouille zu gehen.

ZWECK-RÄDER

DIE VERWANDLUNG
Fahrräder können auf die verschiedensten Arten genutzt werden. Hier zum Beispiel der Umbau eines Blumenverkäufers (oben).

EINSATZ-TRUPPE
Seattles Fahrrad-Polizisten (unten) setzen auf Mittelklasse-Bikes der Marke Raleigh, *mit nur wenigen Modifikationen. Für größere Geschwindigkeiten in der Ebene ist vorne ein 50er Kettenblatt anstelle des 46ers montiert. Die Räder werden alle 18 Monate oder 12750 Kilometer ausgemustert, bevor die Reparaturkosten den Neupreis übertreffen. Zur Standard-Ausrüstung gehören ein Erste Hilfe-Set und ein Strafzettelblock. Die Uniformen wurden übrigens auch den veränderten Einsatzbedingungen angepaßt.*

HÄRTETEST
Kurier-Räder müssen die gleichen Belastungen aushalten wie die Polizei-Bikes: Pfeilschnelle Sprints, Durchschlängeln im Verkehrsgewühl und Sprünge auf den Bürgersteig.

113

DAS ALLTAGSRAD

Die ersten Schritte

Kinder spielen für ihr Leben gern. Radfahren zu lernen sollte eine ganz natürliche Erweiterung dieses Spielens sein. Die plötzliche Entdeckung, daß man radfahren kann, der Triumph darüber, daß man sich mit eigener Kraft vorantreiben kann, ist einer der großen Augenblicke der gesamten Kindheit. Es könnte so leicht sein, und doch packen wir es so oft falsch an, indem wir einem Kind das Radfahren beibringen wollen, anstatt es selbst entdecken zu lassen, wie man radfährt. Der häufigste Fehler ist es, einem Kind, das noch nicht radfahren kann, Stützräder an sein Zweirad zu montieren. So lernt das Kind nicht, daß das Rad Balance erfordert. Die hier beschriebene Methode ist wirksam, weil sie sich der Lerngeschwindigkeit des Kindes vollkommen anpaßt. Sie hat schon unzählige Male funktioniert und noch nie versagt. Jeder einzelne Schritt soll Spaß machen. Man sollte daher nichts überstürzen und erst mit der nächsten Stufe beginnen, wenn das Kind dazu bereit ist, etwas Neues auszuprobieren.

DAS RICHTIGE FAHRRAD
Kinder sollten die ersten Schritte stets auf dem Rad probieren, mit dem sie später auch fahren werden. Es sollte so eingestellt sein, daß die Bremshebel locker in Handreichweite sind.

SO NICHT!
Mit der Hand am Sattel hinterherzurennen und irgendwann einmal loszulassen, ist die Zufallsmethode. Wenn man Glück hat, strampelt das Kind los und vergißt, daß die rettende Hand nicht mehr da ist. Meist verschwindet aber mit dem Wegziehen der Hand das Vertrauen des Kindes und sein Gleichgewichtssinn ebenso plötzlich, und man hat überhaupt keinen Fortschritt erzielt.

ANGEPASST: Das Vertrauen des Kindes wird über die richtige Sattelhöhe maßgeblich beeinflußt. Diese sollte deutlich niedriger als die Idealhöhe fürs Radfahren (siehe Seite 20/21) eingestellt sein. Sobald das Kind radfahren kann, erhöht man die Sattelhöhe Schritt für Schritt bis zur korrekten Einstellung.

DIE ERSTEN SCHRITTE

TIEFERGELEGT: Der Sattel muß so niedrig sein, daß das Kind mit beiden Füßen auf dem Boden stehen kann.

1 BALANCE UND KONTROLLE

Schrauben sie die Pedale von den Kurbeln ab, so daß aus dem Fahrrad ein Laufrad wird. Beginnen Sie auf ebenem Untergrund, nachdem Sie den Gebrauch der Bremsen erklärt haben, und ermutigen Sie Ihr Kind, sich mit den Füßen abwechselnd anzuschubsen. Sobald es einmal rollt, sollte es die Bremsen ausprobieren, um langsamer zu werden und anzuhalten.

2 LOSROLLEN UND FREI SEIN

Wenn Ihr Kind für den nächsten Schritt bereit ist, schlagen Sie ihm vor, sich nun einmal mit beiden Füßen gleichzeitig abzustoßen. Im ersten kurzen Moment, in dem beide Füße in der Luft sind und das Fahrrad vorwärts rollt, erlebt es die geradezu berauschende Sensation des frei Dahinrollens. Suchen Sie eine leichte Gefällstrecke und lassen Sie es dort weiterüben. Man beginnt ganz unten, und mit wachsender Geschicklichkeit wird es immer höhere Geschwindigkeiten ausprobieren wollen.

BEISEITE GELEGT: Ohne Pedale kann sich das Kind ganz aufs Lenken konzentrieren und muß nicht auch noch ständig auf seine Füße achtgeben.

3 AUS EIGENER KRAFT

Sobald Ihr Kind beim Dahinrollen den Dreh raus hat, schlagen Sie ihm vor, doch einmal die Füße auf die Kurbeln zu stellen. Wenn es sich in dieser Position wohl fühlt, bieten Sie an, die Pedale anzubauen. Wenn nun am Ende der Gefällstrecke der Schwung ausgeht, kann das Kind ein oder zwei Pedalumdrehungen versuchen – der magische Moment, die erste richtige Erfahrung der Freiheit beim Radfahren ist da.

BEREIT GELEGT: Die Pedale und den nötigen Schraubenschlüssel sollte man immer bereithalten. Manche Kinder lernen nämlich erstaunlich schnell.

115

DAS ALLTAGSRAD

Kinderräder

Kinder brauchen und verdienen hochwertiges Radmaterial. Beim Radfahren entwickeln Kinder ihre motorischen Fähigkeiten und machen erste Erfahrungen von Ungebundenheit und Bewegung. Für ein Kind bedeutet ein leichtgewichtiges, einfach zu handhabendes Fahrrad das Gleiche wie das Auto für einen Erwachsenen: den Schlüssel zur individuellen und unabhängigen Fortbewegung. Geringes Gewicht und hohe Qualität sind dabei ganz wesentliche Gesichtspunkte. Gib einem Kind ein schweres, unhandliches Fahrrad, und es wird bald wie alle schlechten Spielzeuge ausgemustert, weil es einfach keinen Spaß macht.

Falsche Sparsamkeit

Die einschlägigen Läden sind voll von billigen Kinderrädern, die mit dem Versprechen verkauft werden, daß es sich nicht lohnt, mehr auszugeben, weil sie sowieso bald wieder zu klein sein werden. Billigware zu kaufen zahlt sich niemals aus und führt eher dazu, ein Kind für immer vom Radfahren abzubringen. Wer dagegen in ein hochwertiges Fahrrad investiert, ermöglicht seinem

HANDWERKSSTÜCK
Der Rahmen des Condor-*Jugendrennrades ist für diesen jungen Rennfahrer aus* Reynolds 531-*Rohren maßgeschneidert – das erscheint einem zunächst als übertriebener Luxus. Langfristig gesehen kann es aber durchaus Geld sparen helfen, schließlich erzielt es voraussichtlich beim Weiterverkauf einen guten Gebrauchtpreis.*

WIRKUNGSVOLL: Die hochwertigen Rennbremsen sorgen für ausreichende Verzögerung.

VERKLEINERUNG
Dieses Mountain Bike – ein Offroad MT-12 *– ist speziell für kleine Radfahrer von 8 bis 12 Jahren (oder einer Körpergröße von 1,37 bis 1,52 Meter) gedacht. Anders als die meisten Kinderräder hat es schon Laufräder in der 24-Zoll-Größe.*

SCHALTUNG: Beim Mountain Bike werden üblicherweise vorne drei Kettenblätter verwendet, die 18 Gänge ermöglichen.

AUSTAUSCHBAR: Sämtliche Anbauteile dieser *Condor*-Rennmaschine – die komplette *Shimano Ultegra*-Gruppe, der **Cinelli**-Lenker und **-Vorbau** und der Sattel von *Selle Italia* – sind qualitativ hochwertig. Wenn der Rahmen einmal zu klein sein sollte, lohnt es sich sicherlich, sie zu demontieren und einen neuen, größeren Rahmen damit zu komplettieren.

KINDERRÄDER

ERLEICHTERUNG
Der superleichte Aluminiumrahmen und die hochwertigen Komponenten machen das Cannondale SM zu einem idealen Sportgerät für kleine Leute. Mit 38 Zentimetern Rahmenhöhe liegt es fast drei Zentimeter unter den kleinsten Mountain Bikes der meisten Anbieter. Durch seine große Übersetzungsspanne und die kraftvollen Cantileverbremsen ist es voll geländetauglich.

ABGESTUFT: An diesem Mini-Renner ist natürlich ein 7fach-Ritzelpaket montiert.

TELESKOP-ARTIG: Zu Anfang verschwindet die Sattelstütze noch fast vollständig im Sitzrohr. Sie kann aber um zirka 20 Zentimeter mit der Fahrerin oder dem Fahrer »mitwachsen«.

AUSGEREIZT: Kleiner könnte man den Rahmen nicht mehr machen, wenn die »erwachsenen« 700 C-Laufräder noch hineinpassen sollen – und trotzdem muß sich unser Rennfahrer ziemlich lang machen. Normalerweise haben Kinderräder daher kleinere Laufräder.

Kind viele, viele vergnügte Stunden und ein baldiges Verständnis für die Belange des Straßenverkehrs – was zählt da, daß es oberflächlich betrachtet ziemlich extravagant erscheint?

Das Größenproblem

Kinderräder werden nach Radgrößen geordnet. 12-Zoll-Räder findet man an Dreirädern und Fahrrädern für 2- bis 3-jährige mit einer **Schrittlänge** von 35 bis 40 Zentimetern. Für 4- bis 6-jährige (**Schrittlänge** 43 bis 55 Zentimeter) passen BMX-artige Fahrräder mit 16-Zoll-Laufrädern, und für Kinder bis zu 11 Jahren (58 Zentimeter) eignen sich solche mit 20-Zoll-Laufrädern. Ab etwa 11 Jahren sollte ein Kind dann in der Lage sein, ein Rad mit kleiner Rahmenhöhe, aber normal dimensionierten 26-Zoll- oder 700 C-Laufrädern zu fahren.

KINDHEITSERINNERUNG
Laufräder, auf denen man sich mit den Füßen am Boden abstößt, findet man heutzutage nur noch als Kinderspielzeug. Dabei waren die »Laufmaschinen« vor der Erfindung des Fahrrades die schnellsten Landfahrzeuge ihrer Zeit, schneller sogar als eine vierspännige Pferdekutsche.

DAS ALLTAGSRAD

Familienvergnügen

Ob als Passagier oder Teilnehmer, Kinder haben immer ganz besonders Freude an einer Radtour. Draußen an der frischen Luft erleben sie immer wieder neue, unerwartete Dinge, und nichts macht mehr Freude, als die Juchzer und Freudentöne, die ein kleines Kind bei seiner ersten Fahrradtour von sich gibt. Kinder zwischen ein und sechs Jahren können längere Ausflüge nur als Beifahrer mitmachen. Sie sollten dabei stets vor Witterungseinflüssen – Regen, starker Wind oder Sonne – geschützt sein und einen Schutzhelm tragen. Häufige Pausen, bei denen das Kind absteigen und sich austoben kann, sollten eingeplant werden. Außerdem sollte man immer eine Kleinigkeit zu essen und trinken und etwas Spielzeug dabei haben.

ANHÄNGSEL

Diese Mischung aus Anhänger und Fahrrad (rechts) ist für 6- bis 10-jährige ideal. Es wird an einem speziellen Gepäckträger über eine Anhängerkupplung befestigt und paßt daher an jedes gewöhnliche Fahrrad oder Tandem. Das Kind kann mit zum Tret-Antrieb beitragen – in seinem eigenen Rhythmus –, die Kontrolle über Lenkung und Bremsen bleibt aber beim Erwachsenen. Ein Kind, das gerade Radfahren lernt, kann so erste Erfahrungen im Straßenverkehr machen, ohne daß dies besonders riskant wäre. Mit so einem Gespann kann man genauso schnell wie mit einem Tandem fahren, denn seine Windangriffsfläche entspricht der eines einzelnen Fahrrades, während die Antriebsleistung 1 1/2 bis zweimal so groß ist.

FAHRRAD-ZUG

Diese besonders ausgefallene Variante des Familienausflugs per Pedalantrieb entspringt einer Idee des britischen Fahrrad-Historikers Jim McGurn. Man kann sich leicht vorstellen, wieviele erstaunte Blicke er pro zurückgelegtem Kilometer auf sich und seinen Anhang zieht. Hinter dem Dreirad mit dem »Zugführer« können theoretisch beliebig viele »Waggons« angehängt werden.

ANHÄNGER

Die große Spurbreite, großvolumige Reifen, gepolsterte Sitze und ein kleiner Freund mit dabei – diese Kombination ergibt eine besonders spaßige Art des Reisens (oben). Gegen Wind und Wetter schützt eine anschraubbare Kunststoffhaube mit Sichtfenstern.

FESTE TRETEN: So ein Gespann erfordert schon einiges an Koordination von den Mitfahrern. Ältere Kinder lernen dies schnell und bringen auch genügend Druck auf die Pedale.

FESTE VERBINDUNG: Jedes Zug-Element wird mit einer simplen Anhängerkupplung befestigt. Jeder Mitfahrer pedaliert mit, so stark er kann.

FAMILIENVERGNÜGEN

KINDERSITZ
Sobald Kinder aufrecht sitzen und ihren Kopf stabil halten können – meist ab dem Alter von etwa 10 Monaten –, kann man sie in einem Kindersitz mit aufs Rad nehmen. Die Mehrzahl der Sitze soll noch für Vierjährige geeignet sein, die eigentliche Grenze setzt aber das Gewicht: Ab etwa 18 Kilogramm wird so ein Sitz instabil. Empfehlenswert sind robuste Kunststoff-Schalensitze, die am Rahmen befestigt werden, mit Fußstützen, Sicherheitsgurt und eventuell einer Kopfstütze.

FESTGESCHNALLT: Setzen Sie ein Kind nie unangeschnallt in einen Fahrrad-Kindersitz!

ZUGMASCHINE: Mountain Bikes eignen sich hervorragend für den Transport von Kindern oder das Ziehen eines Anhängers. Der kräftig dimensionierte Rahmen, die große Übersetzungsspanne und die wirkungsvolle Bremsanlage bürgen für Fahrstabilität und Verkehrssicherheit.

GUTE UNTERHALTUNG: Kleinkinder sitzen gerne nebeneinander – ob im Anhänger oder wie hier auf dem Dreirad. Wenn gar noch jemand hinterherfährt, wird's ihnen bestimmt nicht langweilig.

SCHWERTRANSPORTER: Der niedrige Schwerpunkt und die daraus resultierende Fahrstabilität dieses Dreirades mit 20-Zoll-Laufrädern prädestiniert es geradezu für den Lasten- oder Personentransport.

DAS ALLTAGSRAD

Doppelsitzer

Eine neue Dimension in Sachen Spaß und Leistung – das bedeuten Tandems fürs Radfahren. Mit ihrer gegenüber Solo-Rädern verdoppelten Antriebskraft bei gleicher Windangriffsfläche und dem weitaus günstigeren Leistungsgewicht (= Verhältnis Gewicht zu Leistung) gehen Tandems ab wie die Post: Ein gut eingespieltes Team kommt allemal weiter und schneller voran als ein Solist. Außerdem vermitteln Tandems Gesellschaft, und zwei unterschiedlich starke Fahrer können problemlos miteinander losradeln, ohne Kompromisse eingehen zu müssen.

EIN PAAR TIPS ZUR FAHRTECHNIK

Tandemfahren erfordert ein besonderes Maß an Kooperation, Koordination und ständiger Kommunikation zwischen dem Kapitän und seinem Hintermann. Schon das Losfahren ist eine Herausforderung: Man bringt die Pedale in eine waagerechte Position, das rechte nach vorne. Der Hintermann sitzt bereits im Sattel, mit beiden Füßen auf den Pedalen, während der Kapitän das Gefährt im Gleichgewicht hält. Er fragt »Fertig?«, und wartet auf Bestätigung. Dann stößt er sich ab – und los gehts. Da nur der Kapitän schalten, bremsen und auf den Verkehr und die Straßenverhältnisse achten kann, sollte er jedes einzelne Fahrmanöver vorher seinem Mitfahrer ankündigen.

DER HINTERMANN: Er muß das vollste Vertrauen in seinen »Käpt'n« haben und darf sich auf keinen Fall in eine Kurve neigen.

DER KAPITÄN: Vorne sollte immer der Schwerere von beiden sitzen, das macht das Lenken einfacher.

KETTENTRIEB: Die linke Antriebsseite sorgt dafür, daß die beiden Fahrer synchron treten, rechts hinten wird geschaltet und die Antriebskraft aufs Hinterrad übertragen.

HOCHDRUCKGEBIET: Tandemreifen müssen extra stark aufgepumpt werden, damit sie das verdoppelte Gewicht aushalten können. Im Gelände sollten es etwa 5 bar sein.

DOPPELSITZER

TANDEM-RAHMENFORMEN (Namen in englischer Sprache)

OPEN
Der unverstrebte Rahmen ist zwar billig, verwindet sich aber unter größeren Pedalkräften.

DOUBLE DIAMOND
Vor allem das vordere Rahmendreieck ist bei diesem traditionellen Design sehr verwindungsweich.

UPTUBE
Design-Idee aus den USA mit großer Seitensteifigkeit. Die Fahrer sollten aber gleich stark sein.

LADYBACK
Der »Damenrahmen« ist bequem zu besteigen, für sportliche Fahrweise aber zu instabil.

SINGLE MARATHON
Uralt-Design mit großer Verwindungssteifigkeit. Optimal geeignet für gleichstarke Partner.

DOUBLE MARATHON
Auch mit leichtgewichtigen Rohren noch überragend verwindungssteif – bei gleichstarken Pedalkräften.

DIRECT LATERAL
Diese vor allem in den USA populäre Bauform eignet sich auch für unterschiedlich starke Duos.

TWIN LATERAL
Geringes Gewicht und kostengünstige Fertigung sprechen dafür, die eher niedrige Belastbarkeit dagegen.

PAARWEISE AUF TOUR

Straßentandems wie dieses Cannondale sind leichtgewichtig und extrem schnell. Der Rekord für eine Durchquerung des nordamerikanischen Kontinents per Renn-Tandem liegt bei 7 Tagen, 14 Stunden und 55 Minuten, genau 18 Stunden und 40 Minuten schneller als die schnellste Solo-Fahrt auf der gleichen Route.

HALTESTELLE: Der hintere Lenker ist starr und dient nur zum Festhalten. Anstelle von Bremsgriffen sind Attrappen montiert.

ANGRIFFSPUNKT: Durch die Gewichtsverlagerung vor allem beim Bremsen werden Tandem-Gabeln ganz besonders beansprucht. Die Gabelscheiden sind daher meist aus dickwandigeren Rohren und weisen einen großen Außendurchmesser auf.

DRAHTGEWIRR: Tandem-Laufräder werden mit 40 oder gar 48 Speichen aufgebaut, um die Mehrbelastung durch das verdoppelte Fahrergewicht auszugleichen.

STEIGHILFE: Bergauf benötigt man besonders niedrige, auf Abfahrten besonders hohe Übersetzungen.

DAS ALLTAGSRAD

Rad-Klassiker

Für echte Liebhaber ist das Fahrrad nach ästhetischen Gesichtspunkten einfach schön. Seine technische Vollkommenheit, die »angeborene« Effektivität und seine Harmonie mit dem Menschen rufen Bewunderung und große Wertschätzung hervor. Auf diesem Niveau ist das Fahrrad mehr als nur ein technischer Gegenstand, eher schon eine Kunstform für sich, deren schönste Exponate es verdienen, in Sammlungen aufgenommen, gesehen und gefahren zu werden. Die Ehrenplätze beanspruchen dort die sorgfältig restaurierten Exemplare eines längst vergangenen »goldenen Zeitalters« – einer Ära, als das handwerkliche Können des Rahmenbauers noch im Vordergrund stand, als die Fahrradfabriken noch klein waren und die Käufer oft weite Strecken in Kauf nahmen, um das Beste zu bekommen. Diese Rahmenbauer gibt es vielleicht nicht mehr, doch ihr Werk hat überlebt, gewissenhaft restauriert von Enthusiasten, die ihr Leben diesen ruhmreichen »Stahlrössern« gewidmet haben.

GESCHWUNGEN: Der Erbauer der *Hetchins*-Rahmen, Jack Denny, experimentierte auch mit gebogenen Sitz- und Kettenstreben, um den Federungskomfort seiner Rahmen zu erhöhen. Auch dieses Design ließ er sich patentieren, über seine tatsächliche Wirkung streiten sich noch heute die Experten.

KUNSTVOLL: Die reich verzierten **Muffen** sind das Resultat von Experimenten, bei denen gemuffte Rohrverbindungen durch zusätzliche Blechstreifen verstärkt werden sollten. Jack Denny gefielen diese Blechstreifen nicht, also verzierte er sie und auch die **Muffen**. Dieser Magnum Bonum genannte **Muffen**satz wurde später sogar patentiert.

VERSCHNÖRKELT: Die bildschöne – und ebenfalls patentierte – Gabelkopf-Verzierung aus zwei aufgelöteten, fast 8 Zentimeter langen Plättchen ist nicht nur dekorativ, sie verstärkt auch diese hochbelastete Stelle.

TRADITIONELL: *Hetchins*-Rahmen benötigten keinen Aufkleber für den **doppelt endverstärkten** *Reynolds 531*-Rohrsatz – die Kunden wußten, daß *Hetchins* kein anderes Material verwenden würde.

LEGENDÄR: Die Kurbelgarnitur und die Pedale stammen von der damals bestrenommierten Firma *Chater-Lea*. Die jedoch gibt es schon lange nicht mehr.

RAD-KLASSIKER

KLASSISCH
Als wahrscheinlich einziger klassischer Rad-Veteran hat das Dursley-Pedersen-*Rad auch heute noch begeisterte Anhänger, die auf Nachbauten des Originals – wie die hier abgebildete von der Firma* Kempler *(unten) – fahren. Mikael Pedersen, ein in England lebender Däne, hatte einen Hängematten-Sattel konstruiert, mußte aber feststellen, daß dieser nicht an konventionelle Fahr-räder paßte. Also erdachte er ein völlig neues Rahmenkonzept aus lauter Rohrdreiecken und ließ es sich 1893 patentieren.*

SPEZIALITÄT: Der Hänge-Sattel ist mit sieben Spiralfedern an der Sattelstütze und durch einen verstellbaren Spanngurt am Lenkkopf aufgehängt.

SAMMLERSTÜCK
Das Dursley-Pedersen-*Rad wurde in den 40er Jahren auf einem Exemplar der Karten-Serie namens »Radfahren – 1839–1939« eines Zigarettenherstellers verewigt.*

MAGERKUR: Mikael Pedersen ordnete dünne Röhrchen paarweise zu Dreiecken an, und sein Rad wog unter 10,5 Kilogramm. Durch seinen verwindungssteifen Rahmen, das geringe Gewicht und den hohen Fahrkomfort fand es viele überzeugte Anhänger – damals genauso wie fast 100 Jahre später.

UNVERWECHSELBAR
Die einzigartige Form der geschwungenen Streben in Kombination mit den auffällig verzierten Muffen und einer hochwertigen Verarbeitung verschafften der Firma Hetchins *weltweit einen guten Ruf. Anfangs nur eine vage Design-Idee, wurde der »verbogene« Hinterbau später zum Markenzeichen. Die bis 1945 gültige Regel, daß Amateur-Rennfahrer kein Rad mit dem Namenszug des Herstellers benutzen durften, konnte so umgangen werden. Dieses* Curly Hetchins *(links) von 1957, gebaut für Sechs-Tage-Rennen, entdeckte der jetzige Besitzer dreißig Jahre später auf einem Heuboden. Als echter* Hetchins-*Fan versetzte er es wieder in den Originalzustand. Die fehlenden Teile mußte er sich auf der ganzen Welt zusammensuchen.*

ELEGANT
Kurz nach dem Zweiten Weltkrieg verkaufte die britische Firma Thanet *knapp 400 Exemplare ihres Modells* Silverlight *(unten). Mit nur 1,7 Kilogramm Gewicht war der Stahlrahmen damals der Leichteste seiner Art.*

RAUBKOPIE: Die ungewöhnliche Plazierung des Tretlagergehäuses über den V-förmig angeordneten Rohren war vermutlich eine Anleihe an den Flugzeugbau.

DAS ALLTAGSRAD

Irre Typen

Schon immer seit der Erfindung des Fahrrades haben Hinterhof-Bastler versucht, seine Grund-Elemente aufzunehmen und neu zu mischen, auf daß etwas Besseres als das Original dabei herauskomme. Wohin das führen kann, zeigt jedes Jahr im Mai das »Kinetic Sculpture Race« in Kalifornien. Gefragt sind menschengetriebene Vehikel, die in Sand, Schlamm und auf dem Wasser vorankommen und möglichst noch die Zuschauer unterhalten – pedalgetrieben, versteht sich.

SAND-MOBIL
Dieses futuristische Gefährt (oben) scheint für die 61-Kilometer-Runde entlang der Sanddünen bei Ferndale (Kalifornien/USA) gut geeignet. Die Räder bestehen aus jeweils fünf Fahrradfelgen und einer Nabe. Die außen angebrachten Paddel sollen für Vortrieb im Wasser sorgen.

BRAUEREI-ZUG
Die Erbauer dieses Bierfasses mit Pedalantrieb haben von der »no limit«-Regel bezüglich der Fahrzeuglänge vollen Gebrauch gemacht und können so ihren eigenen »Sprit« mitführen – immer im Einklang mit dem Geist der Veranstaltung, demzufolge »Mogeln ein Recht ist, nicht ein Privileg«. Das Fünf-Mann-Team treibt zehn Räder an, die aus insgesamt 59 Fahrradreifen bestehen. Übrigens: Die Höhe der Fahrzeuge ist auf 4,5 Meter, die Breite auf 2,4 Meter beschränkt. Punkte werden vergeben in den Sparten Schnelligkeit, Kunstwerk und Konstruktion. Fahrzeuge, die Passagiere befördern können, erhalten Punktgutschriften.

SONDERPREIS
Dieses Dreifach-Kettenblatt ist ein typisches Beispiel dafür, wie weit man sich vom an sich simplen Kettenantrieb entfernen kann, wenn man eine »kinetische Skulptur« entwirft. Hier wird über den Freilaufkranz die Vorderachse des Gefährts angetrieben, während zwei weitere Ketten die Kraftübertragung an die Hinterachse sicherstellen – insgesamt dreht sich jedenfalls eine Unmenge von Zahnrädern und -rädchen. Funktion ist jedoch nicht alles. Einer der begehrtesten Preise bei dieser dreitägigen Veranstaltung ist der »Ingenious Chain Award«. Den erhält derjenige, dessen Kettentrieb zusätzlich noch irgendwelche Teile antreibt, die zur Unterhaltung der Zuschauer beitragen.

124

IRRE TYPEN

SCHWIMM-REIFEN
Bei diesem Vehikel sorgen die superbreiten Reifen für genügend Auftrieb im Wasser – raffiniert. Auf die Ersatzräder sind schmale Radreifen aufgezogen, um an Land den Rollwiderstand zu verkleinern. Durchs Wasser müssen alle teilnehmenden Fahrzeuge, außerdem verlangen die Wettkampfregeln, daß man mit ihnen eine »Camping-Ausfahrt ohne Benzinverbrauch« unternehmen kann.

ALT-METALL
Das Universalgelenk (unten) wurde liebevoll angefertigt, verchromt und auf einen Lenkhebel montiert. Sämtliche Teilnehmer verbringen Monate damit, ihre Vehikel mit Bauteilen von Fahrrädern, alten Motorrädern oder gar Rasenmähern zu verzieren. Die Entstehung des Wettbewerbs geht auf das Jahr 1969 zurück. Ein gewisser Hobart Brown wollte das Dreirad seines Sohnes etwas aufmöbeln – heraus kam ein hochbeiniges, wackliges Fünf-Rad. Andere »Künstler« in Ferndale meinten, sie könnten das besser – so kam es zum ersten Rennen. In den USA gibt es inzwischen noch sechs ähnliche Veranstaltungen.

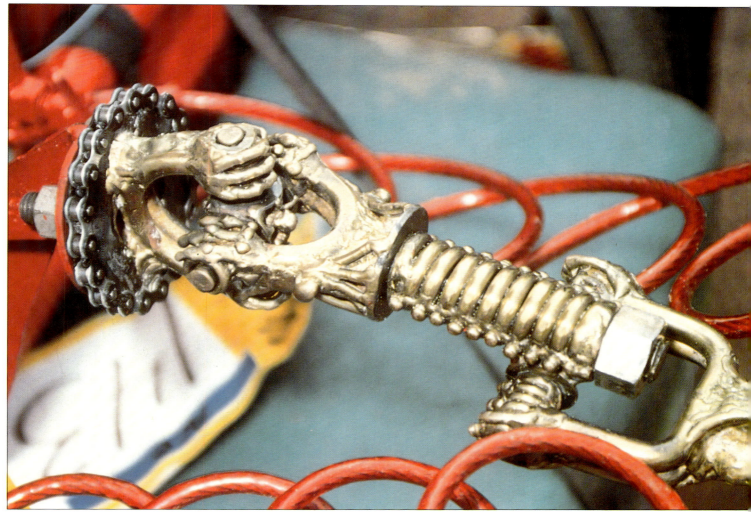

Das RAD DER ZUKUNFT

»Speedy«

Seine Anhänger feiern das Fahrrad als die moderne Erfindung schlechthin, das effektivste, am wenigsten die Umwelt belastende und kostengünstigste Verkehrsmittel der Welt. So viel Lob könnte zu der Annahme führen, das Fahrrad sei ein bereits perfektioniertes Produkt – aber stimmt das denn? Ewiggestrige Traditionalisten haben mögliche Fortschritte schon dadurch ausgebremst, daß sie per Reglement das Fahrrad als Zweirad mit Kettenantrieb und einer aufrechten Sitzposition definierten. Als in den 30er Jahren dieses Jahrhunderts der Franzose Francois Faure mit seinem »Velocar«, einem Liegerad, die bisherigen Rekordzeiten für einen Kilometer und auch eine Meile klar unterbot, legte die UCI kurzerhand fest, daß sein »Velocar« überhaupt kein Fahrrad sei.

Statt Fahrrad »HPV«

Kunststoff-Laufrad

Glücklicherweise sterben gute Ideen nicht so einfach. Als Mitte der 70er Jahre als Folge der Ölkrise von 1973 der Fahrrad-Boom in den USA einsetzte, warben die Wissenschaftler Chester Kyle und Jack Lambie für die Idee eines besseren Fahrrades – schneller und sicherer als das »Althergebrachte«. Ihre International Human Powered Vehicle Association (IHPVA – Internationaler Verband für muskelgetriebene Fahrzeuge) hat nur die eine Regel: Ein Human Powered Vehicle (HPV) darf – wie der Name schon sagt – nur durch Menschenkraft angetrieben werden. Die Design-Ideen, die dadurch inspiriert sind, beginnen meist da, wo die Grenzen beim konventionellen Fahrrad

Trommelbremse

liegen. Die Verbesserung der Fahrrad-Aerodynamik durch eine Verringerung der Bauhöhe bis auf die Hälfte und durch die stromlinienförmige Bauweise hat zu beeindruckenden Resultaten geführt: Sämtliche bedeutenden Geschwindigkeitsrekorde für Fahrzeuge, die per Menschenkraft angetrieben werden, gehen aufs Konto von HPVs. Das sind zwar längst keine Fahrräder im Sinne der UCI mehr, doch sie werden genau wie diese über Pedale und einen Kettentrieb mit einer oder mehreren Übersetzungen angetrieben.

Kingcycle

Fortschrittsglaube

Der Geschwindigkeitsrekord für muskelgetriebene Landfahrzeuge wird mit 105 Stundenkilometern von einem HPV gehalten. Den Rekord für ebensolche Wasserfahrzeuge hat ein pedalgetriebens Tragflächenboot inne. Und sogar der Traum vom Fliegen per Muskelkraft ist inzwischen wahr geworden. Die Entwicklung geht stetig weiter, unbehelligt von irgendwelchen Einschränkungen. Die Konstrukteure können sämtliche neuen Technologien uneingeschränkt ausnützen, und aus ihrer Sicht ist das »endgültige« Fahrrad noch lange nicht gebaut.

Bean

DAS RAD DER ZUKUNFT

Die HPV-Anatomie

Je nach Funktion und Einsatzzweck gibt es unter dem Titel **HPV** ganz unterschiedliche Konstruktionen. Das hier abgebildete *Windcheetah SL »Speedy«* ist eigentlich ein reines Rennfahrzeug, das aber auch im Straßenverkehr eingesetzt werden kann. Sein Rahmen ist kreuzförmig, mit zwei gelenkten Vorderrädern und einem Hinterrad. Der Schwerpunkt liegt sehr niedrig, so daß sich ein äußerst wendiges, agiles Fahrverhalten mit hervorragender Kurvenlage ergibt und die beiden kräftigen Trommelbremsen ohne Überschlagsgefahr betätigt werden können. Die dazugehörige, aerodynamische Kunststoffverkleidung (siehe Seite 137) bietet Wetterschutz und ermöglicht eine höhere Endgeschwindigkeit – auf kuzen Strecken kann man bis zu 65 Stundenkilometer erreichen. Wer mit dem Rennrad einen 30er-Schnitt schafft, dürfte mit dem *»Speedy«* auf etwa 35 Stundenkilometer Durchschnittsgeschwindigkeit kommen.

DIE ANATOMIE DES HPV

DIE RENNMASCHINE
Von diesem rennerprobten **HPV** – dem *Windcheetah SL Mark VI »Speedy«* – gibt es auch eine käufliche Straßenversion namens *Mark III*. Sie wird als Bausatz geliefert, der Zusammenbau erfordert allerdings ein gehöriges Maß an handwerklichem Können, Zeit und Hingabe.

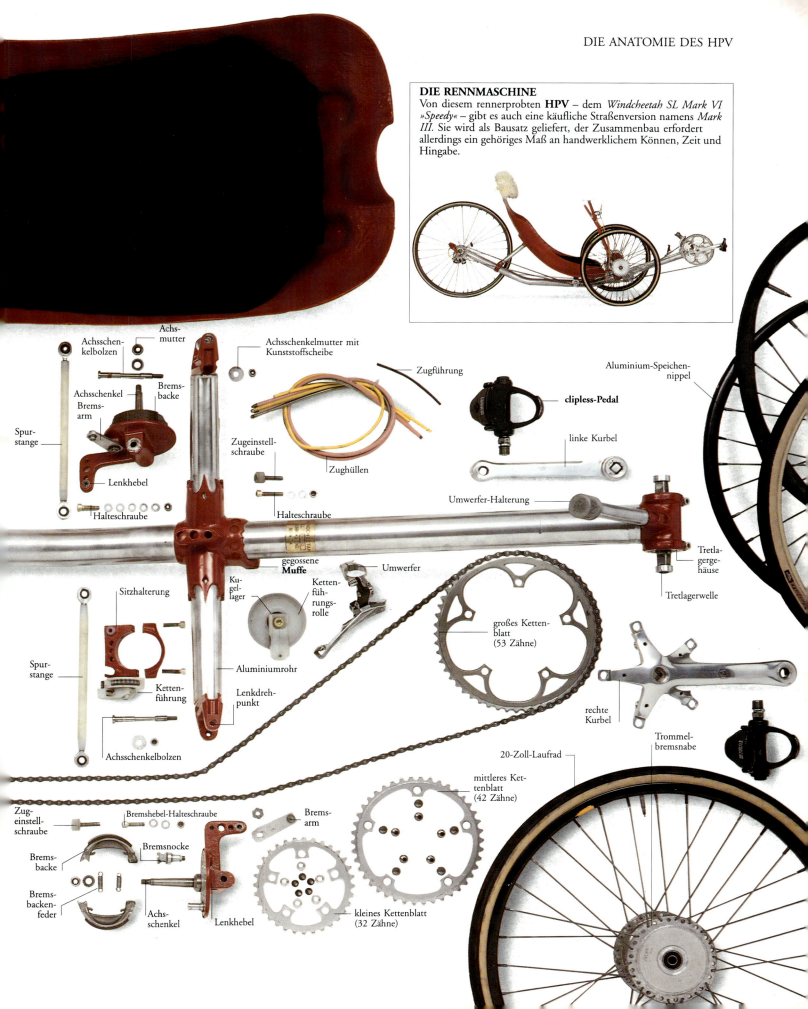

DAS RAD DER ZUKUNFT

Vorsprung durch Technik

Für **HPV**-Konstrukteure gibt es mehrere Entwicklungsziele: höhere Geschwindigkeit, besseres Fahrverhalten, bessere Bremsverzögerungswerte, mehr Stauraum für Gepäck, höheren Fahrkomfort, mehr Sicherheit und Wetterschutz. Die Bauformen variieren, fast allen ist aber die Verminderung des **Luftwiderstandes** ein Hauptanliegen. Bei 32 Stundenkilometern verdrängt ein Normal-Radfahrer zirka 450 Kilogramm Luft pro Minute und muß dafür 85% seiner Leistung aufbringen. Die meisten **HPV**s sind als Liegeräder ausgelegt, dadurch kann der **Luftwiderstand** um 25% reduziert werden. Mit einer aerodynamisch optimierten Vollverkleidung sind sogar 80% weniger **Luftwiderstand** möglich. Während also »unser« Normal-Radfahrer bei 32 Stundenkilometern etwa eine viertel Pferdestärke leisten muß, genügt dem (vollverkleideten) Liegeradler gerade mal die Hälfte, 1/8 PS. Beim Bremsen siehts ähnlich aus: Durch den niedrigeren Schwerpunkt und die günstige Gewichtsverteilung der meisten Liegeräder sind enorme Verzögerungen möglich, die Fahrsicherheit, das Vertrauen in die Leistungsfähigkeit des Gefährts und damit letztendlich auch die erreichten Fahrleistungen werden deutlich gesteigert.

SCHNELLES DREIRAD
Das Windcheetah SL *(in Straßenversion) war ursprünglich als Trainingsgerät für* **HPV**-*Geschwindigkeitsrekordfahrten konzipiert. Heraus kam eine überraschend gut zu handhabende, schnelle und wendige »Rennmaschine«, auf der in der Folgezeit zahlreiche Rennen gewonnen werden konnten. Als Dreirad mit niedrigem Schwerpunkt ist das »Speedy« sehr fahrstabil und kippsicher. In Kurven sind sogar Drifts möglich, daher fühlen sich »Speedy«-Fahrer auf rutschiger oder eisiger Fahrbahn besonders wohl.*

ÜBUNGSSACHE: Nach der ersten **HPV**-Fahrt werden die meisten »Gummibeine« haben. Die Beinmuskulatur wird nämlich zum Teil anders beansprucht als auf einem herkömmlichen Fahrrad, und ganz ungeübte Muskeln werden ins Spiel gebracht. Ein wohldosiertes Aufbautraining kann diese Umstellung aber beschleunigen.

DREHBEWEGUNG: Ein weicher, runder Tritt ist auch beim HPV-Fahren gefragt, damit die Knie nicht übermäßig stark belastet werden.

PAUSENLOS: Anders als auf dem »Einspurfahrzeug« Fahrrad muß in Kurven die Pedalierbewegung nicht unterbrochen werden. Für eine kontinuierliche Kraftübertragung sind Pedalhaken und Riemen oder aber **clipless-Pedale** unerläßlich.

LIEGESTUHL: Der Öffnungswinkel zwischen Oberkörper und Beinen ist groß, so daß weder die Atmung noch das Pedalieren beeinträchtigt werden.

VORSPRUNG DURCH TECHNIK

WEITERENTWICKLUNG
Das Moulton AM weicht – bis auf die aufrechte Sitzposition und den Antrieb – deutlich vom konventionellen Fahrrad ab. Der Rahmen ist als Gitterrohr-Konstruktion ausgelegt, die kleinen Laufräder jeweils gefedert und stoßgedämpft aufgehängt. Der Geschwindigkeitsrekord des Aero Moulton liegt bei 80 Stundenkilometern – freilich mit einer windschlüpfrigen Vollverkleidung.

ÜBERSICHT: Die aufrechte Kopfhaltung ermöglicht freie Sicht nach allen Seiten.

ABSTIMMUNG: Die stoßabsorbierende Vorderradaufhängung kann aufs Fahrergewicht und den jeweiligen Komfortanspruch eingestellt werden.

PUFFERZONE: Der Hinterbau ist als Dreiecks-Schwinge ausgelegt und wird über einen Gummiblock gefedert und gedämpft.

RÜCKENDECKUNG: Die Pedalkräfte drücken den Fahrer fest in den Schalensitz hinein.

PROFILNEUROSE: Ein häufiges Argument gegen Liegeräder ist, daß sie im Straßenverkehr leicht übersehen werden. Ihre Bauhöhe liegt etwa auf dem Niveau flacher Sportwagen – sie dürften aber noch etwas auffälliger, weil seltener sein.

UNTERSTÜTZUNG: Leute, die Sitzprobleme auf normalen Fahrradsätteln haben, sollten einmal ein Liegerad ausprobieren. Deren Schalensitz bietet nämlich genug Auflagefläche fürs ganze Gesäß.

HECKANTRIEB: Bei einem kräftigen Antritt kann das Hinterrad schon einmal durchdrehen, da das Hauptgewicht auf der Vorderachse ruht. Auf rutschiger Fahrbahn kann dafür auch mit einem driftenden Hinterrad gelenkt werden.

DAS RAD DER ZUKUNFT

Öko-Mobil

Das Ecocar 2000 ist ein echtes Alltagsfahrzeug. Es ist schnell und komfortabel, bietet ausreichenden Wetterschutz und sogar etwas Gepäckstauraum. Außerdem ist der Pflegeaufwand gering und seine Bauweise erstaunlich einfach gehalten. Die Erfindung des Holländers Wim Van Wijnen ist ein typisches Beispiel für die zahlreichen »selbstgebastelten« Öko-Mobile, die in Europa – wo die Wege kürzer, Autos teurer und die Rahmenbedingungen fürs Radfahren besser sind – immer zahlreicher auf den Straßen auftauchen.

Erfindergeist

Die Idee, per Muskelkraft angetriebene Fahrzeuge für den individuellen Nahverkehr bei jedem Wetter zu benutzen, drängt sich geradezu auf, betrachtet man einmal ihre Wirtschaftlichkeit, Effizienz und Umweltverträglichkeit. In der westlichen Welt dominieren aber Motorfahrzeuge das Geschehen, und noch keine größere Firma hat je den Versuch gewagt, die Massenproduktion von **HPV**s in großem Maßstab einzurichten. Sämtliche Fortschritte in diesem Bereich gehen auf das Konto von Forschungsgruppen an Universitäten oder von spleenigen Erfinder-Typen, die ihre große Motivation in der Befriedigung ihrer eigenen, individuellen Transport-Bedürfnisse haben und daher ihre Fahrzeuge selber konstruieren und bauen.

DIE KAROSSERIE: Vorder- und Hinterteil des *Ecocar 2000* sind drehbar miteinander verbunden. Der Fahrersitz ist »pneumatisch« gefedert – mit zwei Tennisbällen.

DIE LICHTANLAGE: Eine wiederaufladbare Batterie versorgt den Halogen-Doppelscheinwerfer (mit Abblend- und Fernlicht) und ein Radio mit Strom – etwa vier Stunden pro Ladezyklus.

DAS GETRIEBE: Über eine kurze Kette wird das Vorderrad angetrieben. Die *Sturmey Archer*-Nabe bietet fünf Übersetzungsstufen.

DAS BAUPRINZIP

Der Rahmen des Ecocar 2000 *ist eine kastenförmige Konstruktion aus vernieteten Aluminium-Blechen. Die Vorderradaufhängung dreht sich nicht etwa in einem Lenkkopflager. Die Karosserie ist vielmehr zweigeteilt und in zwei Lagerstellen – die eine unter dem Fahrer, die andere hinter seinem Kopf – drehbar miteinander verbunden. Die Lenkergriffe sind an der vorderen Rahmenhälfte angebracht, der Sitz an der hinteren. Beim Lenken wird nun das Vorderteil nach links oder rechts gekippt – das sieht zwar auf den ersten Blick merkwürdig aus, funktioniert aber erstaunlich gut: Das* Ecocar 2000 *hat ein äußerst wendiges Lenkverhalten, auch Dank seines niedrigen Schwerpunktes.*

ÖKO-MOBIL

DER WETTERSCHUTZ: Das faltbare Regendach ist mit wenigen Handgriffen ausgeklappt und bietet ausreichend Schutz vor Niederschlag – während der Fahrt zumindest.

GRUNDGEDANKEN

Der *Ecocar*-Konstrukteur entschied sich für eine entfernt Fahrrad-ähnliche Bauform, weil diese im Verkehrsgewühl eine größere Wendigkeit versprach, als drei- oder vierrädrige, ans Auto angelehnte **HPV**-Designs. Er verzichtete dabei auch bewußt auf eine geschlossene Karosserie, die vor allem bei warmem Wetter zu wenig belüftet sein würde. Durch seine offene Bauweise ist das *Ecocar 2000* auch nicht übermäßig seitenwindempfindlich. Das Nachfolgemodell soll dennoch eine im vorderen Bereich weiter reduzierte Seitenfläche erhalten.

DIE BEDIENUNGSELEMENTE

Im Dachbogen sind sämtliche Bedienungselemente untergebracht: Schalter und Kabel für die Beleuchtung, Schalt- und Bremszüge, und die Instrumente – ein abschließbarer Batterieschalter, eine Hupe, der Tacho, eine Uhr und das Radio. Das Nachfolgemodell soll eine noch größere Windschutzscheibe (mit Scheibenwischer) erhalten.

HABEN SIE'S GEWUSST?

Wim Van Wijnen baute schon 1963 sein erstes Liegerad. Besonders die Polizei interessierte sich stark für dieses Fahrzeug – und hielt ihn des öfteren an, weil es ihr verkehrsuntauglich erschien. Van Wijnen aber ließ sich nicht einschüchtern, er ersann immer neue Versionen, um damit die täglichen 25 Kilometer zu seinem Arbeitsplatz zurückzulegen. Das neueste Modell, eben das *Ecocar 2000,* ist also das Ergebnis jahrelanger Alltags-Erfahrungen und zahlreicher Detail-Verbesserungen.

DIE BREMSANLAGE: Für ausreichende Verzögerung sorgt die Trommelbremsnabe hinten – auch wenn's mal naß wird.

DAS RAD DER ZUKUNFT

Luftwiderstand, nein danke

Die erreichbare Höchstgeschwindigkeit eines Landfahrzeugs ist vor allem von seinem **Luftwiderstand** abhängig: Je reibungsloser es die Luft »durchschneidet«, desto schneller kann es fahren. Auch beim Fahrrad wächst bei erhöhter Geschwindigkeit der **Luftwiderstand** überproportional an. Bei einer Leistung von 0,25 PS erreicht man auf einem konventionellen Fahrrad etwa 34 Stundenkilometer. Bei verdoppelter Leistung sind es dann (nur) 42 Stundenkilometer. Und um 97 Stundenkilometer zu erzielen, sind menschenunmögliche 6 Pferdestärken vonnöten. Der Weg zu höheren Geschwindigkeiten führt also nicht unbedingt über mehr Muskelkraft, sondern über eine verbesserte Windschlüpfrigkeit des

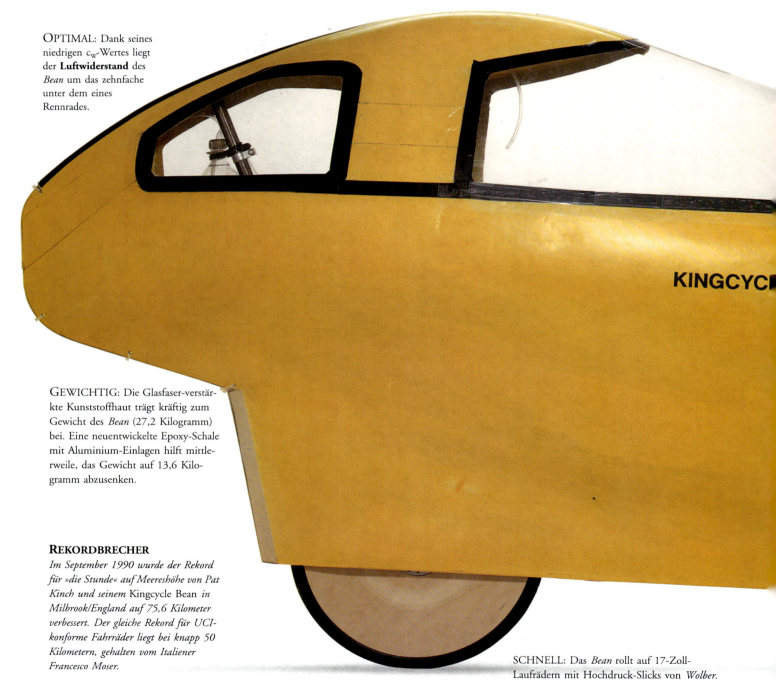

OPTIMAL: Dank seines niedrigen c_w-Wertes liegt der **Luftwiderstand** des *Bean* um das zehnfache unter dem eines Rennrades.

GEWICHTIG: Die Glasfaser-verstärkte Kunststoffhaut trägt kräftig zum Gewicht des *Bean* (27,2 Kilogramm) bei. Eine neuentwickelte Epoxy-Schale mit Aluminium-Einlagen hilft mittlerweile, das Gewicht auf 13,6 Kilogramm abzusenken.

REKORDBRECHER
Im September 1990 wurde der Rekord für »die Stunde« auf Meereshöhe von Pat Kinch und seinem Kingcycle Bean *in Milbrook/England auf 75,6 Kilometer verbessert. Der gleiche Rekord für UCI-konforme Fahrräder liegt bei knapp 50 Kilometern, gehalten vom Italiener Francesco Moser.*

SCHNELL: Das *Bean* rollt auf 17-Zoll-Laufrädern mit Hochdruck-Slicks von *Wolber*.

LUFWIDERSTAND, NEIN DANKE

Fahrzeugs, zum Beispiel durch die stromlinienförmige Karosserie des hier abgebildeten *Bean*-**HPV**s. Eine mögliche Verringerung des **Luftwiderstandes** um 80% senkt den gesamten Fahrwiderstand um etwa 70% ab. Nur so konnte »Fast Freddy« Markham bei seiner Rekordfahrt mit dem *Easy Racer Gold Rush* sagenhafte 105,37 Stundenkilometer nur mit Muskelkraft erreichen.

LUFTWIDERSTAND FÜR ANFÄNGER

Luftwiderstand setzt sich zusammen aus Luftdruckwiderstand und Luftreibungswiderstand. Ein ungünstig geformtes Fahrzeug verwirbelt die anströmende Luft massiv und erzeugt so hinter sich eine Unterdruckzone, die einen ganz beträchtlichen Widerstand erzeugt. Stromlinienform bedeutet dagegen, daß der Luftstrom so sanft wie möglich ums Fahrzeug herum geleitet wird. Luftreibung entsteht, wenn die unmittelbar an der Außenhaut befindliche Luftschicht sich von dieser ablöst. Glatte Oberflächen vermindern oder verhindern dies. Berechnet wird der **Luftwiderstand** als Produkt aus der Windwiderstandsfläche oder Stirnfläche und dem Luftwiderstandsbeiwert c_w, der ein Maß für die aerodynamisch (un-)günstige Gestaltung eines Körpers darstellt.

ZUGKRÄFTIG: Pat Kinchs Rekordfahrt wurde durch eine Riesenübersetzung am vorne angetriebenen Bean ermöglicht.

LUFTIG: Ein kleiner Luftschlitz an der Spitze der Windschutzscheibe sorgt für beschlagfreie Scheiben und ein wenig Kühlung.

BEAN

EXTRA-SCHMAL: Das 40 Millimeter schmale Tretlager – normal sind 68 Millimeter – half mit, die Schnauze der »rasenden Bohne« so schlank wie möglich zu gestalten.

SCHNITTIG: Die Gestaltung des Fahrzeughecks ist mindestens ebenso wichtig wie eine strömungsgünstige Spitze. Die Luft, die um die Karosserie herum streicht, sollte sich dahinter wieder ohne Verwirbelung vereinigen, damit kein Unterdruck entsteht, der das Fahrzeug bremsen würde. Beim *Bean* ist dies gut gelungen.

DAS RAD DER ZUKUNFT

Liegeräder für den Alltag

Waren die ersten **HPV**s noch Experimental-Fahrzeuge mit Zielrichtung auf gute Aerodynamik und Höchstgeschwindigkeit, so gab es doch bald auch Tüftler, die von einem alltagstauglichen Fahrzeug träumten. Die Möglichkeit zum Gepäcktransport und Wetterschutz waren für sie Entwicklungsziele, aber auch ein rein mit Muskelkraft erreichbares Stundenmittel von 50 Stundenkilometern. Heute erreichen Fahrer von alltagstauglichen **HPV**s über längere Distanzen ein Durchschnittstempo von knapp 40 Stundenkilometern, und die ultra-leichten, reinrassigen Rennfahrzeuge stehen kurz vor dem Übertreffen der magischen Grenze von 50 Kilometern pro Stunde. Für die Spezialisten hat die Zukunft also schon begonnen, der Normal-Liegeradler steht kurz davor.

BÜRZEL: Das strömungsgünstige Heck mit integrierten Rücklichtern beherbergt ein geräumiges, abschließbares Gepäckfach.

SÄNFTE: Geflochtene Sitzflächen und Rückenlehnen haben sich bei Liegerädern bewährt. Ihre Pluspunkte: gute Belüftung und etwas Federungskomfort.

AUSGUCK: Für gute Übersicht sorgt die relativ aufrechte Sitzposition. Der niedrige Schwerpunkt und das hochgelegte Tretlager erhöhen die Kurvensicherheit.

LIEGESITZ: Die geflochtene Sitzfläche ist bequem und gut durchlüftet.

FREISCHWINGER: Der Dreieck-Hinterbau ist unter dem Sitz drehbar gelagert, für Federung und Dämpfung sorgt ein Gummipuffer. Der stabile Gepäckträger kann mit Packtaschen voll beladen werden.

LANGER RADSTAND

Liegeräder mit langem **Radstand** *wie das deutsche Radius Peer Gynt II sind vor allem bei hohen Geschwindigkeiten sehr fahrstabil. Die entspannte Sitzposition und das für ein Liegerad niedrige Tretlager bewirken, daß die Beanspruchung der Beinmuskulatur nur gering von der beim konventionellen Fahrrad abweicht. Die Tretbewegung ist leicht nach unten gerichtet, die Füße müssen nicht zu den Pedalen »hochgelegt« werden.*

WEITSTRAHLER: Ein Rollendynamo versorgt Vorder- und Rücklicht mit Strom.

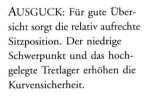

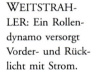

UNTERLENKER: Man läßt die Arme einfach hängen – und hat schon den Lenker samt Brems- und Lenkerend-Schalthebeln in der Hand.

ENERGIEVERNICHTER: Die wirkungsvollen *Magura* Hydraulikbremsen sorgen für enorme Bremsverzögerungen.

LIEGERÄDER FÜR DEN ALLTAG

ODER KURZER RADSTAND
Wem es auf ein wendiges, agiles Fahrverhalten ankommt, der sollte ein Liegerad wie dieses Kingcycle *mit kurzem Radstand probieren. Durch das höhere Tretlager und die flachere Sitzposition wird die Stirnfläche und damit der* **Luftwiderstand** *gegenüber einem »normalen« Fahrrad deutlich verringert. Man kann damit schon* **HPV**-*Rennen bestreiten, aber auch Touren unternehmen oder täglich zur Arbeitsstelle fahren.*

ODER GAR DREI RÄDER
Durch seine Auslegung als Liege-Dreirad ist das Windcheetah SL *»Speedy« – im Foto das vollgefederte* Mark IV *– besonders fahrsicher und vielseitig. »Speedys« haben schon viele Rennen und andere* **HPV**-*Wettbewerbe für sich entschieden. Vor allem auf längeren Strecken können sie ihre Vorzüge ausspielen.*

STOPPER: Auch die Firma *Kingcycle* verläßt sich auf die Hydraulikbremsen von *Magura*.

STAURAUM: Das Gepäckfach hinter dem Fahrer ist durch eine Klappe auf der rechten Seite zugänglich. Zusätzlich gibt es noch ein Fach unter dem Fahrersitz und Taschen in der Seitenverkleidung.

SPOILER: Die Dreiecks-Scheiben fungieren als Windabweiser und notdürftiger Regenschutz.

FALTDACH: Auf diesem Foto ist das Stoffverdeck nur halb geschlossen. Zur Verbesserung von Aerodynamik und Wetterschutz kann es bis über die Fahrerschultern hochgezogen werden. Bei großer Hitze dagegen rollt man es ganz ein.

VERKLEIDUNG: Für Renneinsätze oder schlechtes Wetter bietet sich das Hardtop an – siehe Foto rechts.

REKORDE
Mit diesem 16,3 Kilogramm-*Mark VI* wurde über eine Distanz von 60 Kilometern ein 50er-Schnitt erzielt – im Straßenverkehr wohlgemerkt. Sein Nachfolger *Mark VII* wiegt Dank eines Rahmens aus Kohlefaser-verstärktem Kunststoff und einer dünnwandigeren Karosserie nur noch 13,6 Kilogramm.

DAS RAD DER ZUKUNFT

Die Materialfrage

Rahmen aus faserverstärkten Kunststoffen sind gerade dabei, die Welt des Rahmenbaus auf den Kopf zu stellen. Sogenannte Karbon-Rahmen (aus Kohlefaser-verstärktem Kunststoff eben) lassen die herkömmlichen Materialien wie Stahl oder Aluminium in Sachen Leichtbau weit hinter sich. Schon jetzt sind Rahmen unter 0,9 Kilogramm möglich. Die Gewichtsbarriere ist also überschritten, und die (untere) Preisgrenze ist schon anvisiert – mit modernsten Fertigungsmethoden anstelle arbeitsintensiver Einzelanfertigung. Epoxidharze als Trägermaterial sind »out«, heute werden die Kohlefasern mit Kunststoffäden verwoben. Das trockene Gewebe läßt sich hervorragend zurechtschneiden, formen und fixieren. Als Folge davon erwartet uns eine Fülle von superleichten, qualitativ hochwertigen und dennoch preiswerten Rahmen.

DER AERODYNAMIK ZULIEBE
Ohne größere Stabilitätseinbußen wurde hier ein radikales Konzept verwirklicht, das seinesgleichen sucht.

GEBAUT FÜR DIE ZUKUNFT
Das Windcheetah Carbon Cantilever ist eine kompromißlos auf niedrigen **Luftwiderstand** *geeichte Rennmaschine, die zeigt, was alles durch die Verwendung neuer Materialien möglich ist. Der Rahmen ist in Kohlefaser/Glasfaser/Epoxy-Bauweise hergestellt, mit Aluminium-Einsätzen für Lenkkopf-, Tret- und Hinterachslager.*

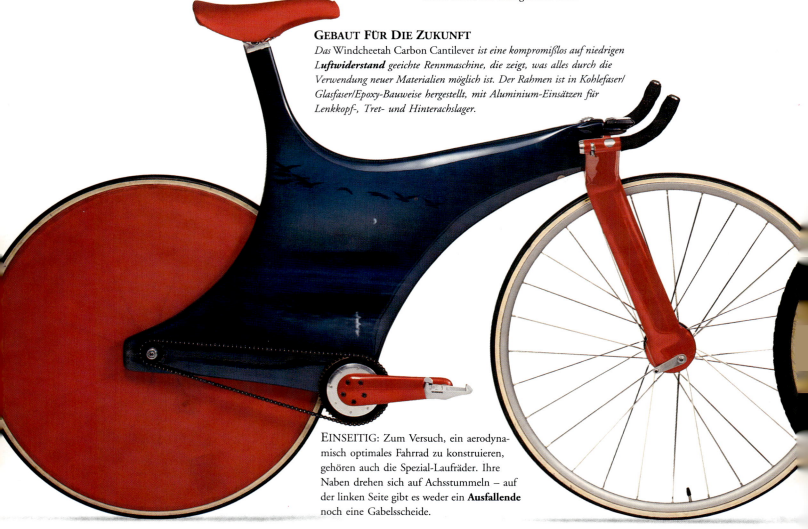

EINSEITIG: Zum Versuch, ein aerodynamisch optimales Fahrrad zu konstruieren, gehören auch die Spezial-Laufräder. Ihre Naben drehen sich auf Achsstummeln – auf der linken Seite gibt es weder ein **Ausfallende** noch eine Gabelsscheide.

138

DIE MATERIALFRAGE

DER RECYCLING-RAHMEN
Im Hochdruck-Spritzgußverfahren wird dieser *Kirk Precision*-Rahmenprototyp in England hergestellt, aus zu 91 Prozent reinem Magnesium. Dieses Verfahren läßt eine äußerst kostengünstige Massen-Herstellung zu, vor allem wenn man bedenkt, daß Magnesium – das leichteste Metall von allen – aus Meerwasser gewonnen wird, also praktisch unerschöpflich ist. Außerdem ist Magnesium leicht recyclebar. Nun haben zwar Rennrad-Prototypen schon Tour de France-Etappen überstanden, doch ein paar grundsätzliche Fragen sind noch offen. So ist Magnesium etwa weicher als Aluminium und sollte daher am Besten in Form von massiven Stücken verbaut werden. Rohre sind nun aber lang und dünn, und schon beginnt der Gewichtsvorteil zu schwinden. Außerdem ist Magnesium sehr korrosionsanfällig, vor allem dann, wenn es mit anderen Metallen in Berührung kommt. Nichtsdestotrotz behaupten die Hersteller des *Kirk Precision,* ihr Rahmen sei steif, dauerfest und korrosionsbeständig genug. Warten wir's ab.

RADIKALER PROTOTYP
Mit seiner modifizierten Kreuzform weicht der Kohlefaser/Kevlar-Rahmen des Radical ATB-*Prototyps von herkömmlichen Mountain Bike-Bauformen ab. Dank der quasi hochgelegten Kettenstreben kann der Hinterbau extrem kurz (39,5 Zentimeter) gehalten werden. Die Streben sind dabei so gebogen, daß das Hinterrad symmetrisch eingespeicht werden kann.*

DIE SATTELSTÜTZE:
Auch hier kommen Kohlefasern und Kevlar – um ein Aluminiumrohr gewickelt – zum Einsatz.

DER RAHMEN: In einer Spezialform wird das Kohlefaser/Kevlar-Gemisch um einen Schaumkern herum zum Rahmen »gebacken«.

DAS RAD DER ZUKUNFT

Alltagstaugliche Lösungen

Die Sorge um unsere Umwelt hat dem Forschen nach dem optimalen Individual-Verkehrsmittel neuen Schwung verliehen, einer Maschine, die so zweckmäßig ist wie ein Auto, ohne Abgase auszustoßen, nicht-erneuerbare Energiereserven anzuzapfen und unnötig viel Platz zu beanspruchen. Die Kriterien für solch ein Fahrzeug sind, daß es wetterfest ist, (kleine) Lasten transportieren kann, genügend passive Sicherheit bietet und diebstahlsicher verschlossen werden kann – all das, ohne größere Abstriche in Sachen Beweglichkeit und Fahrtempo machen zu müssen. Die Herausforderung ist groß, und viele Elemente von **HPV**s finden sich in den Studien wieder, die mit unterschiedlichen Optionen – solar betriebenen Elektro-Zusatzantrieben zum Beispiel, neuen Kraftübertragungssystemen oder Materialien – in der Praxis getestet werden.

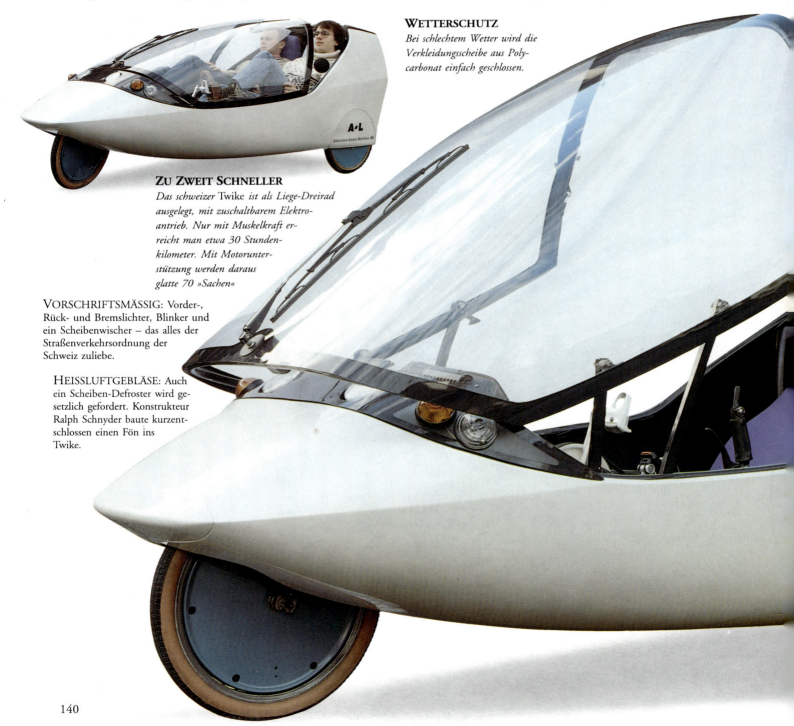

WETTERSCHUTZ
Bei schlechtem Wetter wird die Verkleidungsscheibe aus Polycarbonat einfach geschlossen.

ZU ZWEIT SCHNELLER
Das schweizer Twike ist als Liege-Dreirad ausgelegt, mit zuschaltbarem Elektroantrieb. Nur mit Muskelkraft erreicht man etwa 30 Stundenkilometer. Mit Motorunterstützung werden daraus glatte 70 »Sachen«

VORSCHRIFTSMÄSSIG: Vorder-, Rück- und Bremslichter, Blinker und ein Scheibenwischer – das alles der Straßenverkehrsordnung der Schweiz zuliebe.

HEISSLUFTGEBLÄSE: Auch ein Scheiben-Defroster wird gesetzlich gefordert. Konstrukteur Ralph Schnyder baute kurzentschlossen einen Fön ins Twike.

ALLTAGSTAUGLICHE LÖSUNGEN

ZUM TRETEN

Noch windschnittiger als die »Pistolenkugel«-**HPV**s ist dieses vierrädrige *Kingsbury Fortuna*. Hauptgrund dafür ist der Antrieb: Nicht mehr ein platzintensiver Kurbelantrieb, sondern Fußhebel leiten die Muskelkraft weiter. Der Fahrer kurbelt nicht, sondern bewegt die Fußhebel vor und zurück. Deren Platzbedarf ist gering, also kann auch der **Radstand** kürzer und damit das ganze Fahrzeug wendiger sein. Die Lenkung erfolgt übrigens über alle vier Räder.

ALLES UNTER KONTROLLE

Mit dem Steuerknüppel (rechts) wird gelenkt, (elektrisch) beschleunigt und gebremst. Neigt man ihn nach links oder rechts, so schlägt das Vorderrad entsprechend ein. Mit dem kleinen Hebel an seinem Ende kann der Fahrer den Elektromotor an Steigungen zuschalten, um im Verkehrsstrom mitzuschwimmen. Die 1,5 kWh-Nickel-Cadmium-Batterie ermöglicht eine Reichweite von 150 bis 200 Kilometern und kann in fünf Stunden wiederaufgeladen werden.

AUSSENHAUT: Die Karosserie des *Twike* ist aus Glasfaser-verstärktem Kunststoff, der Rahmen aus Aluminium. Hinter den Fahrersitzen gibt es Platz für bis zu 30 Kilogramm Gepäck.

ANTRIEB UND BREMSEN

Die Pedalkräfte (unten) werden über Zahnriemenantrieb und eine Fünf-Gang-Nabe ans linke Hinterrad übertragen, der Motor treibt beide Hinterräder an. Gebremst wird sowohl elektrisch – dabei lädt der Motor die Batterie wieder auf – als auch mechanisch (wenn nötig) über Trommelbremsen. Dank dem Gesetzgeber gibt es auch eine Handbremse.

MINI-RÄDER: Auf die verkleideten Felgen können 20-Zoll-Reifen mit verschiedenem Profil – je nach Streckenverhältnissen – aufgezogen werden.

141

Mit Sonnenkraft unterwegs

Der Verbrennungsmotor eines Autos hat mindestens zwei unheilbare Fehler: Luftverschmutzung und Energieverschwendung. Kohlendioxyd ist zur Hälfte für den Treibhauseffekt auf unserer Erde verantwortlich, und immerhin 17% des CO_2-Ausstoßes in die Atmosphäre stammen vom Automobil. Der tatsächliche Wirkungsgrad eines Verbrennungsmotors beträgt normalerweise weniger als 25%. Elektromotoren sind mit 60 Prozent Wirkungsgrad deutlich ökonomischer und zudem noch abgasfrei. Wenn sie eine erneuerbare oder wiederaufladbare Energiequelle nutzen, verringern sie auch noch die CO_2-Produktion.

Sonnenenergie
Seit ihrer Aufnahme in die ersten Weltraum-Forschungsprogramme sind photovoltaische Zellen, die Sonnenlicht direkt in Elektrizität »verwandeln«, immer praxistauglicher und kostengünstiger geworden. Bis zu 30% beträgt heutzutage ihr Wirkungsgrad. Moderne Solarfahrzeuge können damit bis zu 140 Stundenkilometer erzielen oder in neun Sekunden von 0 auf 100 Stundenkilometer beschleunigen. Dabei benötigen sie nur ein zwanzigstel dessen, was ein Auto auf der gleichen Strecke konsumieren würde. Dennoch ist der Entwicklungsstand noch nicht sehr weit: Die Langstrecken-Rennfahrzeuge, die rein solar betrieben werden, sind unpraktisch und teuer und benötigen viel Aufstellfläche für ihre Solarzellen. Für Kurzstrecken gibt es aber zwei geeignete Fahrzeuge: Ein Elektroauto mit per Sonnenkraft aufgeladener Batterie oder einen Zwitter – ein Fahrrad oder ein **HPV** mit einem kleinen Elektro-Zusatzantrieb – natürlich ebenfalls von der Sonne gespeist.

MIT SONNENKRAFT UNTERWEGS

HABEN SIE'S GEWUSST?

Seit 1982 wird die Tour de Sol im Sommer als sechstägiges Etappenrennen durch die Schweiz durchgeführt mit dem Ziel, den Fortschritt bei den alltagstauglichen Fahrzeugen immer weiter voranzutreiben. Auf öffentlichen Straßen geht es durch die Alpen, auf schlechten Straßen über hohe Pässe anstatt durch Tunnels. Zu den Rennetappen gehören total überfüllte Städte, Bergzeitfahren, nächtliche Zeitfahren und Zusatzrunden. Die Renndistanz liegt insgesamt bei ungefähr 1200 Kilometern, unter steter Beachtung der Verkehrsregeln und Tempolimits. Durchschnittsgeschwindigkeiten über 45 Stundenkilometer sind kurzfristig möglich. Auf einer Marathon-Etappe aber, auf einem technisch anspruchsvollen und körperlich ungemein anstrengenden Kurs, gilt für Renn-Mobile ein Mindest-Schnitt von 30 Kilometern pro Stunde und für Prototypen und Serienfahrzeuge 20 Stundenkilometer, sonst droht die Disqualifikation. Obwohl Solar-Renner bis zu 140 Stundenkilometer erreichen können, ist ein rein pedalgetriebenes Fahrzeug Rekordhalter bei der Tour de Sol. Auf einer Etappe im Jahre 1989 nämlich wurde das englische *Bluebell*-**HPV** mit 113 Stundenkilometern gestoppt. Die verwirrten Rennkommissare konnten keine Strafe aussprechen, da die Geschwindigkeitsbeschränkung nicht für **HPV**s gilt. Niemand hatte sich nämlich vorstellen können, daß man per Pedalkraft so schnell werden kann.

FORMEL 1-RENNER

So sieht ein Solar-Rennfahrzeug aus (oben, bei der Tour de Sol 1989). Die Solarzellen sind direkt auf der Karosserie angebracht – Stromzufuhr von außen ist nicht gestattet. Der Energieverbrauch ist gering, umgerechnet etwa 0,3 Liter Benzin auf 100 Kilometer.

KOMBI-FAHRZEUG

Die Kombination Liegerad mit Elektro-Zusatzantrieb erreicht bis zu 45 Stundenkilometer. Als Basis wurde ein Radius Peer Gynt verwendet, eine Kevlar-Verkleidung maßgeschneidert. Die 12-Volt-Blei-Säure-Batterie und das Solarzellendach sichern die Beschleunigung, auch wenns mal bergauf geht.

STRASSEN-UMBAU

Man nehme ein gewöhnliches Fahrrad, konstruiere einen Zahnriemenantrieb per Elektromotor ans Vorderrad, montiere die Batterie und ein Solarzellendach – und fertig ist der Tour de Sol-Renner. Trotz seiner 73 Kilogramm erreicht das Neufeld noch beachtliche 35 Stundenkilometer und ist in der Lage, den St. Gotthardt-Paß zu befahren.

143

DAS RAD DER ZUKUNFT

Zukunftsmusik

In seinen ersten 100 Jahren verlief die Weiterentwicklung des Fahrrades langsam und unregelmäßig. Heutzutage jedoch wird die Fahrradtechnik dank der enormen Popularität des Mountain Bikes und der zunehmenden ökologischen Notwendigkeit einer befriedigenden Alternative zum Automobil immer hochentwickelter. Jedes einzelne Bauteil und jede mechanische Funktion wird aufs Neue durchdacht. Die großen Fortschritte, die bereits jetzt in Sachen Materialien, Mikro-Elektronik, Computer und Fertigungsprozesse erzielt wurden, werden dazu führen, daß die einzigen Gemeinsamkeiten der Fahrräder aus dem Jahr 2000 mit ihren Vorläufern der Antrieb per Muskelkraft, die Pedale und die Laufräder sein werden. Schon jetzt werden Mikro-Chips und Sensoren zur Steuerung von Schaltungen, Bremsen und Federungssystemen getestet. Das Fahrrad wird immer mehr zu einer hochentwickelten Ergänzung zum menschlichen Körper, und der Mensch schafft sich dadurch die Möglichkeit, zum schnellsten muskelgetriebenen Lebewesen dieses Planeten zu werden. Dieses Potential weitet sich nun auch auf Luft- und Wasserfahrzeuge aus. Mit der Vorgabe, daß ein trainierter Radfahrer 1/3 PS aufbringen kann, kurzzeitig sogar eine ganze Pferdestärke, werden Geräte konstruiert, deren Gemeinsamkeit der Pedalantrieb ist. Ein solches Fahrzeug muß nur leicht genug sein, dann kann es durch Pedalkraft fortbewegt werden.

DER VORLÄUFER
Dieses Velocar aus Frankreich, Baujahr 1933, war eines der ersten Liegeräder überhaupt – immerhin schon mit 6-Gang Schaltung, Trommelbremsen vorne und hinten und dicken, komfortablen Reifen.

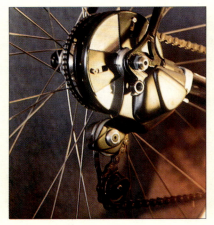

Elektronische Schaltung
Der Computer-gesteuerte *Chilcote*-Antrieb schaltet automatisch, in Abhängigkeit von Pedalkraft und **Trittfrequenz**, die beide von Sensoren in der Nabe überwacht werden. Wenn ein vorher eingestellter Grenzwert überschritten wird, verändert das 24-Zähne-»Ritzel« elektronisch gesteuert seinen Durchmesser und damit die Übersetzung.

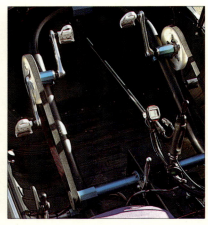

Zahnriemen statt Kette
Die Suche nach einer leichten, sauberen, leisen und wartungsfreien Alternative zur schmierigen Fahrradkette führt wahrscheinlich noch zu vielen Versuchen mit Kunststoff-Zahnriemen wie hier am *Twike*. Sie werden zwar schon an Klapprädern verbaut, doch die Probleme mit der Dehnung und dem Nachspannen sind noch ungelöst.

Fußhebel-Antrieb
Bei einem **HPV** sollte dies eine bedenkenswerte Alternative sein, weil die Tretbewegung linear, nicht kreisförmig ist. Das spart Platz und kann zu einer verbesserten Aerodynamik führen. Auch in Sachen Wirkungsgrad gibt es keine Bedenken, vor allem dann nicht, wenn Sitzposition und Pedalposition aufeinander abgestimmt sind.

Pedalgetriebene Flugzeuge

Die Verringerung des Baugewichts, um das Verhältnis Antriebskraft zu Gewicht zu optimieren, war schon immer das Entwicklungsziel für muskelgetriebene Fahrzeuge. Mit den neuen, ultra-leichten Verbundwerkstoffen können diese Gewichtsprobleme gelöst werden. Schon gibt es pedalgetriebene Flugzeuge, Hubschrauber, Boote und U-Boote – mit unterschiedlichem Erfolg freilich. Solche Vehikel zu bedienen erfordert viel Können, vor allem, wenn man gerade voll in die Pedale tritt. Mit Hilfe von Computern könnte dies aber bald einfacher werden.

DER TRAUM VOM FLIEGEN
Hier sehen wir ein pedalgetriebenes Flugzeug mit der Spannweite einer DC-9 bei einem Trainingsflug für das »Daedalus-Projekt« in der kalifornischen Wüste. Der sagenhafte Flug des Ikarus – 120 Kilometer von Kreta aufs griechische Festland – wurde von einem ähnlichen Modell nachgeahmt.

FLIEGENDER FISCH
Dieses pedalgetriebene Tragflügelboot namens Flying Fish ist das schnellste muskelgetriebene Wasserfahrzeug der Welt über 100 Meter: Mit 16 Knoten ist es ganze 4 Knoten schneller als ein Ruderachter. Sobald es von dem zweiblättrigen Propeller angetrieben wird, wird es hochgehoben und gleitet auf einer 2 Meter langen Tragfläche.

Was nun?

Das Mountain Bike hat die Fahrradwelt in weniger als einem Jahrzehnt komplett umgekrempelt. Es wurde quasi von Außenstehenden entwickelt, die sich nicht um Konventionen kümmerten, die aber von ihrer Idee überzeugt waren, einfach weil sie Spaß machte. Heute kommen die **HPV**s von außerhalb der Fahrradszene, und sie übertreffen herkömmliche Fahrräder in Sachen Geschwindigkeit (in flachem Gelände) und Sitzkomfort bei weitem. Werden die wetterfesten **HPV**s auf dem Markt Fuß fassen – im flachen Nordeuropa mit seinen vielen Radwegen? Oder wird die Idee ins bislang »verkehrsberuhigte« Osteuropa getragen, um dort das Automobil zu ersetzen? Zukunftsmusik.

RADPFLEGE UND WARTUNG

Kombi-Werkzeug

Es gehört zu den größten Pluspunkten des Fahrrades, daß es technisch gesehen so unkompliziert aufgebaut ist, daß jedefrau und jedermann es selber pflegen und reparieren kann. Manche Arbeiten erfordern Spezialwerkzeug und handwerkliches Geschick, aber selbst der blutigste Anfänger in Sachen Technik kann mit der Kontrolle des Reifenluftdrucks und der korrekten Einstellung von Schalt- und Bremszügen oder der Bremsschuhe beginnen.

Lernprozeß

Man kann sich dann schrittweise an immer kompliziertere Arbeitsgänge wagen, das Überholen von Kugellagern oder die Wartung des Antriebsstranges beispielsweise. Wie man sein Rad in gutem Zustand erhält, ist schnell gelernt, aber ebenso, daß manche Arbeiten am Rad ziemlich anspruchsvoll sein können. Solange man nicht von Beruf Fahrradmechaniker ist, sollte man nicht erwarten, daß man ein Laufrad mehr als nur notdürftig zentrieren kann. Das Richten eines Rahmens wiederum erfordert teures Spezialwerkzeug und entsprechende Erfahrung. Solche Reparaturen erledigt am besten der Fachmann. Einen Radladen oder Mechaniker zu finden, dem man sein »gutes Stück« bedenkenlos anvertrauen kann, gehört ganz unbedingt zur notwendigen Fürsorge für dasselbe – das ist nicht immer leicht. Während des Sommers haben die meisten Fahrradläden weitaus mehr Reparaturaufträge als sie eigentlich erledigen können. Daß dabei diejenigen Räder, die im jeweiligen »Bike Shop« gekauft worden sind, Priorität besitzen, ist einleuchtend – ein Gesichtspunkt, den man beim Kauf eines Fahrrades nicht vernachlässigen sollte.

Steckschlüsselhalter (mit Rätsche)

Kettentrenner

Schraubendreher/ Steckschlüssel

Erfahrungssache

Wie findet man nun einen guten Laden? Ganz einfach: dem Ruf nach. Bessere Radläden kümmern sich um ihre Kunden, weil sie wissen, daß die ihre Einnahmequelle sind. Man fragt also andere Radfahrer nach ihrer Empfehlung und probiert die dann aus. Das Ergebnis zu überprüfen, ist nicht allzu schwer, denn das Gespür für den technischen Zustand eines Rades ist immer Teil des Fahrerlebnisses. Je häufiger man radfährt, desto aufmerksamer wird man und desto besser kann man sich um sein Rad kümmern. Dessen optimale Leistungfähigkeit zu erhalten ist jedenfalls Teil des ganzen Vergnügens.

Konusschlüssel

Seilzugschneider

Bei der Arbeit

RADPFLEGE UND WARTUNG

Die Werkstatt

Effektive Radpflege und -wartung ist eine Frage der Logistik: Man braucht Platz zum Arbeiten, eine Werkbank oder wenigstens einen Tisch, einen Reparaturständer und die nötigen Werkzeuge, Ersatzteile, Putz- und Schmiermittel. Besonders wichtig ist die (hohe) Qualität der Werkzeuge. Billigkram, der zudem nicht für Fahrradreparaturen ausgelegt ist, verdirbt einem schnell den Spaß und kann zu Schäden am Rad führen. Es gibt an den heute gängigen Fahrrädern so viele unterschiedliche technische Merkmale, daß in diesem Kapitel nur die Grundlagen der Wartung – und ein paar nützliche Tricks – behandelt werden können. Wer mehr wissen möchte, sollte sich spezielle Reparaturbücher beschaffen. Zu jedem Fahrrad sollte es außerdem eine Betriebsanleitung mit Tips zur Radpflege geben (gegeben haben). Wenn nicht, kann einem vielleicht im nächsten Radladen geholfen werden – mit Tips oder schriftlichem Informationsmaterial.

UNIVERSAL-REPARATURSTÄNDER VON BLACKBURN
Der Rahmen kann in jeder Stellung und an allen drei Hauptrohren gehalten werden. Die drehbare, gepolsterte Halteklammer schont dabei die Lackierung.

MOBILE LÖSUNG
Auch bei diesem Park PCS-1 ist das Rad von allen Seiten zugänglich. Der Ständer kann nach dem Gebrauch zusammengeklappt und platzsparend verstaut werden.

MINIMALLÖSUNG
Beim preisgünstigen Kestrel Trio wird das Hinterrad angehoben, so daß wenigstens Einstellarbeiten an der Schaltung möglich sind. Er eignet sich auch gut als Parkständer in der Garage oder im Keller.

STATIONÄRE LÖSUNG
Oft gebräuchlich und kostengünstiger als ein freistehendes Modell ist ein Aufsatz auf die Werkbank. Das Rad befindet sich dabei in der richtigen Höhe, wenn man im Stehen arbeitet.

DIE WERKSTATT

DIE NOTAUSRÜSTUNG

Für Not-Reparaturen am Straßenrand sollte man immer ein paar Werkzeuge und eine Pumpe (mit dem passenden Ventilaufsatz) mitführen. Dieses handliche Paket paßt in eine Trikottasche oder ein kleines Satteltäschchen. Wichtig: Das Werkzeug sollte von guter Qualität sein.

Luftpumpe · Ersatzschrauben- und -muttern · Kombi-Werkzeug · Kabelbinder · Flickzeug · Universal-Schraubenschlüssel · Montierhebel und Klebeband · kleines Täschchen

DIE WERKSTATT ZUHAUSE

Mit Ausnahme des Universal-Schraubenschlüssels hat hier jedes Werkzeug eine spezielle Funktion. Manch eines ist so leicht, daß es auf größeren Touren mitgenommen werden kann. Wenn man mit Freunden unterwegs ist, kann man ja den kompletten Werkzeugsatz untereinander verteilen.

kleine Feile · Grip-Zange · Seilzugschneider · Zughüllenschneider · Universal-Werkzeug (mit Rätsche) · Spezialschlüssel für Kurbelbefestigungsschrauben · Universal-Schraubenschlüssel · Maulschlüssel-Satz · *Dritte Hand* · *Cool-tool* · Schraubendreher/Steckschlüssel · Kabelbinder · Lenkkopflager- und Pedalschlüssel · Konusschlüssel · Inbus-Schlüssel · Kettentrenner · großer Schraubendreher · Speichenschlüssel

PROFI-AUSSTATTUNG

Fahrrad-Werkstätten stellen besonders hohe Anforderungen an die Werkzeug-Qualität. Sie sind dafür bereit, den entsprechenden Preis zu zahlen, denn beim tagtäglichen Gebrauch lohnt sich dies allemal.

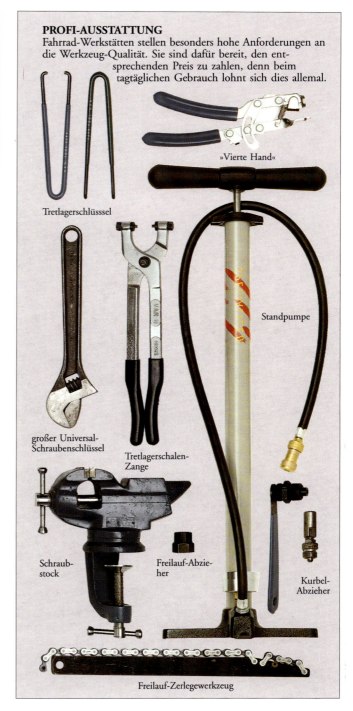

»Vierte Hand« · Tretlagerschlüssel · Standpumpe · großer Universal-Schraubenschlüssel · Tretlagerschalen-Zange · Schraubstock · Freilauf-Abzieher · Kurbel-Abzieher · Freilauf-Zerlegewerkzeug

RADPFLEGE UND WARTUNG

30-Minuten-Service, Teil 1

Dieser 30-Minuten-Service stellt eine sinnvolle und systematische Überprüfung des kompletten Rades dar. Die Zeitvorgabe kann allerdings nur bei einem sauberen Rad eingehalten werden. Wenns Probleme gibt, dauert es natürlich auch entsprechend länger. Auf den nächsten Seiten sind alle nötigen Arbeitsgänge erklärt, um ein Rad in Schuß zu halten. Der Schlüssel zum Verständnis für dessen Technik ist, selber damit umzugehen und sich um seinen »Gesundheitszustand« zu kümmern. Dies geschieht am besten beim regelmäßigen Putzen (siehe Seite 186). Mit der Zeit entwickelt man dann eine Art sechsten Sinn für Probleme. Wenn irgendein Bauteil ungewöhnlich aussieht, sich seltsam anfühlt oder komisch klingt, weiß man instinktiv, wo man ansetzen muß.

SEILZÜGE: Die Zughüllen sollten sauber, die Züge selbst ohne Knickstellen, nicht ausgefranst und leichtgängig sein. Die Zugklemmung muß unbedingt so angezogen werden (2), daß der Zug nicht durchrutscht (Test: Bremshebel im Stand kräftig anziehen), aber auch nicht ausfranst.

SATTELKLEMMUNG: Anziehen (3). Die Schraube ist erst dann fest genug angezogen, wenn der Sattel nicht mehr wackelt.

SATTELSTÜTZE: Anziehen (2). Kontrolle durch Drehen am Sattel.

TRETLAGER: Kette abnehmen und Lager auf Spiel untersuchen (durch hin- und herwackeln zur Kettenstrebe). Kurbeln rotieren lassen – Mahlgeräusche oder Knacksen entlarven ein verschmutztes oder zu stramm eingestelltes Lager. Lagerspiel – wenn nötig – einstellen (Seite 181), Konterringe anziehen (Stahl: 3; Aluminium: 2).

BREMSSCHUHE: Halteschrauben anziehen (2-3). Korrekte Stellung zur Reifenflanke überprüfen und einstellen (Seite 168).

FREILAUF: Beim Rollen sollte man ein gleichmäßig schnelles Klicken oder leises Rasseln hören. Die Ritzelzähne dürfen nicht beschädigt sein. Jede Gangstufe sollte unter kräftigen Pedaltritten auf Durchrutschen überprüft werden.

UMWERFER: Oberen und unteren Anschlag kontrollieren (Seite 176). Umwerferschelle und Zugklemmung anziehen (2).

HINTERACHSE: Schnellspanner oder Achsmutter anziehen (3).

SCHALTZUGKLEMMUNG: Anziehen (2).

SCHALTWERK: Schaltwerkbefestigung anziehen (2). Oberen und unteren Anschlag sowie Gangrasterung (falls vorhanden) überprüfen und einstellen (Seite 176).

SCHALTRÄDCHEN: Anziehen (2).

KETTE: Kurbeln rückwärts drehen und dabei im Bereich des Schaltwerks nach steifen Kettengliedern suchen. Kettenlängung überprüfen (Seite 152).

PEDALE: Lagerspiel kontrollieren und einstellen (Seite 183). Pedale anziehen (3).

KETTENBLATTSCHRAUBEN: Anziehen (2).

SPEICHEN: Auf gleichmäßig hohe Speichenspannung oder gar gerissene Speichen überprüfen (Seite 155). Am Hinterrad sind die Speichen auf der Zahnkranzseite stärker gespannt.

KURBELBEFESTIGUNGSSCHRAUBEN: Festen Sitz der Kurbeln kontrollieren (Seite 153). Stahlschrauben anziehen (2). Wenn man Aluminiumschrauben verwenden möchte, Kurbeln zuerst mit Stahlschrauben montieren (2) und dann mit den Alu-Schrauben fixieren (1).

KETTENBLÄTTER: Auf Seitenschlag, Abnutzung (Seite 152) und beschädigte Zähne untersuchen.

30-MINUTEN-SERVICE, TEIL 1

VORBAUKLEMMUNG: Anziehen (2). Der **Vorbau** sollte so fest geklemmt sein, daß er sich nur bei einem Sturz verdrehen kann. Mit dem Vorderrad zwischen die Beine geklemmt kann man dies testen.

LENKERKLEMMUNG: Anziehen (2). Der Lenker darf sich auf keinen Fall unerwartet verdrehen können.

BREMSHEBELSOCKEL: Anziehen (2). Wie der **Vorbau** dürfen sich auch die Bremshebel nur im Sturzfall verdrehen.

LENKKOPFLAGER: Lagerspiel überprüfen (Seite 153 und 179). Kontermutter anziehen (Stahl: 3; Aluminium: 1-2).

BREMSEN: Anziehen (1-2). Die Bremsen müssen sich leichtgängig betätigen lassen.

BREMSZUG: Anziehen (2)

NABEN: Lagerspiel überprüfen und nötigenfalls einstellen (Seite 153 und 154). Achsmuttern (3) oder Schnellspanner anziehen.

FELGEN: Auf gleichmäßigen Rundlauf überprüfen. Am einfachsten geht dies, wenn man das Rad frei rotieren läßt und zwischen Bremsklötze und Felgenflanken schaut. Mehr als 3 Millimeter Seiten- oder Höhenschlag erfordern ein Nachzentrieren (Seite 154/155). Die Felgenoberfläche sollte sauber und ohne Beulen oder Risse sein.

KRÄFTESPIEL

Kleine Schrauben und Muttern zieht man mit kleinen Schraubenschlüsseln an. Leichtmetall-Bauteile können durch übergroße Anzugsmomente beschädigt werden. In unserer Anleitung finden sich drei Abstufungen: 1 – vorsichtig anziehen; 2 – fest anziehen bis zum Widerstand; 3 – so fest wie möglich anziehen.

BREMSHEBEL: Hebelspiel überprüfen (Seite 166). Nötigenfalls per Einstellschraube oder Zugklemmung korrekt justieren.

RAHMEN UND GABEL: Auf korrekte Spurhaltung überprüfen. Auf Beulen und Kratzer untersuchen, besonders an Gabel und Unterrohr (in der Nähe des Lenkkopfrohrs). Bei Stahlrahmen können Risse in der Lackierung auf solche im Rohr hinweisen. Bei geklebten Aluminium- oder Karbon-Rahmen kann ein Ringspalt auf eine fehlerhafte Klebestelle hinweisen.

REIFEN: Luftdruck überprüfen. Reifenflanken und -laufflächen auf Beschädigungen (Risse, …), Abnutzung und Verschmutzung untersuchen.

RUNDGANG

Jede Schraube und jede Mutter wird überprüft. Zuerst kontrolliert man alle 4-Millimeter-Schrauben, dann alle 5er und so weiter. Wenn man ein Schraubensicherungsmittel verwendet hat, sollte man die Verbindungen nicht lösen, sondern nur auf festen Sitz überprüfen.

RICHTUNGSWECHSEL

In der Regel haben alle Schraubverbindungen am Fahrrad ein Rechtsgewinde, werden also im Uhrzeigersinn angezogen und gegen den Uhrzeigersinn gelöst. Die einzigen Ausnahmen dabei sind das linke Pedal und die rechte Tretlagerschale, wenn es sich um ein Lager nach BSA-Standard handelt – das ist die überwiegende Mehrheit, das sogenannte »italienische Gewinde« findet man fast nur noch an Rennrahmen aus Italien. Schrauben dürfen niemals schief angezogen werden, daher sollte man sie nach dem Ansetzen immer kurz nach links drehen, bis man ein leichtes »Klick« spürt, und sie erst dann anziehen. Wenn das nur schwer geht, sollte man das Gewinde genau auf Beschädigungen untersuchen und diese (mit einer Feile etwa) beseitigen. Für festgefressene Schraubverbindungen gibt es spezielle Lösemittel (Stichwort Caramba), die man unter leichtem Klopfen einwirken läßt. Wenn auch das nicht weiterhilft, muß man die Schraube absägen oder -feilen oder gar aufbohren. Ganz wichtig noch: In der Werkstatt sollte stets Ordnung herrschen. Alle benötigten Werkzeuge und Teile legt man bereit, Kleinteile werden in Extra-Schächtelchen aufbewahrt.

30-Minuten-Service, Teil 2

Das Fahrrad stellt eine Ergänzung zum menschlichen Körper dar. Jeder Radfahrer sollte lernen, sich – wie in den Körper eben – in sein Rad hineinzufühlen, ganz automatisch auf es zu hören und zu achten. Je besser und je häufiger man radfährt, desto bewußter wird einem der technische Zustand seines Untersatzes werden. Fahrgefühl und die nötige Pflege werden zur Selbstverständlichkeit.

Hören

Jedes Fahrrad erzeugt seine eigene, permanente Geräuschmelodie, ein vertrautes Surren und Klicken, solange alles in Ordnung ist. Man sollte auf ungewöhnliche Geräusche achtgeben und, wenn sie sich verstärken, sofort der Ursache nachgehen: Wenn man zum Beispiel ein schnelles Klicken hört, hört man kurz zu treten auf. Wenn das Geräusch anhält, kommt es höchstwahrscheinlich von den Laufrädern. Man hält also an und dreht jedes für sich, um die Ursache zu ermitteln.

Fühlen

Wenn das Rad sich in einer Kurve oder auf einer Abfahrt wackelig anfühlt, sollte man diesem Gefühl folgen und anhalten. Häufig liegt es an zu niedrigem Reifendruck. Wenn der korrekt ist, kontrolliert man den festen Sitz und die Spureinstellung der Laufräder. Manchmal fährt man auch im **Wiegetritt** einen Steilanstieg hinauf und spürt plötzlich ein Klicken oder einen Ruck beim Durchdrücken des Pedals. Das Klicken kann von einem verbogenen Kettenblatt herrühren, das am Umwerfer streift. Der Ruck weist möglicherweise darauf hin, daß sich das Pedal oder die Kurbel gelockert hat.

Sehen

Genau wie ein Gefühl fürs Fahrgeräusch bekommt man auch einen Blick für sein Rad, wenn man häufig damit fährt. Wenn man sieht, daß beim Pedalieren das Schaltwerk ab und zu einen kleinen Ruck nach vorne macht, liegt das wahrscheinlich an einem steifen Kettenglied. Oder: Wenn die Kette nicht immer genau am Kettenblatt anliegt, sondern sich kurz abhebt, könnte ein Zahn verbogen sein. Man muß aber nicht ständig bewußt auf der Suche nach Defekten sein. Wer automatisch ein wenig auf sein Rad achtet, hört und fühlt, der wird jede unnatürliche Veränderung oder Fehlfunktion sofort bemerken.

DIE KETTE
Zum Kettentest schaltet man sie aufs große Kettenblatt. Wenn nun beim Anheben der Kette ein ganzer Zahn sichtbar wird, ist sie verschlissen. Eine andere Methode ist es, die Länge eines Kettensegments mit 24 Gliedern von Bolzen zu Bolzen zu messen. Beträgt sie 30,8 Zentimeter oder mehr – das entspricht einer Längung von einem Prozent –, ist ein Austausch fällig. Dann müssen aber auch Kettenblätter und Ritzel auf Verschleiß überprüft und nötigenfalls ersetzt werden.

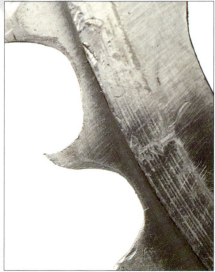

DIE ZÄHNE
Zuerst untersucht man die Kettenblätter auf Seitenschlag. Dann geht's an die Zähne: Sie dürfen weder eingerissen noch verbogen sein. Verschlissene Zähne sehen wie Haifischflossen oder kleine Wellen aus, ihr Austausch ist längst überfällig.

30-MINUTEN-SERVICE, TEIL 2

DAS LENKKOPFLAGER
*Mit angezogener Vorderbremse ruckelt man das Rad leicht vor und zurück. Hört und spürt man ein Knacksen, ist das Lager (oder die **Bremssockel**schrauben) lose. In der Luft sollte sich die Lenkung leicht drehen lassen. Spürt man Widerstand, so ist das Lager zu stramm eingestellt oder nicht ausreichend gefettet.*

LOCKERE KURBELN
Knacksgeräusche rühren oft von losen Kurbeln her. In waagerechter Stellung drückt man beide fest nach unten. Dann dreht man sie um 180 Grad und drückt wieder auf beide Pedale. Wenn sie sich bewegen lassen, müssen die Kurbelbefestigungsschrauben fest angezogen werden. Vor allem bei ladenneuen Rädern sollte man diesen Test regelmäßig durchführen.

LAGER
Ohne Kugellager würde am Fahrrad gar nichts laufen. Sie ermöglichen die (fast) reibungslose Beweglichkeit vieler Bauteile, und man findet sie vor allem in den Naben, im Innen- und Lenkkopflager, in den Pedalen und am Freilauf eines Fahrrads. Nicht alle Lager lassen sich einstellen, manche sind auch fest verbaut. Die einstellbaren bestehen in der Regel aus einem festen Teil – Lagersitz oder Lagerschale – und einem beweglichen Teil (Lagerschale oder -konus) mit dazugehörigem Konterring (oder Kontermutter). Eingestellt werden sie folgendermaßen: Man löst die Konterung und zieht das einstellbare Teil von Hand leicht an, bis man einen Widerstand spürt. Dann dreht man es um eine achtel bis viertel Umdrehung zurück, fixiert es und zieht die Konterung leicht an. Nun sollte noch ein minimales Lagerspiel zu spüren sein. Wenn die Konterung jetzt fest angezogen wird, sollte die Einstellung stimmen. Man sollte dies aber stets kontrollieren und nötigenfalls korrigieren. Beim Radeinbau zum Beispiel werden die Nabenlager oft noch etwas strammer eingestellt.

DIE PEDALE
Pedal und Kurbel hält man fest und rüttelt dann am Pedal. Spürt man Lagerspiel oder hört ein Klicken, müssen die Lager neu eingestellt werden. Wenn die Pedale sich dagegen nicht ruckfrei drehen lassen, sind ihre Lager zu fest angezogen. Wer Pedalhaken benützt, sollte diese auf Risse, ihre Befestigungsschrauben auf festen Sitz überprüfen. Die Pedalriemen sollten ebenfalls unbeschädigt und nicht verschlissen sein.

RADPFLEGE UND WARTUNG

Erste Hilfe

Je leichter die Laufräder sind, desto agiler fährt sich ein Fahrrad, desto schneller kann es beschleunigt werden. Straßen- und Bahnrennfahrer rollen daher auf besonders leichten Felgen und extra-schmalen Reifen, während Mountain Bikes, die auch harte Geländeritte verkraften können müssen, stabilere Laufräder und dickere Reifen aufweisen. Zwischen diesen Extremen gibt es viele Abstufungen, und mit unterschiedlichen Laufradsätzen ergeben sich mitunter gänzlich verschiedene Fahreigenschaften. Viele Mountain Biker setzen daher im Gelände auf grobstollige, auf der Straße dagegen auf schmale und sogar profillose Reifen.

Der Laufrad-Check
Eine regelmäßige Überprüfung und Überholung der Laufräder sieht so aus: Zuerst überprüft man die gleichmäßige Speichenspannung, dann beseitigt man eventuelle Seiten- und Höhenschläge der Felge. Anschließend werden die Nabenlager auf Lagerspiel oder zu strammen Sitz überprüft und gegebenenfalls korrekt eingestellt – falls dies möglich ist.

SPURKONTROLLE
Wenn man sich schon um die Laufräder kümmert, sollte man auch gleich die korrekte Spurhaltung überprüfen. Dazu stellt man das Rad auf Lenker und Sattel. Über einen Reifen peilt man nun zum anderen, um zu sehen, ob sie in einer Linie sind.

HINWEIS ZUR LAGERPFLEGE
Sämtliche Teile werden mit einem biologisch abbaubaren Mittel gereinigt, die Lagerschalen anschließend mit Fett vollgepackt und die Kugeln (alle!) darin eingebettet.

SPIELKONTROLLE
Lagerspiel in den Naben stellt man am Besten bei eingebauten Laufrädern fest. Wenn man bei seitlichem Wackeln ein leichtes Rucken spürt, ist die Lagerung lose. Wenn das nicht der Fall ist, hält man das ausgebaute Laufrad senkrecht an den Achsenden, mit dem Ventil in »Drei-Uhr«-Stellung. Das Ventil sollte nun in der untersten Stellung auspendeln, sonst sind die Lager zu stramm eingestellt.

KONUSLAGER EINSTELLEN
Zuerst demontiert man Freilauf oder Ritzelpaket (Seite 178) und überprüft die feste Konterung des rechten Lagerkonus. Dann löst man die Konterung auf der linken Seite – Vorsicht, die Lagerkugeln sollten nicht verlorengehen. Nun zieht man den Konus von Hand leicht an, löst ihn um eine achtel bis viertel Umdrehung und zieht die Kontermutter fest an, ohne den Konus noch einmal zu verstellen. Die Erfolgskontrolle erfolgt wie beschrieben bei eingebautem Laufrad.

ERSTE HILFE

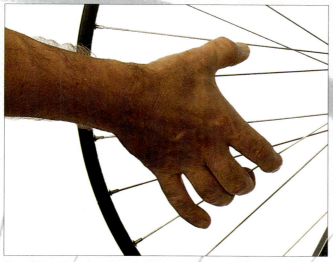

DAS ZENTRIEREN EINES SPEICHENRADES
Richtiges Zentrieren ist fast schon eine Kunst, Anfänger sollten daher nicht zu viel erwarten. Zuerst überprüft man die Speichen auf Knicke und Risse. Dann zupft oder klopft man rundum an jede Speiche. Vorne sollten alle gleich klingen. Hinten geben die Speichen der Antriebsseite einen höheren Ton ab, weil sie stärker gespannt sind. Zu feste Speichen werden nun gelockert, zu lose angezogen, bis alle gleich klingen.

1 *Seitenschläge werden mit Hilfe des Zentrierständers entlarvt, eventuell markiert man sie mit etwas Kreide. Dazu nähert man sich langsam dem rotierenden Rad, bis die Kreide an der Felgenflanke streift. Die längste Markierung weist auf den größten Seitenschlag hin, und der wird dann zuerst beseitigt.*

2 *Entlang der Kreidemarkierung werden nun die gegenüberliegenden Speichen um eine halbe Umdrehung angezogen, dann wird wieder kontrolliert. Ist der größte Schlag beseitigt, wendet man sich dem nächsten zu und verfährt genauso*

4 *Anstatt die Speichen einer Seite übermäßig anzuziehen, kann man auch die gegenüberliegenden lockern. Neben der Schlagfreiheit ist nämlich vor allem die gleichmäßige Speichenspannung für die Haltbarkeit des Laufrades verantwortlich.*

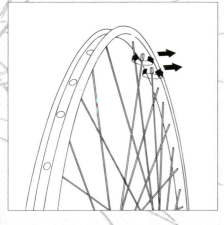

3 *Höhen- oder Tiefenschläge werden ebenfalls mit der Kreide markiert. Sie werden beseitigt, indem man jeweils vier nebeneinander liegende Speichen anzieht oder lockert. Anschließend muß die Felge aber wieder auf Seitenschläge untersucht werden.*

5 *Am Ende untersucht man das Felgenbett auf überstehende Speichen, die den Schlauch beschädigen könnten. Sie müssen abgefeilt werden. Die Arbeit mit dem Speichenschlüssel ist jedesmal ein kleines Erfolgserlebnis, doch auch hier gilt: Übung macht den Meister.*

REIFENDRUCK
Am Ende der Laufrad-Checkliste steht der Reifenluftdruck. Er bestimmt das Fahrverhalten nicht unwesentlich, besonders wenn er zu niedrig ist. Dann nämlich erhöht sich der Rollwiderstand und die Pannenanfälligkeit nimmt zu. Der vom Hersteller empfohlene Luftdruck (ablesbar auf der Reifenflanke) kann nur eine grobe Leitlinie sein, den individuell richtigen Wert muß man durch Fahrversuche ermitteln.

RADPFLEGE UND WARTUNG

Die Reifenpanne

Es gibt nur wenige Dinge, die frustrierender sind als beim Radfahren plötzlich einen »Platten« zu haben. Gegen diese Plage gibt es jedoch Abhilfe: Mit einer Pumpe und einem Ersatzschlauch oder Flickzeug im Gepäck ist man innerhalb weniger Minuten wieder mobil. Die Pumpe sollte allerdings zu dem Ventiltyp von Schlauch und Ersatzschlauch passen, und die beiden sollten in Größe und Ventiltyp übereinstimmen. Ein Auto- oder *Schrader*-Ventil paßt womöglich nämlich nicht durch das Ventilloch der Felge, das für ein *Presta*-Ventil gedacht ist. Die Pannen-Wahrscheinlichkeit kann durch das Einhalten des korrekten Luftdrucks und regelmäßige Kontrollen des Reifens auf Abnutzung und Beschädigungen verringert werden.

1 *Ventilkappe und -mutter entfernen, dann Luft ablassen. Beim* Presta-*Ventil dazu Sicherung lösen und ganz hineindrücken. Beim* Schrader-*Ventil mit einem kleinen Gegenstand (Stift, Schraubendreher) Ventilstift drücken. Dann das Ventil durchs Felgenloch drücken.*

SCHLAUCHWECHSEL IN ZWEI MINUTEN

2 *Die Reifenflanken rundum zusammendrücken, bis beide Reifenwülste komplett in der Mitte des Felgenbetts sind. Das erfordert manchmal – je nach Reifen- und Felgentyp – etwas Kraft. Dafür läßt sich anschließend der Reifen leicht von der Felge ziehen.*

3 *Wenn der Reifen lose sitzt, eine Reifenflanke mit der Hand rundum über das Felgenhorn heben. Sitzt der Reifen zu stramm, hebelt man die Reifenflanke eben mit Hilfe eines abgerundeten Montierhebels über das Felgenhorn – Vorsicht, Schlauch nicht beschädigen*

4 *Nun den Schlauch mit dem Ventil zuerst herausziehen und aufpumpen, bis das Leck gefunden ist. Dieses wird dann (wenn vorhanden) mit Kreide markiert. Bevor ein neuer oder geflickter Schlauch montiert wird, erst den Reifen auf die Pannenursache hin untersuchen.*

5 *Den Ersatzschlauch leicht aufpumpen, so daß er ohne sich zusammenzufalten oder zu knicken eingebaut werden kann – wieder mit dem Ventil zuerst. Das Ventil muß unbedingt gerade im Felgenloch sitzen, dann wird die Ventilmutter lose aufgeschraubt.*

6 *Der Schlauch wird vollständig und rundum gleichmäßig in den Reifen geschoben. Dann wird die Luft ganz abgelassen und das Ventil ins Reifeninnere geschoben. Die Reifenflanke wird nun wieder über den Felgenwulst gehoben, ohne daß das Ventil eingeklemmt wird.*

7 *Das letzte Stück Reifen erfordert ein kräftiges Zupacken – Hin- und Herwalken kann zusätzlich helfen. Wenn es von Hand doch nicht geht, kommt wieder der Montierhebel von vorhin zum Einsatz. Vor dem Aufpumpen sicherstellen, daß der Schlauch nirgends eingeklemmt ist.*

DIE REIFENPANNE

Schneller Schlauchwechsel

Mit etwas Übung und Kenntnis der nötigen Handgriffe dauert ein Reifenwechsel gerade mal zwei Minuten – oder sogar nur eine. Der Trick besteht darin, die Reifenwülste tief ins Felgenbett zu drücken, so daß der Reifen nur noch locker auf der Felge sitzt, nachdem er sich dort über Monate »festgefressen« hat. Eine Reifenflanke kann dann leicht übers Felgenhorn gezogen werden, am besten von Hand. Notfalls gehts auch mit einem Montierhebel. Vorsichtig aber, damit der Schlauch unbeschädigt bleibt.

Flickwerk

Um einen »Platten« zu beheben, benötigt man Flickzeug: Montierhebel, Flicken und Klebstoff, eventuell noch etwas Sandpapier und ein Stück Kreide. Ein methodisches Vorgehen und Sauberkeit sind wichtig. Es darf nämlich kein Schmutz oder Fett auf die zu flickende Stelle kommen, sonst haftet der Klebstoff nicht. Wenn man kein Loch im Schlauch findet, ist meist das Ventil kaputt. Löcher auf der Reifeninnenseite führen von zu langen oder spitzen Speichen her. Die sollte man abfeilen und mit Felgenschutzband abdecken.

1 *Den Schlauch aufpumpen und in Gesichtsnähe halten. Fühlt oder hört man auf diese Weise nichts, tupft man etwas Speichel aufs Ventil. Hilft auch das nicht weiter, drückt man den prall aufgepumpten Schlauch unter Wasser und fahndet nach Luftbläschen.*

2 *Die Leckstelle wird gereinigt und mit dem Sandpapier aufgerauht. Falls man keins dabeihat, zur Not auch auf dem Straßenbelag. Die rauhe Fläche sollte größer als der Flicken sein. Sie wird anschließend noch einmal von Schmutzpartikeln befreit.*

3 *Mit sauberen Fingern wird nun eine dünne Klebeschicht auf die aufgerauhte Fläche gestrichen. Der Klebstoff muß trocknen, bis das Lösemittel vollständig verdunstet ist und er sich nur noch leicht klebrig anfühlt. Die Klebefläche muß dabei völlig sauber bleiben.*

4 *Während der Trockenzeit untersucht man noch einmal den Reifen nach der Ursache der Panne und entfernt eventuelle Schmutzpartikel aus dem Reifeninneren. Wurde der Schlauch von einer Speiche aufgeschlitzt, so sollte diese wenigstens mit Klebeband abgedeckt werden.*

5 *Nun wird die Schutzfolie vom Flicken abgezogen, ohne daß dabei die Kontaktfläche berührt oder verschmutzt wird. Der Flicken wird mitten über das Loch geklebt – dabei drückt man ihn von innen nach außen fest an. Die restliche Klebefläche kann mit der Kreide »gelöscht« werden.*

6 *Nach einigen weiteren Minuten Trockenzeit kann die Zellophan-Schutzfolie vorsichtig vom Flicken abgezogen werden. Anschließend wird der Schlauch aufgepumpt und auf Dichtigkeit überprüft – fertig. Hoffentlich.*

RADPFLEGE UND WARTUNG

Not-Reparaturen, Teil 1

Dieser Augenblick ist gefürchtet: Mitten in einer Radtour bricht ein wichtiges Bauteil ohne Vorwarnung. Natürlich hat man kein Ersatzteil dabei, und die nächste Telefonzelle ist weit weg. Mit dem Mountain Bike in einer abgelegenen Gegend steckt man nun in ernsthaften Schwierigkeiten. Gefragt ist Einfallsreichtum – die Lösung kann naheliegender sein als man erwartet. Ein Reifen platzt, der Schlauch läßt sich nicht mehr flicken, Ersatz ist auch nicht vorhanden – wie wärs mit einer Grasfüllung für den Nachhauseweg? Eine Gepäckträgerschraube löst sich, und man hat keinen Schraubendreher dabei – da kann eine kleine Münze weiterhelfen. Ein Gabel**ausfallende** ist stark verbogen – mit der Sattelstütze als Hebel wird es wieder gerichtet. Ein Seilzug reißt – man könnte ihn neu verlegen oder es mit einem Faden oder Schnur versuchen. Die Liste mit solchen Tips für den Notfall ist lang, am wichtigsten jedoch ist Phantasie und der Blick für simple Lösungen.

BANDAGIERTER SATTEL: Wenn das Sitzpolster abgerissen ist, kann man sich mit einem T-Shirt (oder etwas ähnlichem), das herumgewickelt und verknotet wird, behelfen.

SATTEL GEBROCHEN: Es gibt zwei Möglichkeiten – entweder im Stehen weiterfahren oder den Sattel, beziehungsweise die Bruchstücke wieder zusammenflicken.

PEDAL GEBROCHEN: Ein gebrochener Pedalkäfig kann mit einem Stück Draht oder Bindfaden zusammengebunden oder durch ein Stück Holz ersetzt werden.

SCHALTWERK GEBROCHEN: Die Kette wird auf ein mittleres Ritzel gelegt und das Schaltwerk mit einer Schnur oder (besser) einem elastischen Band hochgezogen, damit die Kette gespannt bleibt.

KETTE GERISSEN: Fehlt ein Kettenbolzen, steckt man ein Ästchen oder ein Stück Draht durch die Kettenglieder und fixiert es mit Klebeband. Das hält zirka eine halbe Stunde, aber immerhin.

158

NOT-REPARATUREN, TEIL 1

LENKER GEBROCHEN: Mit etwas Glück findet man einen Ast, der lang genug ist, um den Lenker komplett zu ersetzen. Mit einem kürzeren Stück kann man den Lenker schienen und dann mit Draht oder etwas Schnur bandagieren.

VORBEUGENDE MASSNAHME: Wer häufig auf schlammigen Wegen fährt, sollte sein Lenkkoplager durch ein Stück Schlauch, das über die untere Lagerrschale gestülpt wird, schützen.

BREMSHEBEL GEBROCHEN: Falls man ein passendes Rohrstück findet, kann man es über den verbliebenen Hebelstumpf schieben.

BREMSQUERZUG GERISSEN: Seilzüge, die nicht durch eine Außenhülle verlaufen, können im Notfall durch ein Stück Bindfaden ersetzt werden.

UMWERFER GEBROCHEN: Den kaputten Umwerfer demontiert man samt Schaltzug und legt die Kette aufs mittlere Blatt.

DIE KUNST DES REIFENFLICKENS
Zu den Zeiten, als es noch dreimal so viele Fahrräder wie Autos gab – in den 20er und 30er Jahren diese Jahrhunderts – , waren Straßen-Szenen wie diese keine Seltenheit.

REPARIEREN – UND NOCH MAL REPARIEREN
Wenn ein gerade erst repariertes Teil gleich wieder bricht, sollte man nicht verzweifeln – was einmal zu reparieren geht, tut's auch ein zweites Mal. Die Fahrt dauert dann zwar etwas länger als geplant, ist aber immer noch schneller als das Rad nach Hause zu schieben. Ein paar Sachen sollte man immer dabeihaben, um solche Not-Reparaturen zu ermöglichen: ein Stück Draht und Bindfaden, einen Spannriemen, Klebeband und ein Taschenmesser.

REIFEN AUFGESCHLITZT: Heutzutage sind Reifen – dem Gewicht zuliebe – sehr dünnwandig. Wenn sich der Schlauch durch einen Riss in der Reifenflanke nach außen bläht, sollte man den Riß mit einem dünnen, aber festen Gegenstand – einem Karton oder etwas Baumrinde, einem Stück Fahrradschlauch oder Kaugummipapier – von innen abdecken.

PLATTFUSS: Man sollte zwar immer eine Pumpe dabeihaben, aber wenn man sie nötig braucht, ist sie bestimmt zu Hause. Also muß man den Reifen eben mit etwas anderem als Luft füllen: mit Gras oder Blättern, kleinen Ästchen oder Zeitungspapier. Auch wenn's etwas holprig ist, ist es besser als Gehen

SCHLEICHENDER PLATTFUSS: Ohne Flickzeug bleibt einem nur, das Loch im Schlauch mit Klebeband zu umwickeln.

159

RADPFLEGE UND WARTUNG

Not-Reparaturen, Teil 2

HOLZSTÜCK STATT SCHRAUBENSCHLÜSSEL
Wer dringend einen Schraubenschlüssel braucht und keinen hat, der kann sich mit einem Stück Holz und einer Schnur behelfen. Zuerst verknotet man die Schnur gleich neben einem Ende des Holzstücks, dann wickelt man sie fest um die Schraubenmutter. Das kurze Ende des Holzstücks wird nun an die Mutter angesetzt, das lange Ende als Hebel zum Auf- oder Zudrehen benutzt. Diese Technik sieht zwar nicht so aus, ist aber erstaunlich effektiv, wenn die Schnur fest genug angezogen ist.

KABELBINDER STATT SCHRAUBE
Man sollte immer eine Handvoll Kabelbinder bei sich haben. Sie sind elastisch, halten einige Belastung aus und lassen sich vielseitig verwenden. Geeignet sind sie vor allem zum Befestigen irgendwelcher Bauteile, deren Halteschraube keinen Halt mehr bietet. Genauso kann man aber einen durchrutschenden Freilauf notdürftig reparieren, indem man das größte Kettenritzel an den Speichen fixiert. Verstauen kann man Kabelbinder fast überall, wenn's sein muß, sogar im Sitzrohr.

HOLZSCHRAUBE STATT STAHLSCHRAUBE
Wer ein Taschenmesser dabeihat – ein Werkzeug, das auf keiner Radtour fehlen darf –, der kann damit fehlende Schrauben oder andere Teile behelfsmäßig aus Holz schnitzen. Das Holz sollte allerdings so hart wie möglich sein – von einem Werkzeuggriff etwa, oder einem Zaunpfahl. Die abgebildete Kurbelbefestigungsschraube wurde absichtlich etwas zu dick belassen, so daß das Gewinde der Tretlagerwelle sich darin festfressen konnte. Natürlich kann so eine Holzschraube keine großen Kräfte aufnehmen, der unser Trick bestand darin, die Kurbel mit der Metallschraube von gegenüber fest anzuziehen. Die Holzschraube mußte dann nur noch geringe Haltekräfte aufbringen.

NOT-REPARATUREN, TEIL 2

DOSE STATT SEILZUG

Ein gerissener Seilzug kann geflickt werden, indem man seine beiden Enden mit irgendeinem anderen festen Gegenstand verknotet – einem Stück Holz, einer Dose oder einem Schnürsenkel beispielsweise. Wenn die Bruchstelle zu nahe am Schalt- oder Bremshebel ist, muß man weiter improvisieren. Man kann zum Beispiel den Umwerfer-Schaltzug so am Rahmen festbinden, daß man ihn beim Schalten um irgendein abstehendes Teil, eine Schraube etwa, wickeln kann.

DRAHT STATT KETTENBOLZEN

Wenn ein Kettenbolzen verloren geht, kann er durch ein Stück Draht ersetzt werden (Kleiderbügeldraht ist dafür gut geeignet). Wahrscheinlich muß man hinten aufs größte Ritzel schalten, damit der Draht sich nicht zwischen zwei Ritzeln verklemmt. Am besten verlegt man den Draht noch ein Stück an der Kette entlang und fixiert ihn dann mit Klebeband. Das gibt genügend Halt, auch wenn es von den Ritzel- und Kettenblattzähnen durchlöchert wird.

»KARTOFFELCHIP«, WAS NUN?

Ein total deformiertes Laufrad – das kann jedem mal passieren, man braucht nur einmal mit dem Vorder- oder Hinterrad seitlich auf einen harten Gegenstand wie einen Felsbrocken zu prallen, und schon ist's passiert: Das Rad sieht aus wie ein Kartoffelchip und streift so stark an Rahmen oder Gabel, daß es sich nicht mehr drehen läßt. Man baut es also aus und lehnt es so an einen festen Gegenstand, einen Baum oder eine Wand etwa, daß die Bereiche, die von einem weg gebogen sind, oben und unten plaziert sind. Am Boden stellt man seinen Fuß gegen die Felge und drückt dann mit den Händen (in Drei Uhr- und in Neun Uhr-Stellung) so lange auf den Felgenrand, bis die Felge sich zurückgebogen hat und wieder eingebaut werden kann. Falls vorhanden, kann man mit einem Speichenschlüssel oder einem Universal-Schraubenschlüssel noch feinere Korrekturen vornehmen. Auf jeden Fall kann man aber nur langsam und extrem vorsichtig weiterfahren.

161

RADPFLEGE UND WARTUNG

Komfort ist Einstellungssache, Teil 1

Bei der Suche nach der komfortabelsten und effektivsten Sitzposition gilt es, eine ganze Reihe von Messungen und Einstellarbeiten zu machen, die alle voneinander abhängen. Verstellt man zum Beispiel den Sattel nach oben, ändert sich auch der Abstand Sattel-Lenker. Entweder muß also der Sattel nach vorne geschoben werden oder – wenn dies nicht weit genug möglich ist – ein kürzerer **Vorbau** montiert werden. Die hier beschriebene Methode bedingt jedenfalls, daß man auch bei einer kleinen Änderung – der Montage von kürzeren oder längeren Kurbeln etwa oder einer veränderten Lenkerhöhe – wieder ganz von vorne beginnen muß. Eine neue Einstellung wird sich auf den ersten Kilometern wahrscheinlich seltsam oder gar unangenehm anfühlen. Man sollte seinem Körper aber Zeit lassen, sich daran zu gewöhnen – 80 Kilometer »Einfahrzeit« sind dabei ein guter Richtwert.

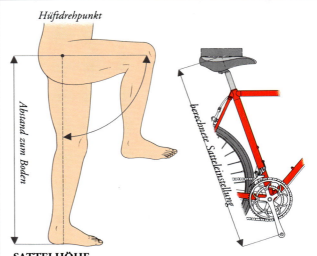

SATTELHÖHE
Zuerst mißt man die Schrittlänge – vom Boden bis zum Schritt (barfuß mit dem Rücken an der Wand, die Füße etwa 15 Zentimeter auseinander). Dieses Maß multipliziert man mit 0,885 und addiert die Dicke seiner Radschuh-Sohlen und der Pedalplatte. Wenn man relativ große Füße hat, kommen noch 3 Millimeter dazu. Das Ergebnis ist der nötige Abstand zwischen Satteloberkante und Tretlagerwelle (Mitte). Noch exakter ist es, die Höhe des Hüftdrehpunkts zu bestimmen, das ist der am weitesten abstehende Punkt am Hüftgelenk. Dazu stellt man sich wieder barfuß an die Wand und hebt zur Kontrolle ein Bein an, bis der Oberschenkel genau waagerecht ist. Eine Linie entlang des Oberschenkels sollte den Meßpunkt schneiden. Die Messung führt man links und rechts je drei Mal durch und berechnet dann einen Durchschnittswert. Dieser wird mit 0.95 multipliziert, Sohlen- und **Pedalplatten**dicke sowie die Höhe des Pedalkäfigs über der Pedalachse addiert. Das Resultat entspricht der Distanz zwischen der Pedalachse (Kurbel parallel zum Sitzrohr) und dem Mittelpunkt der (waagerechten) Satteloberkante.

DIE RICHTIGE RAHMENHÖHE

Einen groben Anhaltspunkt, ob man die richtige Rahmenhöhe gewählt hat, gibt folgender Test: Bei korrekter Sattelhöhe sollte die Sattelstütze bei Rennrädern 9 bis 13, bei Tourenrädern 7 bis 11 und bei Mountain Bikes und **Hybridrädern** 15 bis 20 Zentimeter aus dem Rahmen ragen. Wenn man über dem Rad steht, sollten zwischen Schritt und Oberrohr beim Renn- oder Tourenrad 3 bis 6, beim Mountain Bike oder **Hybridrad** mindestens 8 Zentimeter Luft sein.

HÖHEN-CHECK
*Ob die Sattelhöhe korrekt eingestellt ist, kann auch grob auf einen Blick und damit etwas weniger zeitaufwendig als oben beschrieben kontrolliert werden. So sollte das Knie nicht ganz durchgestreckt sein, wenn man mit dem Fußballen auf dem Pedal im Sattel sitzt (links). Wenn die Hüfte beim Pedalieren links und rechts abwechselnd abknickt, ist der Sattel zu hoch eingestellt (rechts). Im Sitzen sollte zwischen der Ferse (Bein ganz gestreckt) und dem Pedal (in unterster Stellung) noch etwas Abstand sein. Ohne Schuhplatten sind 3 Millimeter, mit einer Platte fürs Haken/Riemen-Pedal 3 bis 5 Millimeter und bei einem **clipless-Pedal** 5 bis 8 Millimeter optimal.*

162

KOMFORT IST EINSTELLUNGSSACHE, TEIL 1

SATTELEINSTELLUNG

Sattel vor oder zurück
Bei waagerechter Kurbelstellung sollte die Kniescheibe zwischen 1 Zentimeter vor (hohe Trittfrequenz) und 2 Zentimeter hinter (hohe Pedalkraft) der Pedalachse sein – senkrecht gemessen.

Sattelneigung
Zum Verstellen der Sattelneigung benötigt man entweder Schraubenschlüssel (oben links) oder einen 6-Millimeter-Inbus-Schlüssel (oben rechts). Man beginnt mit einer exakt waagerechten Einstellung.

Wenn sich diese als unbequem erweist, neigt man den Sattel leicht nach vorne, aber nicht zu weit, sonst werden Arme und Rücken belastet. Ein zu weit nach hinten geneigter Sattel drückt mit der Zeit.

PEDALE
Das Pedal stellt die Verbindung vom Fuß zur Kurbel her. Beim Treten sollte stets der breiteste Teil des Fußes – der Ballen – direkt über der Pedalachse sein. Wenn man Pedalhaken benutzt, sollte zwischen der Schuhspitze und dem Haken etwa 5 Millimeter Abstand sein.

PEDALPLATTEN MIT SCHLITZ
*Die Einstellung der **Pedalplatte** muß der natürlichen Stellung des Fußes angepaßt sein. Dazu zieht man ihre Halteschrauben vorerst nur leicht an und fährt eine Weile, am Besten in allen möglichen »Gangarten«, bis man seine Fußstellung gefunden hat. Dann erst wird die **Pedalplatte** verdrehfest montiert.*

PEDALEINSTELLUNG

Bei den meisten clipless-Pedalen kann man die Auslöse- oder Haltekraft einstellen. Anfänger sollten mit einer geringen Federspannung beginnen, so daß sie den Fuß leicht aus dem Pedal herausdrehen können. Sobald man sich an diese Bewegung gewöhnt hat, stellt man seine Pedale straffer ein – und fährt damit immer noch sicherer als mit Haken, Riemen und einer herkömmlichen **Pedalplatte.**

CLIPLESS-PEDALE
*Auch wenn manche **clipless-Pedale** bis zu 10 Grad Verdrehfreiheit bieten, sollte man die Pedalplatten nach der oben beschriebenen Methode einstellen. Dazu braucht man allerdings einen Helfer zum Anziehen der Halteschrauben, denn man kann nicht aus dem Pedal aussteigen, ohne sie zu verdrehen.*

RADPFLEGE UND WARTUNG

Komfort ist Einstellungssache, Teil 2

Nach der korrekten Satteleinstellung ist der nächste Schritt, den Lenker so zu justieren, daß der Oberkörper des Fahrers bei leicht angewinkelten Armen um 45 Grad zur Waagerechten geneigt ist. Die Lenkerreichweite wird durch die Länge des **Vorbaus** bestimmt. Rennrad-Vorbauten machen es einem einfach, sie verlaufen genau waagerecht nach vorne. Mountain Bike-**Vorbauten** unterscheiden sich dagegen nicht nur in der Länge, sondern auch wie hoch sie ansteigen. Außerdem sind Mountain Bike-Lenker um bis zu 12 Grad nach hinten gebogen. Die passende Kombination zu finden, geht nur über viele Versuche. Man kann aber auch einen verstellbaren **Vorbau** montieren und herumprobieren oder sich auf einen Meßrahmen (siehe Seite 20/21) setzen.

LENKERSTELLUNG
Der Lenker sollte zwischen 2,5 und 8 Zentimeter unter dem Sattel positioniert sein. Eine tiefere Stellung paßt Leuten mit langen Armen und Oberkörper, die sportlich fahren wollen. Ein höherer Lenker verspricht von allem das Gegenteil: Er ist geeignet für Leute mit kurzen Armen, kurzem Oberkörper und für eine entspanntere Atmosphäre.

HÖHENVERSTELLUNG
*Die **Vorbau**-Klemmschraube wird gelöst, der **Vorbau** mit leichten Schlägen im Gabelschaftrohr gelockert. Vor dem erneuten Einbau wird er eingefettet, die Klemmschraube dann moderat angezogen. Der Lenker soll nämlich zwar fest genug sein, um Lenkkräfte übertragen zu können. er soll sich aber im Sturzfall verdrehen können.*

MAXIMUM
*Mindestens 6 Zentimeter **Vorbau** müssen im Gabelschaft stecken, sonst wird's gefährlich. Die meisten **Vorbauten** weisen eine Markierung dieses Sicherheits-Limits auf. Die **Vorbau**länge variiert zwischen 5 und 15 Zentimetern. Sie wird von der **Vorbau**klemmschraube bis zur Lenkerklemmung (Mitte) gemessen.*

RENNLENKER-STELLUNG

ZU KURZ
Der Rücken ist gekrümmt, das Zwerchfell fast schon eingeklemmt und die Atmung stark behindert. Unser Tip: Das Knie sollte den Ellbogen in der gezeigten Griffposition überlappen, wenn das Pedal ganz oben ist.

ZU LANG
Die Arme sind fast gestreckt, der Rücken ganz – das ist auf Dauer ziemlich unangenehm. Mit den Händen auf den Bremsgriffen sollte der Blick auf die Vorderradnabe vom Lenker verdeckt sein.

KOMFORT IST EINSTELLUNGSSACHE, TEIL 2

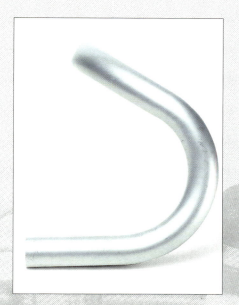

LENKERBIEGUNG
Wie weit ein Lenker nach unten gebogen sein sollte, hängt von der Handgröße ab. Dabei sind 14 Zentimeter eher wenig, 14 bis 15 Zentimeter guter Durchschnitt und mehr als 15 Zentimeter ziemlich viel. Die Lenkerenden sollten waagerecht montiert werden, allerhöchstens (mit 10 Grad Neigung) etwas nach hinten unten.

HANDVERMESSUNG
Man nimmt ein Stück Rohr in eine Faust, das in etwa den Lenkerdurchmesser aufweist. Nun setzt man die Faust auf den Tisch – das Rohrstück bleibt in der Senkrechten – und mißt die Fausthöhe. Unter 7 Zentimeter ist sie schmal, über 9 Zentimeter breit geraten. Dazwischen tummelt sich das »Mittelmaß«.

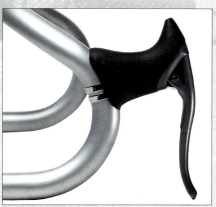

BREMSHEBEL
An einem Rennlenker sollte der Bremshebel so montiert werden, daß die Hebelspitze auf Höhe des Unterlenkers endet

BEI DER MONTAGE
Die Klemmschraube ist nur von innen zugänglich. Ein kleines Werkzeugtäschchen – und der nötige Inbus-Schlüssel ist zur Hand.

LENKEREINSTELLUNG AM MOUNTAIN BIKE

Lenkerbreite
Der gerade Mountain Bike-Lenker sollte mindestens Schulterbreite aufweisen. Je breiter, desto besser kann man das Rad bei langsamem Tempo kontrollieren. Wer aber Rennen fahren will, liebt es etwas schmaler.

Griffposition
Der gestreckte Handrücken ist ein Indiz dafür, daß die Einstellung von Lenker und Bremshebeln passend ist. Nun kann man mittlerweile Mittel- und Zeigefinger an den Bremsen lassen.

Hebeleinstellung
Bei den meisten Bremsgriffen kann die Griffweite über ein kleines Schräubchen justiert werden. Die Griffklemmung sollte so angezogen sein, daß der Kombi-Griff sich bei einem Unfall verdrehen kann.

RADPFLEGE UND WARTUNG

Die Bremsanlage

Bevor man sich an die Einstellung der Bremsanlage macht, sollten ein paar Dinge geklärt sein. Sind die Laufräder einigermaßen schlagfrei und auch sonst nicht beschädigt? Wenn nicht, Tips auf Seite 154/155 beachten. Wenn die Felgen dreckig und verschmiert sind, sollte man sie mit Stahlwolle putzen.

Die Bremsschuhe befreit man von Verunreinigungen und überprüft ihren Verschleiß. Die Schalt- und Bremszüge untersucht man auf Knickstellen, ausgefranste Enden oder beschädigte Zughüllen. Sämtliche defekte oder verschlissenen Teile werden ersetzt.

BREMSHEBEL
Die Bremse sollte so eingestellt werden, daß man sie gut greifen, den Hebel aber nicht bis zum Lenker durchziehen kann. Bei Cantileverbremsen befindet sich die Einstellschraube am Bremshebel, bei Rennbremsen direkt am Seitenzug-Mechanismus.

ZUGEINSTELLSCHRAUBE
Der Seilzug kann über einen kleinen Bereich (fast) stufenlos verstellt werden. Dabei reduziert man am Besten die Zugspannung, indem man die Bremsbacken zusammendrückt und die Seilzughülle etwas anhebt.

SEITENZUG-BREMSEN

1 Wenn die Bremshebel zuviel Spiel oder Hebel-Leerweg haben und die Einstellschraube nicht mehr weitergedreht werden kann, muß der Bremszug neu geklemmt werden. Zuerst aber dreht man die Einstellschraube wieder ganz zurück. Damit die Bremszange nicht aufspringt, wenn der Zug gelockert wird, hält man sie zusammen, am besten mit einer **Dritten Hand.** Dann nämlich hat man beide Hände frei für die weiteren Arbeitsgänge.

2 Sobald die Bremszange sicher zusammengehalten wird, packt man den Bremszug mit einer Kombi-Zange oder einer »Vierten Hand« und öffnet vorsichtig die Bremszugklemmung. Der Bremszug wird angezogen und dann wieder geklemmt – vorher muß der Brems-Schnellentspanner aber geschlossen sein, sonst wird der Bremszug viel zu straff angezogen.

DIE BREMSANLAGE

CANTILEVERBREMSEN

1 *Cantileverbremsen haben starke Federn, also ist eine* **Dritte Hand** *(oder ein kräftiger Gummi) beim Bremsen-Einstellen sehr hilfreich, wenn der Verstellweg der Einstellschraube nicht ausreicht. Man bringt also die Dritte Hand an, klemmt die Bremse zusammen, dreht die Zug-Einstellschraube ganz hinein und justiert den Bremszug neu. Bei manchen Bremsen befindet sich die Zugklemmung an einem der Bremsarme. Sie können einfach und mit nur einem Inbus-Schlüssel eingestellt werden. Andere Bremsen – die mit dem separaten Querzug – klemmen den Bremszug mit Schraube und Mutter, man braucht also mehr Werkzeug.*

2 *In der abgebildeten Situation darf man auf keinen Fall die Klemmschraube anziehen und damit verdrehen, sondern nur die Mutter, weil der Bremszug durch ein kleines Loch in der Schraube geführt ist. Zug oder Schraube könnten sonst knicken, beziehungsweise abreißen. Es empfiehlt sich sogar, immer ein solches Ersatz-Klemmstück dabeizuhaben. Der Winkel zwischen Bremsquerzug und Bremsarm hat großen Einfluß auf die Hebelübersetzung und Bremskraft, daher sollte man sich stets an die Herstellerangaben halten. Normalerweise müssen hier allerhöchstens kleine Korrekturen vorgenommen werden. Wichtig ist, daß der Bremszug genügend Abstand zum Reifen aufweist.*

VORSICHT, CANTILEVERBREMSE

Eine mögliche Gefahrenquelle stellt der Bremsquerzug dar. Wenn sich nämlich die Zugklemmung lockert oder der obere Seilzug reißt, wird der Querzug in den Reifen gezogen und blockiert diesen schlagartig – ein Sturz wäre fast unvermeidlich. Eine Schutzmaßnahme ist die Montage eines Frontreflektors oder Scheinwerfers an der Bohrung im Gabelkopf – der Querzug wird dann oberhalb des Halters verlegt. Auch eine lange Schraube kann als eine Art Fanghaken angebracht werden. Eine nicht ganz so wirksame Methode ist es, den Bremszug zu einer Schleife zu binden – mit Klebeband etwa –, dann rutscht er wenigstens nicht schlagartig durch, wenn die Zugklemmung sich lockert.

HYDRAULIK-BREMSEN

Anstelle von Seilzügen erfolgt die Kraftübertragung bei Hydraulikbremsen durch eine Flüssigkeit. In Kürze ist hier das Nachfüllen der *Magura*-Bremse beschrieben – sie ist bisher die einzige in Serienproduktion hergestellte Hydraulik-Felgenbremse, und der Hersteller bietet ein Reparatur-Set auch für Nicht-Fahrradmechaniker an. Zuerst muß die Bremshebel-Einheit so positioniert werden, daß ihre Entlüftungsschraube den höchsten Punkt darstellt. Die Nachfüll-Spritze wird nun mit dünnflüssigem Mineralöl (zum Beispiel Nähmaschinenöl) gefüllt. *Magura* empfiehlt *Hanseline H-LP 10,* es können aber auch vergleichbare Qualitäten verwendet werden. In der Spritze darf sich keine Luft mehr befinden, und die Einstellschraube am Bremshebel muß ganz herausgedreht sein, so daß die Bremszylinder vollständig eingefahren sind. Dann füllt man durch die untere Entlüftungsöffnung (an der Brems-Einheit) so lange Öl ein, bis es oben herausläuft, und verschließt die obere Entlüftungsöffnung wieder – eventuell mit einem neuen Dichtring. Anschließend schraubt man auch die untere Öffnung wieder zu – fertig. Nach einem kurzen Test, ob die Bremsanlage auch bei großem Anpreßdruck dicht hält und ob die Zylinder beim Loslassen des Hebels wieder in ihre Ausgangsposition zurückgehen, kann man sich wieder aufs Rad schwingen.

167

RADPFLEGE UND WARTUNG

BREMSSCHUH-EINSTELLUNG

Die Bremsschuhe sollten immer genau nach Vorschrift ausgerichtet sein, da sie sich unter hohem Anpreßdruck verformen können. Wenn sie zu hoch positioniert sind, können sie den Reifen beschädigen. Wenn sie zu tief montiert sind, können sie sogar in die Speichen geraten – Sturz garantiert. Bei Seitenzugbremsen werden die Bremsbeläge leicht nach oben gedrückt, sie sollten daher etwas tiefer positioniert sein. Bei Cantileverbremsen ist dies genau umgekehrt.

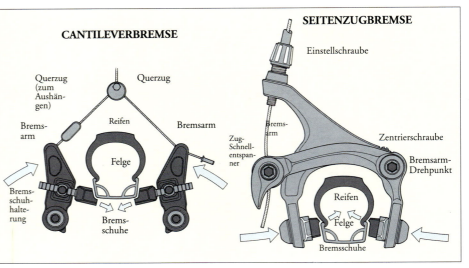

BREMSSCHUH-POSITION 1 (CANTILEVER)

Bei Cantileverbremsen mit einem Sockelhalter für den Bremsschuh benützt man einen Inbus-Schlüssel zur Bremsschuh-Positionierung. Mit einem Schraubenschlüssel wird dann die Haltemutter kräftig angezogen.

BREMSSCHUH-POSITION 2 (CANTILEVER)

Es gibt auch Bremsschuhe, die direkt mit einer Schraube geklemmt werden. Man positioniert sie mit der Hand und zieht die Schraube an. Dabei darf sich der Bremsschuh aber nicht mehr verdrehen.

BREMSSCHUH-VORLAUF (CANTILEVER)

Um Bremsenquietschen zu vermeiden, muß der Bremsschuh so eingestellt sein, daß er die Felge vorne zuerst berührt. Dazu löst man die Bremsschuh-Klemmung und dreht den Bremsschuh leicht nach hinten.

BREMSSCHUH-POSITION (SEITENZUG)

Die Bremsschuhe von Seitenzugbremsen werden immer mit einer Haltemutter befestigt. Auch hier muß man darauf aufpassen, daß sich der Bremsschuh beim Anziehen der Mutter nicht verdreht.

BREMSSCHUH-VORLAUF (SEITENZUG)

An Seitenzugbremsen kann der Bremsschuh-Vorlauf normalerweise nicht eingestellt werden. Man muß dazu den Bremsarm vorsichtig mit einer Zange oder einem Universal-Schraubenschlüssel packen und verdrehen.

BREMSEN-ZENTRIERUNG

Beide Bremsschuhe sollten die Felge gleichzeitig berühren. Neuere Shimano-Bremsen haben dafür eine Einstellschraube. Ansonsten muß die Bremshaltemutter geöffnet und der gesamte Bremskörper verdreht werden.

DIE BREMSANLAGE

BREMSSOCKEL-PFLEGE
*Damit sich die Cantileverbremsarme auf den **Bremssockeln** leichtgängig drehen können, müssen diese regelmäßig gesäubert und geschmiert werden. Der Bremsquerzug wird dazu demontiert, damit sich die Rückholfedern entspannen können. Die Bremsarme werden abgeschraubt und die freigelegten Sockel gereinigt. Weisen sie Kratzer oder Korrosionsspuren auf, beseitigt man diese vorsichtig mit etwas Schmirgelpapier. Anschließend werden die Sockel gut gefettet und die Bremse wieder montiert.*

CANTILEVER-FEDERSPANNUNG
*Die meisten **Bremssockel** für Cantileverbremsen haben mehrere Bohrungen für die Bremsrückholfedern. Grundsätzlich stellt man die Federspannung immer so leicht wie möglich ein. Bei schlechten Witterungsbedingungen, im Winter oder bei schwergängigen oder ungünstig verlegten Bremszügen muß allerdings die Vorspannung meist erhöht werden. Die **Bremssockel**-Halteschraube sollte man nicht zu stark anziehen, da sonst womöglich der Bremsarm festgeklemmt wird.*

SEITENZUG-BREMSEINSTELLUNG 1
Shimanos neue Dual Pivot-Seitenzugbremsen haben zwei Drehpunkte, die stets leichtgängig eingestellt sein sollten, ohne zu wackeln. Ein Mal im Jahr sollte man so eine Bremse komplett zerlegen, alle Einzelteile reinigen und – bis auf die Bremsschuhe natürlich – vor dem Zusammenbau gut einfetten. Beim Einstellen der Gelenkstellen muß man sehr sorgfältig vorgehen, da der Grat zwischen einer optimal leichtgängigen und einer festgeklemmten Einstellung schmal ist.

SEITENZUG-BREMSEINSTELLUNG 2
Bei Seitenzugbremsen mit nur einer Drehachse wird an dieser sowohl die Zentrierung als auch die Leichtgängigkeit der Gelenkstelle eingestellt. Auch hier ist eine regelmäßige Pflege angebracht. Beim Zerlegen sollte allerdings keines der vielen Scheibchen und sonstigen Teile verloren gehen und die Einbaureihenfolge genau beachtet werden. Zum Zentrieren löst man die Hülsenmutter an der Rückseite der Gabel, während die Einstell- und die Kontermutter vorne für das Drehgelenk zuständig sind.

BREMSEN-TIPS

Quietschende Bremsen erfordern die korrekte Einstellung des Bremsschuh-Vorlaufes. Wenn der Bremsschuh vorne die Felge berührt, sollte hinten noch etwa ein Millimeter Abstand sein. Jedes bewegliche System – also auch eine Fahrradbremse – weist ein wenig Spiel auf, außerdem verbiegen sich beim Bremsen die Bremsarme leicht, so daß der Bremsschuh dann exakt an der Felgenflanke anliegt.

Bremsen bei Nässe
Sobald eine Felgenbremse naß wird, nimmt ihre Bremswirkung rapide ab – man benötigt für eine Vollbremsung plötzlich bis zu vier Mal so viel Anhalteweg. Bei Regenfahrten sollte man immer wieder die Bremsen leicht anziehen, um sie »trockenzubremsen«. Es gibt sogar spezielle Wasserabweiser, die an die Bremsschuhe montiert werden und immer leicht an der Felgenflanke streifen. Synthetisch hergestellte Bremsbeläge verlieren bei Nässe weniger an Wirkung als solche aus Gummi. Auch bei den Felgen gibt es große Unterschiede: Während Keramik-beschichtete Felgen (sehr teuer) im Regen kaum schlechtere Reibwerte aufweisen als im Trockenen, haben hartanodisierte Aluminiumfelgen im Regen Rutschbahn-Qualitäten.

Notbremsung
Um eine maximale Bremsverzögerung zu erreichen, muß man sein Körpergewicht so weit wie möglich nach hinten (und unten) verlagern. Das Hinterrad sollte immer kurz vor dem Blockieren sein und die Vorderbremse kurz davor, einen Überschlag zu produzieren. Bei jeder Ausfahrt sollte man mindestens eine Notbremsung durchführen – als Übung, um im Ernstfall schnell und fehlerfrei reagieren zu können.

RADPFLEGE UND WARTUNG

Neue Züge gefällig?

Leichtgängige Seilzüge sind unabdingbar für gefühlvolle Brems- und Schaltmanöver. Regelmäßige Pflege und Austausch gegen Neuteile vermindert außerdem die Zahl der Defekte. Vor allem Fahrer von Mountain Bikes und **Hybridrädern** sollten die dickstmöglichen Bremszüge verwenden, die ihre Bremsanlage zuläßt. Durch ihre geringere Längendehnung vermitteln sie ein direkteres Bremsgefühl und verkraften zudem höhere Belastungen. Schaltzüge dagegen sind meist dünner, bei ihnen kommt es mehr auf geschmeidige, leichte Gleiteigenschaften an als auf die Übertragung extrem hoher Kräfte.

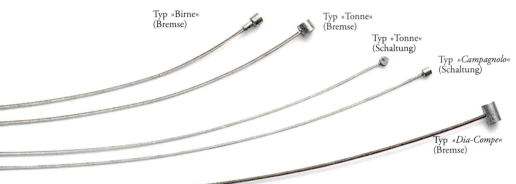

Typ »Birne« (Bremse)
Typ »Tonne« (Bremse)
Typ »Tonne« (Schaltung)
Typ »Campagnolo« (Schaltung)
Typ »Dia-Compe« (Bremse)

KABEL-TYPEN
Seilzüge unterscheiden sich in ihrer Dicke, der Länge und den Nippeln. Sie lassen sich in der Regel nicht gegen andere Typen austauschen, beim Kauf sollte man also stets darauf achten, die passenden Züge zu erhalten. Für Notfälle bewahrt man am Besten eine komplette Seilzug-Garnitur für das eigene Rad zu Hause auf.

HÜLLEN-PROBLEME
Seilzughüllen sollten keine Knicke und Bruchstellen aufweisen, und Seilzüge sollten an den Enden nicht ausgefranst sein. Ist dies doch der Fall, ist sofortiger Austausch angebracht. Nach dem Ablängen sollte man die Zughüllenenden mit einer Feile glätten.

SEITENZUGBREMSEN

SEITENZUGBREMSZUG-AUSTAUSCH
*Zuerst dreht man die Zugeinstellschraube ganz hinein und hält die Bremsbacken mit einer **Dritten Hand** zusammen. Dann zieht man – falls vorhanden – das Schutzkäppchen vom Seilzugende und löst die Klemmschraube. Als nächstes zieht man den Bremshebel bis zum Lenker und zieht den Bremszug vollständig heraus. Wenn auch die Zughülle ersetzt werden soll, entfernt man die alte Hülle und verlegt die neue – dabei die Hüllenschutzkappen nicht vergessen. Zum Ablängen der Zughüllen sollte man eine geeignete Zange verwenden, da sonst die Hüllenenden beschädigt werden. Die*

Zughüllen werden durch eventuell vorhandene Führungen am Rahmen gezogen oder – wo nötig – mit Kabelbindern befestigt. Anschließend führt man den neuen Bremszug ein. Wenn die Zughüllen innen nicht aus Teflon bestehen, sollte man den Seilzug fetten. Nun kontrolliert man noch, ob die Enden der Zugaußenhüllen überall fest sitzen und klemmt den Bremszug fest. Anschließend zieht man den Bremshebel mehrmals kurz, aber kräftig an, damit sich der Seilzug setzen und längen kann, und stellt die Bremse dann wie auf Seite 166 beschrieben ein.

CANTILEVERBREMSE

ZUG-AUSTAUSCH

*Auch hier wird zuerst die Einstellschraube (am Bremshebel) vollständig hineingedreht und die Bremsarme mit einer **Dritten Hand** an die Felge gepreßt. Der Querzug wird ausgehängt und aus der Schaltzugbrücke herausgefädelt. Am Brems-hebel bringt man die Schlitze des Hebels, der Kontermutter und der Einstellschraube in eine Linie und baut den alten Bremszug aus. Falls nötig, wird nun die Zugaußenhülle ausgewechselt und dann der neue Bremszug eingefädelt. Dabei sollte man vor allem darauf achten, daß die Enden der Außenhülle überall richtig sitzen. Nun wird der Zug wieder festgeklemmt, der Querzug eingehängt und der Bremshebel mehrere Male kräftig gezogen. Nun folgen noch die letzten Einstellarbeiten (siehe Seite 167) und dann – freie Fahrt.*

SCHALTUNG

ZUG-AUSTAUSCH

Zunächst schaltet man die Kette aufs kleine Kettenblatt und das kleinste Ritzel. Dann werden die Einstellschrauben an Schaltwerk und Schalthebel (falls vorhanden) hineingedreht und die Schaltzugklemmung gelöst. Die Schaltwerkein-stellschraube dreht man wieder um zwei Umdrehungen heraus, damit man später mehr Spielraum beim Einstellen hat. Nun baut man den alten Zug aus, tauscht eventuell die Zugaußenhüllen aus und baut den neuen Zug wieder ein – manche Schalt-hebel müssen dazu demontiert werden. An allen freiliegenden Zug-Segmenten zieht man ein paar Mal kräftig, um den Zug schon vor Gebrauch etwas zu längen, und stellt dann die Schaltung korrekt ein (Seite 176/177).

TIPS ZUM SEILZUG-ABLÄNGEN

  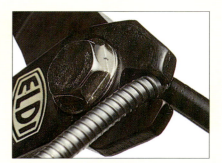

Seilzüge werden erst in vollständig eingebautem Zustand gekürzt, weil sie dabei beschädigt werden könnten und sich dann womöglich nicht mehr in die Außenhülle oder durch Klemmschrau-ben einfädeln lassen. Am Besten verwendet man einen speziellen Seilzug-Schneider, dann ist die Gefahr des Ausfransens gering. Auf die Zugenden werden kleine Schutzkäppchen gesteckt und durch Quetschen befestigt. Beim Ablängen von Zugaußenhüllen sollte man zuerst die Kunststoffschicht mit dem Taschenmesser entfernen und die Metallhülle freilegen.

RADPFLEGE UND WARTUNG

Kettenwechsel

Eine Fahrradkette kann einen Wirkungsgrad von 98% erreichen – wenn sie sauber und gut geschmiert ist (siehe Seite 184). Jedes einzelne Kettenglied stellt ein kleines Rollenlager dar. Dreck zwischen den Kettengliedern rauht die »Lagerlaufflächen« auf und sorgt für erhöhten Verschleiß. Die Kettenbolzen reiben die Löcher in den Kettenlaschen auf, die Kette längt sich und paßt nicht mehr exakt zwischen die Ritzel- und Kettenblattzähne. Die Schaltgenauigkeit nimmt ab, und die Kette beginnt durchzurutschen. Wenn die alte Kette schon stark verschlissen ist, muß man mit der Kette auch die ebenfalls verschlissenen Ritzel und Kettenblätter austauschen. Jetzt kann man auch einmal neue Übersetzungsvarianten montieren. Die Kette sollte aber unbedingt zur Schaltung passen, damit die (hoffentlich hohe) Qualität der Schaltmanöver erhalten bleibt.

1 Eine Fahrradkette aufzutrennen und wieder zu verbinden ist einfach, wenn man den Dreh 'raus hat. Am Besten übt man erst einmal mit einem Stück alter Kette. Dazu legt man die Kette in den Kettentrenner und plaziert den Trennbolzen genau auf einem Kettenbolzen.

2 Dann dreht man den Trennbolzen ungefähr sechs Gewindeumdrehungen hinein, bis der Kettenbolzen nur noch in der Außenlasche steckt.

3 Nun verbiegt man die Kette seitlich und öffnet sie so. Falls der Bolzen noch nicht weit genug ausgetrieben wurde, setzt man den Kettentrenner noch einmal an, aber nur noch mit 1/3-Umdrehungen, damit der Bolzen nicht herausfällt.

4 Um das Kettenglied wieder zu schließen, geht man genau umgekehrt vor. Sobald der Kettenbolzen aber verkantet, treibt man ihn erst wieder ein Stück heraus und versuchts dann noch einmal.

Shimano Hyperglide-Kette

Sedis Gold-Kette

Sedis Standard-Kette

KETTENWECHSEL

KETTENNIETDRÜKKER: Der lange Hebel erlaubt gefühlvolles Drükken, und die Anschlagschraube verhindert, daß der Kettenbolzen zu weit hinausgetrieben wird.

VERSCHLEISS-MESSUNG: Wenn 24 Kettenglieder – von Bolzenmitte zu Bolzenmitte gemessen – länger als 308 Millimeter sind, ist die Kette verschlissen.

1/8-ZOLL-KETTE (nicht für Kettenschaltung): Diese Kette wird durch ein Kettenschloß verschlossen. Die Öffnung der Federklammer sollte gegen die Zugrichtung zeigen.

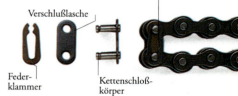

Verschlußlasche

Federklammer

Kettenschloßkörper

5 *Der Kettenbolzen sollte genau eben mit der Außenlasche abschließen. Wenn er auf der Innenseite etwas weiter herausragt, sitzt er richtig.*

3/32-ZOLL-SCHALTUNGSKETTE: Jedes Glied dieser Kette kann geöffnet und geschlossen werden

Standard-Kettentrenner

Innenlasche

Hülse

Kettenbolzen

Außenlasche

SPEZIALWERKZEUG: Shimano Hyperglide-Ketten werden mit diesem HG-Kettentrenner »bearbeitet«. Dazu gibt es spezielle Kettenbolzen, deren überstehender Rest mit einer Zange abgebrochen wird.

6 *Nun setzt man die Kette in die andere Führung und drückt den Bolzen noch um eine Drittel-Umdrehung weiter – dann ist das Kettenglied auch nicht mehr verklemmt.*

7 *Die korrekte Kettenlänge ermittelt man, indem man die Kette aufs große Kettenblatt und das kleinste Ritzel legt. Der Schaltwerkskäfig sollte nun genau senkrecht stehen. Wenn man nun vorne das kleine Kettenblatt auflegt, sollte die Kette immer noch gespannt sein.*

Hyperglide-Kettenbolzen

BINDEGLIED: An dieser Stelle darf die *HG*-Kette nicht getrennt werden.

RADPFLEGE UND WARTUNG

Der Antrieb, Teil 1

Bei jedem Gangwechsel wird die Kette auf ein bestimmtes Ritzel oder Kettenblatt umgeleitet. Früher schaltete man mit simplen, reibungsgebremsten Schalthebeln. Es war Sache des Fahrers, den Hebel so zu bedienen, daß die Kette, ohne irgendwo zu streifen, über Ritzel und Kettenblätter glitt. Geschaltet wurde nach Gefühl und nach Gehör. Die Pedalkraft mußte im richtigen Moment zurückgenommen und das Schaltwerk etwas überschaltet werden, damit die Kette hochklettern oder 'runterwandern konnte.

Schalten auf Knopfdruck

Es gibt zwar noch immer Schalthebel, die auch reibungsgebremst betrieben werden können. Gerastertes Schalten »auf Knopfdruck« ist aber inzwischen die Norm. Der Fahrer tippt einen Hebel kurz an – den Rest erledigt die Schaltmechanik. Trotzdem kann man noch immer falsch oder eben richtig Schalten.

Maßarbeit

Moderne Kettenschaltungen sind so exakt, daß jedes Bauteil perfekt justiert sein muß, wenn eine zuverlässige Funktion gewährleistet sein soll. Eine halbe Schraubenumdrehung in die falsche Richtung, und nichts geht mehr. So einfach ihre Bedienung ist, so empfindlich ist die Schaltmechanik. Dabei sind die meisten Einstellarbeiten im Handumdrehen erledigt und die meisten Schaltungen nach demselben Prinzip aufgebaut.

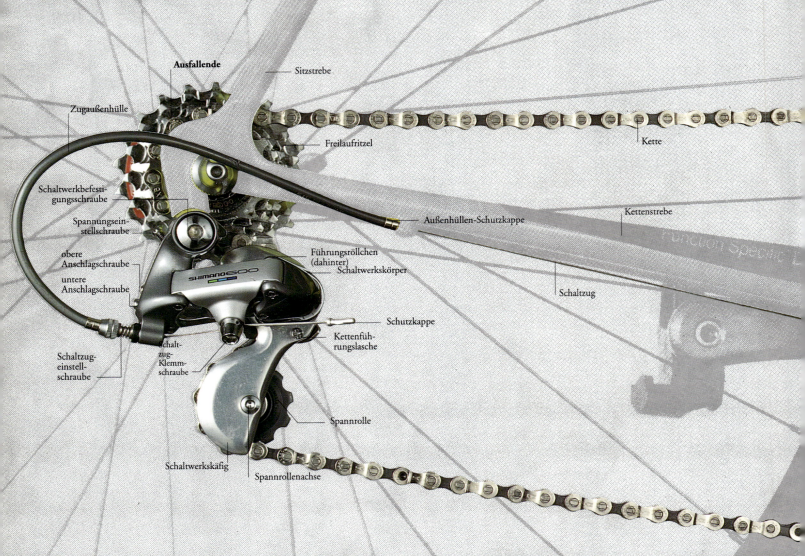

DER ANTRIEB, TEIL 1

ÜBERSETZUNGSVERHÄLTNIS

Drei Kettenblätter und ein langer Schaltwerkskäfig sind Standard bei Mountain Bikes und Tourenrädern. Zusammen mit der längeren Kette und dem breiter gestuften Ritzelpaket ergibt sich hier eine weitaus größere Übersetzungsspanne als bei einem Rennrad. Allerdings sind dort dafür die Schaltvorgänge etwas exakter und schneller.

ANTRIEBSGRUPPEN

Heutzutage werden Antriebskomponenten fast ausschließlich als Komplettsätze angeboten, bei denen alle Bauteile aufeinander abgestimmt sind. Die meisten Hersteller warnen ihre Kunden sogar vor einer Kombination ihrer Produkte mit Fremdteilen. Die Erfahrung zeigt aber, daß dabei durchaus auch Verbesserungen möglich sind – gute Fachgeschäfte können da sicher Auskunft geben.

175

RADPFLEGE UND WARTUNG

DER UMWERFER-ANBAU
Vor der Umwerfer-Justierung muß dieser erst einmal korrekt zu den Kettenblättern positioniert werden. Mit Hilfe des Schalthebels bringt man die Außenseite des Umwerferkäfigs genau über das große Kettenblatt. Der Schaltkäfig muß nun genau parallel zum Kettenblatt und mit einem Abstand von 1 bis 3 Millimetern zu den Zähnen positioniert werden, dazu lockert man die Halteschraube an der Umwerferschelle ein wenig und zieht sie anschließend fest an. Wenn man *Biopace*-Kettenblätter montiert hat, muß die Kurbel dabei parallel zum Sitzrohr verlaufen, damit die am weitesten außen plazierten Zähne bei der Einstellung berücksichtigt werden.

UMWERFER-JUSTIERUNG

Mit der Kette auf dem kleinen Kettenblatt und dem größten Ritzel stellt man die untere Anschlagschraube so ein, daß (bei einem Dreifach-Kettenblatt) die Innenseite des Umwerferkäfigs 1 bis 1,5 Millimeter Abstand zur Kette hat. Bei einer Zweifach-Garnitur stellt man den Umwerfer so ein, daß er die Kette gerade nicht berührt. Der Schaltzug sollte in dieser Position leicht gespannt sein. Mit der Kette auf dem großen Blatt und dem kleinsten Ritzel wird der obere Anschlag so eingestellt, daß die Kette gerade nicht am Käfig streift. Bei einer Shimano STI-Schaltung schaltet man nun noch aufs mittlere Blatt und das größte Ritzel und stellt die Einstellschraube am Schalthebel so ein, daß die Innenseite des Umwerferkäfigs die Kette gerade nicht berührt.

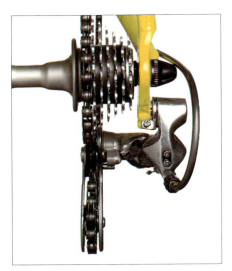

1 *Zur Schaltwerkseinstellung muß sich das Hinterrad frei drehen können, am Besten auf einem Montierständer. Die Einstellschraube am Schalthebel wird zuerst ganz hinein- und dann wieder zwei Umdrehungen herausgedreht. Wenn möglich, wählt man am Schalthebel den Reibungs-Modus (»friction«). Mit der Kette auf dem kleinen Blatt und dem größten Ritzel stellt man die obere Anschlagschraube so ein, daß das Ritzel und das Führungsröllchen in einer Linie sind.*

2 *Auf dem großen Blatt und dem kleinsten Ritzel verfährt man mit der unteren Einstellschraube genauso. Dann wechselt man am Schalthebel auf den Raster-Modus und schaltet hinten einen Gang hoch (Kurbeln werden von Hand gedreht). Wenn die Kette nicht aufs nächste Ritzel klettert, dreht man die Schaltwerkeinstellschraube etwas heraus. Wenn die Kette zu weit klettert, dreht man die Schraube natürlich hinein.*

3 *Nun kurbelt man weiter von Hand, mit der Kette auf dem zweiten Ritzel, und dreht die Einstellschraube so weit heraus, daß die Kette gerade noch nicht am dritten Ritzel streift. Nun probiert man alle möglichen Gangwechsel aus und korrigiert bei Bedarf noch einmal mit der Einstellschraube: Wenn zu langsam hochgeschaltet wird, eine halbe Umdrehung heraus – wenn zu langsam heruntergeschaltet wird, eine halbe Umdrehung rein.*

DER ANTRIEB, TEIL 1

DIE SCHALTWERKSPANNUNG
Die Kette kommt aufs kleine Kettenblatt und aufs größte Ritzel. Nun dreht man die Kurbeln rückwärts und stellt die Spannungseinstellschraube so ein, daß das Führungsröllchen so nahe wie möglich am Ritzel ist. Dann schaltet man wieder um – großes Blatt, kleines Ritzel – und stellt die Schraube nach, wenn das Röllchen das Ritzel berührt.

SCHALTWERK-DEMONTAGE
Auch wenn die Kette nicht geöffnet wird, kann das Schaltwerk abgebaut und/ oder ausgetauscht werden. Dazu baut man zuerst die Spannrolle aus. Eventuell muß auch die Verschraubung am Führungsröllchen etwas gelockert werden, damit die Kette an der Kettenführungslasche vorbeigeführt werden kann.

DAS SCHALTWERK
Moderne Schaltwerke können nur dann zuverlässig (gerastert) funktionieren, wenn die hinteren Ausfallenden und vor allem das Schaltauge parallel zur Rahmenlängsachse ausgerichtet sind. Fürs Rahmenrichten braucht man aber Spezialwerkzeuge und die entsprechende Erfahrung – man sollte dies also besser Fachleuten überlassen. Eine einfache Testmethode ist es, hinter dem Rad stehend per Augenmaß zu kontrollieren, ob die Linie durch die beiden Schaltwerkröllchen exakt parallel zum Hinterrad verläuft.

Schaltwerk-Spielereien
Das Schaltwerk ist eines der interessantesten Bauteile am Fahrrad. Man benötigt nur wenige Werkzeuge zur Demontage, dann kann man es sich in einem Sessel bequem machen und es genauer betrachten, es zerlegen, reinigen, abschmieren und wieder zusammenbauen. Wenn die Kette noch am Rad ist, schraubt man zuerst die beiden Schaltwerkröllchen ab, danach den Schaltzug und dann schon das komplette Schaltwerk. Das weitere Vorgehen ist zwar von Modell zu Modell unterschiedlich, es gibt aber eine grobe Richtlinie. Als nächstes wird in der Regel der Schaltkäfig-Anschlag entfernt, der den vorgespannten Käfig vom Entspannen abhält. Man muß dazu Schaltwerkskörper und Käfig festhalten, die Schraube herausdrehen und dann den Käfig vorsichtig abwickeln – und dabei die Umdrehungen mitzählen. Überhaupt, bei jedem weiteren Schritt heißt es Aufpassen, in welcher Reihenfolge die vielen Einzelteile zusammengebaut waren und – ganz wichtig – in welcher Position sich die Spannfeder befinden muß. Deren Vorspannung kann meist über verschiedene Bohrungen, in die ein Ende der Feder gesteckt wird, eingestellt werden. Bei einer großen Übersetzungsspanne sollte die Feder stärker, bei einer engeren Abstufung schwächer vorgespannt werden.

Die Kettenlänge
Für kurze (Renn-)Schaltwerke und Zweifach-Kettenblätter gilt: Wenn die Kette gerade noch über das größte Ritzel und das große Kettenblatt paßt (ohne Schaltwerk testen), addiert man noch zwei weitere Kettenglieder. Bei Dreifachgarnituren und langem Schaltwerk sollte der Schaltwerkskäfig senkrecht stehen, wenn die Kette übers große Blatt und das kleinste Ritzel läuft.

Schmier-Arbeit
Alle Gelenkstellen sollten regelmäßig abgeschmiert werden. Die Schaltwerkröllchen sollte man öfters reinigen und dann mit einem reibungsarmen Fett abschmieren (siehe auch Seite 184/185).

RADPFLEGE UND WARTUNG

Der Antrieb, Teil 2

Ein Freilaufkörper besteht grob aus zwei Teilen, wobei das eine ins andere eingebaut ist. Der Innenkörper ist fest mit der Nabe verbunden, über ein Schraubgewinde etwa. Der Außenkörper nimmt die Ritzel (Ritzelkassette) auf. Das Innere eines Freilaufs ist ein kompliziertes Durcheinander von Mini-Sperrklinken, Kugellagern, Federchen und Bolzen. Das alles sollte stets sauber und ausreichend geschmiert sein (siehe Seite 184/185), damit der Sperrmechanismus nicht etwa verstopft und unwirksam wird. Man sollte immer mit einem Ohr auf das konstante Surren des Freilaufs hören. Sobald es einmal unregelmäßig wird oder sogar andere Geräusche hervorbringt, muß es schleunigst ausgetauscht werden.

Freilauf-Ausbau und -Einbau

Es gibt zwei Arten von Freiläufen: Schraub-Freiläufe, die auf den Nabenkörper aufgeschraubt werden, und Cassetten-Freiläufe, die (fast) untrennbar auf den Nabenkörper aufgesteckt und fixiert sind. Zu jeder Bauart gibt es verschiedene Variationen, und fast jede dieser Variationen erfordert spezielle Montage-Werkzeuge. Wer also Wartungsarbeiten selber durchführen möchte, sollte sich für die Naben- und Freilauftypen seines Fahrrades die nötigen Werkzeuge in einem gut sortiertes Fachgeschäft zulegen.

FREILAUF-ABZIEHER ANSETZEN
Das Rad wird ausgebaut, der Nabenschnellspanner auch. Nun setzt man den Abzieher an und fixiert ihn mit dem Schnellspanner.

DIE SPERRE

Die Sperrklinken sind am Freilauf-Innenkörper drehbar gelagert und werden per Federkraft nach außen gedrückt. Auf der Innenseite des Außenkörpers befindet sich eine Verzahnung, in die die Sperrklinken eingreifen, sobald sich der Außenkörper dreht. Der Innenkörper dreht sich dann mit und somit auch die Nabe und das gesamte Laufrad.

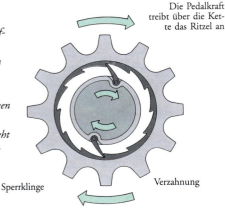

Die Pedalkraft treibt über die Kette das Ritzel an

Sperrklinge   Verzahnung

DER FREILAUF

Wenn man zu treten aufhört, die Räder (und der Freilauf-Innenkörper) also rollen und die Kette stillsteht, rutschen die Sperrklinken über die Verzahnung hinweg. Das erzeugt dann das surrende Geräusch, das beim Rollen ertönt.

Der Freilaufinnenkörper dreht sich weiter, auch wenn man rollt

CASSETTEN-FREILAUF IM DETAIL

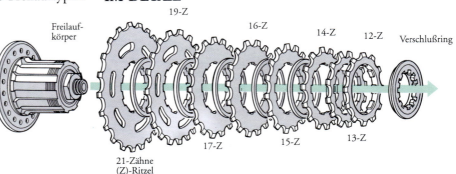

Freilaufkörper   19-Z   16-Z   14-Z   12-Z   Verschlußring

21-Zähne (Z)-Ritzel   17-Z   15-Z   13-Z

ABZIEH-TECHNIK
Der Abzieher wird in einen Schraubstock gespannt, das Laufrad sollte dabei waagerecht in der Luft liegen (auf dem Foto steht es nur senkrecht, damit man das Prinzip erkennen kann). Jetzt dreht man an der Felge – gegen den Uhrzeigersinn! Sobald sich der Freilauf gelockert hat, nimmt man das Rad aus dem Schraubstock und lockert den Schnellspanner, damit die Nabe nicht beschädigt wird. Auf diese Weise dreht man den Freilauf weiter von der Nabe. Bevor man einen neuen Freilauf aufschraubt, fettet man das Gewinde gut ein. Vorsicht beim Aufschrauben, daß man das Gewinde nicht schief ansetzt und beschädigt.

178

DER ANTRIEB, TEIL 2

Lenkkopflager

Das Lenkkopflager verbindet Rahmen und Gabel. Ob es korrekt eingestellt ist oder schon defekt, zeigen zwei einfache Prüfmethoden. Zuerst dreht man mit einem Finger am Lenker (Vorderrad in der Luft). Wenn man dabei Geräusche hört oder das Lager in manchen Positionen ganz leicht einrastet oder sogar schwergängig ist, ist es Zeit für einen Lager-Check. Beim zweiten Test zieht man die Vorderbremse an und ruckelt das Rad auf dem Boden leicht vor und zurück. Wenn man nun etwas Spiel zwischen Rahmen und Gabel spürt, ist das Lager lose. Es muß schleunigst nachgestellt werden, da es sonst schon bald Totalschaden erleiden kann. Dafür gibt es spezielle Schlüssel: 32 Millimeter Maulweite für die meisten Fahrräder, 36 (häufig) oder gar 40 Millimeter (seltener) für viele Mountain Bikes. Einmal im Jahr (mindestens) sollte das Lenkkopflager gereinigt und neu gefettet werden. Dazu wird der Vorbau und alle weiteren störenden Teile demontiert, aber erst, wenn die Kontermutter gelockert wurde – dabei bietet der Vorbau nämlich guten Halt. Bei Lagerschalen aus Aluminium ist

EINSTELLUNGSSACHE
Bei gelöster Kontermutter dreht man die obere Lagerschale von Hand, bis das Lager kein Spiel mehr hat. Dann dreht man sie eine Achtel- bis Viertel-Umdrehung zurück und zieht die Kontermutter mittelfest an.

Vorsicht beim Umgang mit den Lagerschlüsseln angebracht, damit die Lagerteile nicht beschädigt werden.

LENKKOPFLAGER IM DETAIL

REINIGUNGS-ANLEITUNG

Kontermutter und Sicherungsscheibe werden demontiert. Dann sichert man die Gabel gegen Herausfallen aus dem Rahmen. Die obere Lagerschale wird ebenfalls abgenommen. Lose Lagerkugeln sollte man zählen und nicht verlieren. Einen Kugelring entnimmt man als Ganzes. Jetzt zieht man den Gabelschaft vorsichtig aus dem Rahmen, damit keine (losen) Kugeln verloren gehen. Die an Rahmen und Gabel verbliebenen Lagerteile reinigt man mit einem Lappen, den Rest mit einer (biologisch abbaubaren) Reinigungsflüssigkeit. Die Kugeln sollten vollkommen glatt, die Lagerlaufflächen gleichmäßig gefärbt und unbeschädigt sein. Besonders aufmerksam sollte man die Laufflächen nach kleinen Grübchen untersuchen, die durch harte Stöße entstehen können. Wenn das Lenkkopflager ausgetauscht werden muß, sollte ein Fachgeschäft mit dem nötigen Spezialwerkzeug dies erledigen. Wenn das Lager in Ordnung ist, schmiert man die beiden Lagerringe dick mit einem wasserabweisenden Fett ein (siehe Seite 184/185) und plaziert sämtliche Kugeln darin. Dann wird der Gabelschaft wieder durch das Lenkkopfrohr geschoben und das Lager zusammengebaut.

RADPFLEGE UND WARTUNG

Der Antrieb, Teil 3

Die Tretlagerwelle dreht sich kugelgelagert im Tretlagergehäuse. Es gibt zwei weitverbreitete Grundtypen von Tretlagern: einstellbare Konuslager, deren Lagerschalen einzeln ins Tretlagergehäuse eingeschraubt werden, und gekapselte Lagereinheiten mit einem eigenen Gehäuse. Auch die werden aber im Tretlagergehäuse verschraubt, und es gibt auch einige einstellbare darunter. Konus-Tretlager bestehen in der Regel aus einer festen, rechten Lagerschale und einer einstellbaren Schale links, die mit einem Konterring fixiert wird. Die Lagerkonen befinden sich auf der Tretlagerwelle.

KURBEL-DEMONTAGE – ERSTER SCHRITT
Zuerst wird die Staubkappe entfernt. Hat sie eine Sechskant-Öffnung oder einen Schlitz, paßt bestimmt ein Inbus-Schlüssel oder Schraubendreher. Ist ihre Oberfläche dagegen glatt, dann ist sie höchstwahrscheinlich eingepreßt und kann mit einem kleinen Schraubendreher abgenommen werden. Als nächstes dreht man die Kurbelbefestigungsschraube samt Unterlegscheibe heraus.

KETTENBLÄTTER UND KURBELN
Die Kettenblattschrauben sollten regelmäßig auf festen Sitz kontrolliert werden. Wenn sie sich öfters lockern und nachgestellt werden müssen, kann man sich auch mit einem Schraubensicherungsmittel behelfen. Genauso wichtig ist die Überprüfung der Kettenblattzähne. Dazu nimmt man die Kette ab und läßt die Kurbeln rotieren. Angeschlagene Zähne erkennt man von der Seite, verbogene von vorne oder oben. Außerdem sollten die Kettenblätter keinen Seitenschlag aufweisen. Den könnte man zwar selbst beheben, sollte dies aber lieber einem Fachmann überlassen. Besonders häufig sollte man die Kurbelbefestigungsschrauben kontrollieren. Dazu entfernt man die Staubkappe und zieht die Schraube mit einem passenden Schlüssel fest an. Wenn es sich um Aluminiumschrauben handelt, sollte man sie herausschrauben und die Kurbeln mit »richtigen« Stahlschrauben anziehen. Anschließend kann man die Alu-Schrauben wieder anbringen. Bei einer neuen Kurbelgarnitur sollte diese Kontrolle auf den ersten 300 Kilometern etwa alle 40, 50 Kilometer durchgeführt werden.

DAS TRETLAGER
Das Tretlager sollte einmal jährlich, bei häufigen Fahrten im Regen oder Schlamm noch häufiger gesäubert und frisch gefettet werden. In dieser Reihenfolge werden die Kurbeln, der Konterring, die linke Lagerschale und die Tretlagerwelle demontiert. Beim Herausziehen der Welle achtet man auf eventuell lose Kugeln und nimmt auch die Kugeln der rechten Seite heraus. Bei Kugelringen merkt man sich deren Einbaurichtung. Und falls sich im Gehäuse eine Dichtungshülse befindet, wird auch die herausgezogen. Alle losen Teile werden nun mit einer (biologisch abbaubaren) Reinigungslösung gesäubert, die im Rahmen verbliebene Lagerschale mit einem Lappen ausgerieben. Bei Licht schaut man nach, ob ihre Kugellaufbahn in Ordnung ist. Die Kugellaufbahnen der Welle und der linken Lagerschale sollten wie poliert aussehen, ganz ohne Grübchen. Entdeckt man keine Beschädigungen, fettet man die Lagerschalen großzügig ein und plaziert die Kugeln reihum darin. Dann schiebt man die Lagerwelle wieder ins Gehäuse und baut die übrigen Teile ein. Die Welle wird ein paar mal durchgedreht, danach wird das Lager eingestellt.

Kurbelbefestigungsschraube
Unterlegscheibe
Kugelring
Dichtungshülse
Tretlagerwelle
Kugelring
linke Lagerschale
Konterring
Unterlegscheibe
Kurbelbefestigungsschraube

DER ANTRIEB, TEIL 3

KURBEL-DEMONTAGE – ZWEITER SCHRITT

Nun benötigt man einen Kurbelabzieher. Dessen Druckbolzen wird zuerst ganz herausgeschraubt, damit sein Außengewinde vollständig in die Kurbel eingeschraubt werden kann. Dann wird der Druckbolzen hineingedreht und gegen die Tretlagerwelle gepreßt – fest, aber nicht mit voller Kraft, denn die Kurbel ist ja nur aus (weichem) Aluminium und ihr Gewinde könnte ausreißen. Wenn sich die Kurbel so nicht von der Tretlagerwelle lösen läßt, klopft man mit einem Holzhammer rundum leicht an und erhöht langsam die Kraft am Abzieher. Meistens »kommt« die Kurbel jetzt, man spürt, wie sie sich auf der Welle bewegt, und kann die Hebelkraft weiter erhöhen. Falls sie jedoch auch jetzt noch stur bleibt, hilft nur noch rohe Gewalt in Form von Hammerschlägen mit einem Durchschlag oder speziellen Werkzeugen, die nur ein Fachgeschäft hat.

TRETLAGER-EINSTELLUNG

Auf Lagerspiel untersucht man das Tretlager, indem man eine Kurbel seitlich leicht hin- und herbewegt. Anschließend legt man die Kette aufs Tretlagergehäuse und dreht an der Kettenblattgarnitur. Wenn sie rauh läuft oder plötzlich anhält, ist das Lager zu straff eingestellt. Nun überprüft man den Halt der rechten Lagerschale im Tretlagergehäuse, nachdem die rechte Kurbel demontiert worden ist. Man beachte dabei die Gewindenorm, beziehungsweise die richtige Drehrichtung: Linksdrehend wäre ein BSA-Gewinde, ein »italienisches« dagegen rechtsdrehend. Um dann anschließend das Tretlager neu einzustellen, dreht man den Konterring vorerst einmal von der linken Lagerschale. Die wird nun eingeschraubt, bis sie vollen Kontakt zu den Kugeln hat, und dann noch ein Stückchen (1/8 Umdrehung) weiter. Der Konterring zieht nämlich die Lagerschale wieder etwas aus dem Lagergehäuse heraus und lockert so den Lagersitz. Für unser Foto haben wir übrigens die linke Kurbel demontiert, mit dem Werkzeug von Park Tool *könnte man auch Einstellarbeiten am vollbestückten Tretlager durchführen. Am Ende wird die neue Einstellung natürlich noch einmal überprüft. Dabei sollte man beachten, daß neue Lager etwas straffer eingestellt werden, damit sie schneller einlaufen. Ältere, schon »eingefahrene« Lager werden dagegen exakt auf den optimalen Punkt eingestellt.*

RADPFLEGE UND WARTUNG

Die Pedale

In Pedale werden zwei Arten von Lagern eingebaut: einstellbare Konuslager mit losen Kugeln oder Rillenkugellager, die in den Pedalkäfig eingepreßt werden. Solche Lager können über lange Zeit wartungsfrei laufen, wenn sie aber einmal gewartet oder ausgetauscht werden sollen, benötigt man dafür Spezialwerkzeug. Vielen Radfahrern ist das egal, die kaufen sich einfach neue Pedale, wenn die alten zu knacken und zu knirschen anfangen. Pedale mit Konuslagern sollten alle sechs Monate einmal auseinandergenommen werden. Ihre Lebensdauer hängt neben der Pflege vor allem auch von der Qualität ab. Billig-Pedale machen es teilweise nur ein paar tausend Kilometer, während Spitzenprodukte auch schon mal 100000 oder mehr Kilometer verkraften.

Pedal-Anatomie

Ein Pedal braucht Zuwendung, wenn seine Achse beim Treten leise klickt oder die Lager schwergängig sind. Vor allem, wenn man sich schon nicht mehr an den letzten »Kundendienst« erinnert, ist es höchste Zeit. Während das äußere Pedallager durch die Staubkappe

PEDALE DEMONTIEREN
Ein besonders flacher 15er Schraubenschlüssel ist nötig, um Pedale von den Kurbeln abzuschrauben. Manche Pedale können auch von innen mit einem Inbus-Schlüssel demontiert werden, erfahrungsgemäß aber nur dann, wenn sie nicht besonders fest angezogen sind. Man beachte, daß das linke Pedal grundsätzlich ein Linksgewinde aufweist, also im Uhrzeigersinn abgeschraubt wird. Rechts ist alles »ganz normal«.

recht gut geschützt ist und meist auch über lange Zeit genügend Schmiermittel abbekommt, ist das der Kurbel zugewandte Lager viel empfindlicher gegen Witterungseinflüsse. Es läuft oft schon trocken, wenn

GESUNDHEITS-TIP
Sind Ihre Pedalachsen noch gerade oder schon verbogen? Im zweiten Fall sollten sie sofort ausgetauscht werden, da verbogene Achsen zu Knieschäden führen können.

Pedalachse

Lagerkonus

Kugeln

Untersuche Kugeln, Lagerschalen und Konen auf Verschleiß und Grübchenbildung.

Sicherungsscheibe

Kontermutter

Staubkappe

Pedalkörper

Kugeln

182

DIE PEDALE

sein Pendant auf der Außenseite noch keinerlei Probleme bekundet.

Pedal-Pflege

Hinter der Staubkappe und der Kontermutter ist der Lagerkonus verborgen, der mit Hilfe eines kleinen Schraubendrehers zu Wartungsarbeiten herausgedreht werden kann. Das Pedal sollte dabei (am Gewinde) über einem Stück Papier oder Lappen gehalten werden, damit die Lagerkugeln, die jetzt herausfallen oder -geholt werden, nicht verlorengehen. Nachdem man sie gezählt hat, zieht man die Pedalachse vorsichtig aus dem Pedalkörper und nimmt die zweite Ladung Kugeln in Empfang. Sämtliche Teile werden nun gereinigt. Dann fettet man die Lagerschalen dick ein (siehe Seite 185) und preßt die Kugeln in diese Fettschicht. Beim Einführen der Pedalachse in den -körper muß man aufpassen, daß keine Kugeln abgestreift werden, dann kann man Konus, Sicherungsscheibe und Kontermutter wieder auf der Achse fixieren. Nun dreht man das Pedal ein paar mal, dann dreht man den Konus gegen die Kugeln und wieder eine Achtel- bis Viertel-Umdrehung zurück und zieht die Kontermutter an. Wenn die Einstellung stimmt, schraubt man die Staubkappe wieder auf, fettet die Achse ein und montiert das Pedal.

PROBLEM STAUBKAPPE
Der erste Schritt beim Pedal-Abbau ist das Entfernen der Staubkappe (unten). Die ist meist verschraubt und kann mit einem Schraubenschlüssel oder Spezialwerkzeug abgeschraubt werden. Staubkappen aus Kunststoff sind manchmal nur aufgesteckt und können daher mit einem kleinen Schraubendreher vorsichtig heruntergehebelt werden.

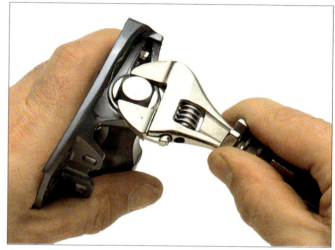

PROBLEM KONTERMUTTER
Nun hat man also Zugang zum Pedal-Innern, zur Kontermutter. Man hält die Pedalachse mit einem Schraubenschlüssel oder spannt sie in den Schraubstock und löst die Konterung (unten). Bei manchen Pedalen ist der Zugang zur Kontermutter so versperrt, daß man nur mit Spezialwerkzeug drankommt.

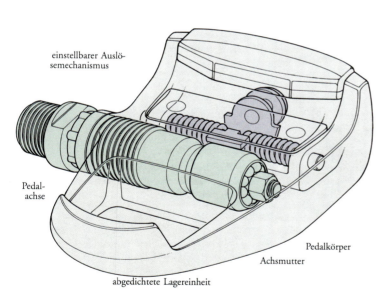

einstellbarer Auslösemechanismus

Pedalachse

Pedalkörper

Achsmutter

abgedichtete Lagereinheit

EINSTELLEN EINES CLIPLESS-PEDALS
*Zusammen mit einer **Pedalplatte** bildet ein **clipless-Pedal** eine funktionelle Einheit. Wenn der Fahrer aufs Pedal tritt, umfaßt eine Halteklammer die **Pedalplatte**. Die gewünschte Auslösekraft dieser Halteklammer läßt sich meist hinten oder unten am Pedal einstellen. Nahezu alle **clipless-Pedale** sind wartungsfrei gelagert. Wenn so ein Pedal dann wackelt oder knackst, haben sich entweder die Achsmutter oder die Achspatrone gelockert. Ob man an die herankommt, hängt von der Pedalkonstruktion ab. Ein Blick in die Bedienungsanleitung kann da schon weiterhelfen.*

Gut geschmiert ist halb gewonnen

Früher waren Öle und Schmierfette nicht besonders haltbar, die Fahrrad-Komponenten wurden daher ständig mit irgendwelchen Schmiermitteln übergossen. Fast alle Straßenräder hatten geschlossene Kettenkästen, in denen die Kette in einem Ölbad lief. Lagerstellen waren mit Bohrungen versehen, durch die Unmengen von Öl nachgefüllt wurden. Damit wollte man das Austrocknen der Komponenten verhindern, das allgegenwärtige Öl zog den Schmutz aber geradezu an. Moderne Schmiermittel sind widerstandsfähiger, langlebiger und wasserresistent. Viele Bauteile sind quasi Selbstversorger und führen genügend Schmiermittel für die nächsten fünf Jahre mit sich. Doch obwohl durch technischen Fortschritt ein Großteil der Putz-Arbeit überflüssig geworden ist, sollte man sein Rad regelmäßig pflegen. Schmiermittel sollten sparsam und gezielt eingesetzt werden. An der richtigen Stelle helfen auf lange Sicht Reibung und Korrosion vermeiden – im Übermaß gebraucht ziehen sie Dreck an und erhöhen den Verschleiß. Überflüssige Schmiermittel sollte man daher stets abwischen und sein Rad nach dem Reinigen und Abschmieren gründlich abtrocknen.

Mehr Fett

Fett basiert entweder auf Petroleum/öl oder auf einer synthetischen Schmierflüssigkeit, die mit Seife stabilisiert ist und noch weitere Additive zur »Leistungsstei-

---

KETTENPFLEGE

Jedes Glied einer Fahrradkette stellt ein Rollenlager dar, Und so regelmäßig sie Nässe und Dreck ausgesetzt wird, so regelmäßig verlangt eine Kette nach Reinigung und Schmierung. Öl wäre preiswert und effektiv, es zieht aber Dreck so an, daß sich eine Schmirgelpaste bilden würde, die den Verschleiß ungemein fördern würde. Synthetische Schmiermittel sind widerstandsfähiger, sauberer und abweisender gegenüber Wasser und Dreck. Aus der Fabrik kommen Fahrradketten fertig geschmiert, doch weil sich Fett auf Öl-Basis und synthetische Mittel nicht vertragen, muß die Kette vor dem Gebrauch synthetischer Mittel vom Fett gereinigt werden. Dazu legt man die Kette am besten in ein Reinigungsbad, wo sie sich vollsaugen kann. Auch die Ritzel sollten gleich mitgeputzt werden,

für sie gibt es spezielle Reinigungswerkzeuge (links unten). Mit einer Drahtbürste kann man der Kette die letzten Fettreste entziehen, dann wird sie vollständig getrocknet – am besten bei Hitze. Dann wird jedes einzelne Glied mit Schmiermittel versehen, werden die Kettenglieder hin- und herbewegt, damit das Mittel überall hinkriechen kann. Anschließend wischt man die Außenlaschen ab, bis sie beinahe trocken sind. Eine andere Möglichkeit der totalen Kettenreinigung sind Mittel und Geräte wie das *Park Chain Bath* (»Kettenbad«, links oben) – besonders bei starker Verschmutzung. Es gibt auch Pflegemittel zum Aufsprühen (wichtig: überschüssiges Schmiermittel abwischen!) oder flüssige Synthetik-Schmiermittel wie *Pedros Synlube,* das Tropfen für Tropfen aufgetragen wird und besonders dauerhaft wirkt.

DIE RADWÄSCHE

Um sein Rad sauber und staubfrei zu erhalten, kann man es so oft wie nötig mit einem Stofflappen abwischen. Nach einer Regenfahrt genügt schon das Abtrocknen, um ihm wieder Glanz zu verleihen. Wenn nötig, kann man ihm auch mit einem Eimer Seifenlauge an den Lack gehen, eventuell mit einer weichen Bürste für unzugängliche Ritzen. Um die Umwelt nicht übermäßig zu belasten, sollte man eine milde, nicht-alkalische Seife oder einen biologisch abbaubaren Fahrradreiniger verwenden. Auch für polierte Metallteile gibt es inzwischen einigermaßen umweltverträgliche Reiniger. Grob verschmutzte Mountain Bikes vertragen auch einmal eine Dusche unterm Dampfstrahlgerät (rechts), man sollte den Strahl aber niemals direkt auf Lagerstellen richten.

GUT GESCHMIERT IST HALB GEWONNEN

gerung« enthält. Manche Fette enthalten feste Schmierstoffe wie Molybdän-Disulfid oder Teflon, die sich auf Oberflächen festsetzen und so die Reibung vermindern. Am Fahrrad wird Fett vor allem an Lagerstellen eingesetzt: Lenkkopflager, Naben- und Pedallager, Tretlager und manchmal auch im Freilauf. Es gibt leichte und schwere Fette. Die leichten sind dünnflüssiger und glatter, sie sollten nur an gedichteten Lagern zum Einsatz kommen, wo sie sich nicht so schnell verflüchtigen können. Schwere Fette sind dicker, klebriger und passen daher gut zu ungedichteten Lagern, wo das Schmiermittel quasi aus eigener Kraft bleiben muß. Außerdem sind sie sehr beständig gegen Wasser. Fette aus dem Automobilbereich werden oft einfach umbenannt und als Fahrrad-Fett verkauft. Das ist an sich kein Problem, denn die Anforderungen sind beim Auto sicherlich höher als beim Fahrrad. Speziell entwickelte Fahrrad-Schmiermittel ergeben allerdings oftmals bessere Resultate, vor allem unter Extrembedingungen. *Phil Wood Waterproof Grease* ist zum Beispiel hervorragend für Mountain Bikes, die oft bei Nässe gefahren werden, geeignet. Straßenrennfahrer dagegen, die ihrem Rad keineswegs ständig irgendwelche Schmiermittel verabreichen – es sei denn, vor einem Rennen –, verlangen natürlich nach dem dünnflüssigsten Fett, das sie bekommen können. Auf jeden Fall sollte man niemals unterschiedliche Schmiermittel vermischen. Die Stoffe, die in den verschiedenen Fabrikaten enthalten sind, vertragen sich oftmals überhaupt nicht, ein Gemisch würde also gar nicht richtig funktionieren. Wenn man das Schmiermittel wechselt, sollte man also zuerst alle Spuren des alten Mittels beseitigen.

GEDICHTETE LAGER
Schmieren Sie die Dichtungsschale leicht mit Fett ein und positionieren Sie die Dichtung. Nehmen Sie ausreichend Fett, um die Dichtung einzuschmieren. Vorsicht: Verwenden Sie zu viel, tropft das Fett herunter, zieht Schmutz an. Waschen Sie erst Ihre Hände, um das Fett nicht zu verunreinigen.

SCHMIERSTELLEN
Erst regelmäßiges Schmieren ermöglicht eine optimale Funktion des Fahrrads. An diesem Rad wird gezeigt, wo flüssig (fl) und wo mit Fett (F) geschmiert werden sollte.

RADPFLEGE UND WARTUNG

Die letzten Feinheiten

Ein sauberes, gepflegtes und optimal justiertes Fahrrad erhöht den Fahrspaß ungemein. Dazu ist es mechanisch effektiver und einfacher zu warten. Es gibt eine ganze Menge Tricks, mit denen ein Fahrrad an spezielle Anforderungen angepaßt werden kann: zum Beispiel, um mehr Schutz vor Schlamm bei Geländefahrten zu gewährleisten, oder um das Durcheinander von Schlössern, Lampen und anderen Ausrüstungsgegenständen für den Stadtverkehr besser am Rad unterzubringen. Andere Tricks machen ein Fahrrad noch um einen Tick schneller. Die Prioritäten setzt jeder selbst, aber die Methode, sich jedem Detail zu widmen, kann zu einer wirklichen Befriedigung führen und zu dem Wissen, daß das eigene Rad wirklich im Bestzustand dasteht. Das Selbstvertrauen beim Radfahren steigt dadurch enorm – ob man nun gerade im Sprint um den Sieg kämpft oder auf dem Weg zur Arbeit einem Fußgänger ausweichen muß.

NACHGEDICHTET
Beim Fahren im Gelände schleudert das Vorderrad fast ständig irgendwelchen Dreck in Richtung Rahmen. bei Regen kommt dann noch die Flüssigkeitsberieselung von oben dazu – da kann eine zusätzliche Dichtung fürs Lenkkopflager ganz hilfreich sein. Diese hier ist aus einem alten Schlauch, der einfach über den Lenkkopf gestülpt wurde.

ENG VERLEGT
Beim Installieren von Beleuchtung, einem Rad-Computer oder irgend einem anderen verkabelten Bauteil sollte man auf die Kabelverlegung besondere Aufmerksamkeit richten. Der Trick besteht darin, von vornherein daran zu denken, und nicht erst drauflos zu montieren. Es gibt viele Möglichkeiten, ein Kabel geschickt zu verlegen, an einer Schutzblechstrebe zum Beispiel, oder entlang eines Bremszuges. Eine Vorderlampe benötigt dagegen ein elastisch gewickeltes Kabel, also wickelt man es um einen Stift oder einen Nagel, so daß es spiralförmig wird.

ENDVERSTÄRKT
Um Schalt- oder Bremszüge vor dem Ausfransen zu bewahren, stülpt man ihnen am Ende meist kleine Schutzkappen über. Jedesmal, wenn man einen solchen Zug demontiert – zum Schmieren etwa –, muß das Zugende abgeschnitten werden. Eine geschicktere Methode ist es, das Zugende kurz in Klebstoff zu tauchen. Noch eleganter ist das Verzinnen des Zugendes. Überflüssiges Lötmaterial wird per Feile entfernt, so daß der Zug anschließend problemlos auch durch Zugaußenhüllen geführt werden kann. Man kann aber auch nur Klebeband um einen Zug wickeln und ihn an dieser Stelle durchschnneiden.

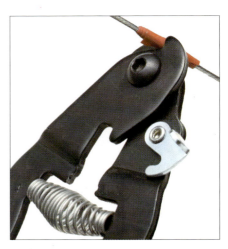

DIE LETZTEN FEINHEITEN

Fahrrad-Make-up

Einmal im Jahr sollte man sein Fahrrad einwachsen – zur Lackpflege und um das Putzen zu erleichtern. Wenn die Lackierung stumpf geworden ist, kann man Farb-Auffrischer verwenden, oder Hartwachs, das ein tiefglänzendes Finish ergibt und leicht erneuert werden kann. Ein Geheimtip ist Möbelpolitur, die gleichzeitig reinigt und für Glanz sorgt. Wachs dient auch als Schutzschicht für Aluminium-Bauteile, solange sie noch in gutem Zustand sind. Wenn sie etwas stumpf und schon oxidiert sind, behandelt man sie zuerst mit Metallpolitur, bevor Wachs aufgetragen wird. Bei besonders stumpfer Oberfläche hilft nur noch Stahlwolle weiter. Beim Ausbessern einer Lackierung sollte man immer mit Grundierung arbeiten. Originalfarben kann man eventuell vom Radhersteller bekommen, man kann aber auch Modellbaufarben mischen. Roststellen werden mit Schmirgelpapier und Stahlwolle entfernt, dann wird Grundierung überlappend aufgetragen. Mit einem kleinen Pinsel wird die Farbe auf die vollständig getrocknete Grundierung aufgetragen. Hinterher beseitigt man noch alle Unebenheiten mit Stahlwolle, glättet mit feinstem Schmirgelgummi, wäscht den Rahmen und wachst ihn ein.

ABGESICHERT

Wenn man Probleme mit dem festen Sitz von Schrauben oder Muttern hat, bietet sich ein Schraubensicherungsmittel wie Loctite *an. Vor allem Gepäckträgerbefestigungen, Kettenblattschrauben oder Tretlagerschalen (rechts) werden so häufig gesichert. Dabei verhindert das Schraubensicherungsmittel nur das Lösen von Schraubverbindungen durch Vibrationen. Mit einem Schraubenschlüssel läßt sich eine solchermaßen gesicherte Verbindung problemlos lösen. Neue Schrauben und Muttern müssen allerdings erst »eingefahren« werden, weil von ihrer Oberfläche noch zu viel Material abgetragen wird. Sobald man sie zwei mal nachgezogen hat, sind sie* Loctite-*reif.*

LAGER-EINLAUF

Unter der Lupe sehen die Oberflächen von Lagerschalen, Konen und Kugeln einer nagelneuen Nabe wie eine Mondlandschaft aus: zerklüftet und unregelmäßig, mit scharfen Gipfeln und Tälern. Beim Gebrauch werden diese Unregelmäßigkeiten schnell abgetragen. Die Laufflächen sehen wie poliert aus, die Kugeln sind glatter, und die mechanische Reibung nimmt ab. Versuche haben ergeben, daß der Unterschied zwischen einer neuen und einer gebrauchten Nabe auf einer 160-Kilometer-Distanz der Energie entspricht, die man zum Erklettern von 30 Höhenmetern benötigt. Wenn man nun die zweite Nabe, ein Tretlager und die Schaltwerkröllchen noch dazurechnet, ergibt sich auf der 160-Kilometer-Strecke ein ernstzunehmender Unterschied. Ein Fahrrad »einzufahren« erfordert allerdings Zeit. Um diesen Prozeß zu beschleunigen, werden Lagerlaufflächen mit feinstem Schmirgelgummi poliert, einem Material, das zum Glätten und Polieren von Lack-Oberflächen entwickelt wurde. Damit umzugehen erfordert einige Übung, man sollte also zuerst mit ausrangierten Komponenten beginnen. Die Stellen, an denen sich so eine Politur lohnt, sind die Naben, das Tretlager und die Pedale. Jedes dieser Bauteile muß zerlegt und penibel gereinigt werden. Das Schleifmaterial vermischt man dann mit einem dünnflüssigen Fett, trägt es auf die gewünschten Lagerstellen auf und baut sie wieder zusammen. Beim nun folgenden Drehen der Lager darf auf keinen Fall Kraft ausgeübt werden, sonst wird die Politur ungleichmäßig. Eine Nabe baut man beispielsweise samt Laufrad in den Zentrierständer ein und dreht jedesmal daran, wenn man vorbeigeht. Noch schneller ginge es mit einer Elektrobohrmaschine über eine biegsame Welle. Wenn das Polieren abgeschlossen ist, baut man die Komponenten wieder auseinander, reinigt sie gründlichst und baut sie, normal gefettet, wieder zusammen.

187

Glossar

Hier sind noch einmal alle Ausdrücke erklärt, die im Text **fett** gedruckt auftauchen.

A

Anlötteil: An den Rahmen oder die Gabel gelötetes (oder geschweißtes) Kleinteil, zum Beispiel: Seilzugführung, Pumpenspitze, Umwerfersockel, …

ANSI, Snell: (American National Standards Institute, Snell Foundation) Organisationen, die Prüfkriterien und Testmethoden für Fahrradhelme entwickelt haben und durchführen. Die Snell-Prüfung gilt als die anspruchsvollste Fahrradhelmprüfung.

Ausfallende: Dort werden die Laufräder an Rahmen und Gabel befestigt.

B

Bremssockel: Aufnahmebolzen und Drehpunkt von Cantileverbremsarmen. Wird an den Rahmen und die Gabel geschweißt oder gelötet, manchmal auch geklebt und/oder geschraubt.

C

Chrom-Molybdän-Stahl: (CrMo-Stahl) Hochfeste Stahllegierung, die für hochwertige Fahrradrahmen verwendet wird. CrMo-Stahl kann WIG-geschweißt und gelötet werden.

clipless-Pedal: Einer Skibindung vergleichbares Pedalsystem, in das eine an der Radschuh-Sohle befestigte Pedalplatte einrastet. Zum Aussteigen wird die Ferse nach außen gedreht, bis die mit einer Feder vorgespannte Halteklammer die Pedalplatte freigibt. Die meistverbreiteten Modelle stammen von Look, Shimano und Time.

D

Dämpfung: Verminderung einer Schwingungs-Amplitude. Der Dämpfungsmechanismus am Fahrrad (Mountain Bike) soll den Ausschlag der Federungsbewegung verringern und ein Nachschwingen verhindern.

DIMB: (Deutsche Initiative Mountain Bike, Tel. 07 61/13 17 45) Interessenvereinigung oder Lobby für Mountain Biker. Ziel ist es, in der Öffentlichkeit ein positives Bild von Mountain Bikern zu vermitteln. Es werden aber auch Verhaltensregeln für Mountain Biker im Gelände erarbeitet.

Doppelt endverstärkt: Methode, um schweiß- oder lötbare Rohre leichter zu machen. Die Festigkeit moderner Stahl- oder Aluminiumrohre erlaubt extrem dünne Wandstärken, die dann aber nicht mehr geschweißt oder gelötet werden können. Also werden die Rohre so gezogen, daß sie an den Enden eine dickere Wandstärke aufweisen.

Dritte Hand: Fahrrad-Spezialwerkzeug. Wird zum Fixieren von Felgenbremsen während Einstellarbeiten verwendet.

F

Federung: Hat beim Mountain Bike die Aufgabe, Fahrbahnstöße vom Fahrer fern- und die Laufräder auf dem Boden zu halten. Zum Einsatz kommen unterschiedliche Systeme: luftgefederte Teleskopgabeln, Gasdruckstoßdämpfer für Hinterbauschwingen, Vorbauten mit Kunststoff-Federelementen, …

G

Gabelvorbiegung: Abstand zwischen der verlängerten Lenkachse und den Gabelausfallenden.

Gewindeöse: Befestigungsmöglichkeit für Anbauteile an einen Fahrradrahmen: Flaschenhalter, Gepäckträger, Schutzbleche,…

H

HPV: (Human Powered Vehicle) Technisch gesehen ein Fahrzeug, das nur von Muskelkraft angetrieben wird. Die meisten HPVs sind Ableger von Fahrrädern, Liegeräder etwa. Es gibt aber auch Flugapparate und Boote als HPV.

Hybridrad: Fahrradtyp, der sowohl Merkmale von Tourenrädern als auch von Mountain Bikes aufweist: einen geraden Lenker und die Schalt- und Bremsanlage vom Mountain Bike, Rahmengeometrie und die schmalen 700 C-Reifen vom Tourer.

L

Luftwiderstand: Widerstand, den ein Körper beim »Durchschneiden« von Luft erfährt. Abhängig von der Stirnfläche, der Gestaltung des Körpers und von seiner relativen Geschwindigkeit zur Umgebungsluft.

M

Monocoque: Einteiliges Bauteil, beispielsweise ein Fahrradrahmen. Die Außenhaut hat tragende Funktion.

Muffe: Manschette, die Fahrrad-Rahmenrohre exakt zueinander positioniert. Bei gemufften Stahlrahmen werden die Rohre jeweils mit einem Muffenstutzen verlötet. Bei Aluminium- oder Kunststoffrahmen werden die Rohre dagegen mit der Muffe verklebt.

N

Nachlauf: Die Distanz zwischen dem Schnittpunkt der Lenkachse mit dem Boden und dem Radaufstandspunkt.

P

Pedalplatte: Plastik- oder Metallplatte, die an der Radschuhsohle verschraubt ist. Sorgt für Formschluß von Schuh und Pedal.

Peloton: Geschlossenes Fahrerfeld beim Straßenrennsport. Der Windschatten wird so optimal ausgenutzt, da nur die vordersten Fahrer gegen den Wind fahren müssen.

R

Radstand: Abstand zwischen den Radachsen.

Runder Tritt: Beide Beine üben zu jedem Zeitpunkt der Pedalierbewegung Kraft aufs Pedal aus. Nach unten wird gedrückt. Nach hinten und oben wird gezogen und im Bereich des oberen Totpunktes wird das Pedal nach vorne geschoben. So verteilt sich die Belastung auf eine maximale Anzahl von Muskeln.

S

Schrittlänge: Innenbeinlänge, gemessen vom Fußboden bis zum Schritt (barfuß, Fußabstand etwa 15 Zentimeter). Davon hängt die korrekte Satteleinstellung und auch die Rahmenhöhe ab.

T

Trittfrequenz: Anzahl der Pedalumdrehungen pro Minute. Tourenfahrer pedalieren mit 55 bis 85 Umdrehungen, Radrennfahrer mit 95 bis 130 Umdrehungen pro Minute.

V

Vorbau: Stellt die Verbindung zwischen Lenker und Gabel her. Durch die Abmessungen (Winkel, Länge) wird die Sitzposition beeinflußt.

W

Wiegetritt: Pedalieren, ohne im Sattel zu sitzen. Das Körpergewicht hilft mit, die Kurbeln durchzudrücken, vor allem an steilen Anstiegen.

Windkante: Formation einer Gruppe von Straßenrennfahrern, die die Einflüsse von Gegen (= Fahrtwind) **und** Seitenwind verringern soll. Gefahren wird (je nach Windrichtung) seitlich versetzt ganz eng neben-/hintereinander.

Windschattenfahren: Ausnutzen des Luftsoges direkt hinter einem anderen Radfahrer (oder Motorrad, Auto, …). Ist beim Zeitfahren und bei Triathlon-Wettbewerben verboten.

ANMERKUNG:
Der Einfachheit halber wählten wir überwiegend männliche Bezeichnungen für »den Radfahrer«. Selbstverständlich sollen Radfahrerinnen dadurch nicht ausgeschlossen werden.

Stichwortverzeichnis

A

Adopt-a-trail-Programm 36
Aero-Lenker 57, 72, 73, 76, 77, 79
Aero-Moulton 131
Alarmanlage 110
Alaska 52
Anhänger 118–9
Antriebsgruppe 175
Antriebswartung 174-7
Atemschutzmaske 109
Ausfallenden 15, 62

B

Bahnrennen 80-1
Beine Rasieren 55, 65
Bekleidung 28-9, 38, 64-5, 74, 76, 94-5
Beleuchtung 107, 110-11, 132, 136, 140
Bikepacking 36
Bluebell 143
BMX 9, 117
Brecon Beacon 53
Bremsen 55
  an Bahnrädern 80
  bei Nässe 169
  Cantilever- 26, 27, 51, 116, 167, 168, 169, 171
  Naben- 63, 133
  Hebeleinstellung 165, 166
  Hydraulik- 27, 136, 167
  Neuentwicklungen 26
  Not-Reparaturen 159
  -schuheinstellung 168
  Seitenzug- 166, 168, 169, 170
  -sockel 14
  Trommel- 137, 141
  Wartung 150, 151, 166-9
Brown, Hobert 125

C

Camping 36
Cannondale E.S.T. 43
Cannondale SH 600 13
Cannondale ST 1000 90-1
Cannondale-Tandem 121
Celerifere 8
China 11
Condor 116
Covaci-Anhänger 118
Crane, Nick 38-9, 100-1
Curly Hetchins 123

D

»Daedalus-Projekt« 145
Daumenschalthebel 26
Delgado, Pedro 68
Denny, Jack 122
Diebstahl 110
DIMB (Deutsche Initiative Mountain Bike) 36-7
Drais, Baron Karl von 8
Draisine 8, 117
Dreiräder 118, 119, 128-9, 130, 137
Dunlop, John Boyd 9
Dursley-Pedersen 123

E

Ecocar 2000 132-3
Einzelzeitfahren 80
Expeditionen 25, 34-5, 38-9, 100-1

F

Fahrräder
  Alltags- 106-25
  als Arbeitsgeräte 112-3
  als Verkehrsmittel 10-11
  -anatomie 12-13
  Ausstattung 12
  für die Zukunft 126-45
  für Verfolgungsrennen 80
  Geschichte 8-9
  Hybrid- 13, 142-3
  in der City 106-7
  illegale 62-3
  Kinder- 116-7
  klassische 122-3
  Kurier- 106, 113
  Polizei- 112, 113
  Rahmenmaterialien 138-9
  Routine-Pflege 148-53
  sportliche Touren- 98
  Sprint- 81
  Terminologie 13
  Touren- 89-103
  Transport 102-3
  Triathlon- 76-7
  verrückte Typen 124-5
  Wartung 142-87
Fahrradkoffer 103
Fahrradträger 102
Fahrschule 114-15
Familien-Ausflüge 118-9
Fat Chance »Yo Eddy!« 40-1
Faure, Francois 126
Federung 42-3, 131, 136

Ferndale (USA) 124, 125
Fett 185
Fisher, Gary 23
Flug (muskelgetrieben) 126, 145
Flying Fish 145
Freilauf 150, 154, 178-9
Frontgepäckträger 33
F. W. Evans 33

G

Gabel 15, 51, 63, 151
Gabelkopf 58, 122
Gabelvorbiegung 14, 15, 90
Gary Fisher RS-1 42
Gepäckträger 33, 89, 98
Gewindearten 151
Girvin Flexstem 42
Gould, Tim 53
Griffposition 92
Größenanpassung 20-1, 30-1, 117, 162
Gymnastik 84-5

H

Handzeichen 107
Hawaii Triathlon 76, 77
Helme 74, 94-5, 118
Hetchins 58, 122, 123
HPVs (Human Powered Vehicles) 126-45
  Anatomie 128-9
HPVA (International Human Powered Vehicles Association) 127
IMBA (International Mountain Bike Association) 36
Iditabike 52
Ironkids 77
Ironman 76, 77

J

Japan 11, 82, 83, 109

K

Kabelbinder 160
Kabelverlegung 186
Kanada 10, 108, 109
Karosserie (HPV-) 130, 134
Keirin 82, 83
Kelly, Charlie 23
Kempler 123
Kette 150, 152, 158, 161, 172-3, 184
Kettenantrieb 120
Kettenblätter 89, 124, 150
Kevlar 139
Kettenstreben 14, 15, 32, 33, 40, 70, 98
Kilimandscharo-Expedition 25, 38-9, 100
Kinch, Pat 134, 135
Kinder 114-9
Kinetic Sculpture Race 124
Kingcycle Bean 134-5
Kingsbury Fortuna 141
Kirk Precision 139
Klein Attitude 32, 41
Klingel 107
Kohlefaser 58,138
Konuslager 154
Körper (Mensch) 18-19, 74, 75
Kreditkarten-Touren 98-9
Kriteriums-Rennen 70-1
Kugellager 153, 185, 187
Kurbeln 21, 30, 122, 130, 150, 153, 180-1
Kurbeltrieb 141, 144
Kyle, Chester 126

L
Lackierung 187
Lambie, Jack 126
Laufräder
 Dreispeichen- 55
 einseitige Aufhängung 138
 Felgen 151
 für Rennräder 60-1, 66, 70, 72, 73, 77, 81
 für Tandems 121
 Not-Reparaturen 161
 Wartung 147, 154-5
 Zentrieren 154-55
LeMond, Greg 68
Lenker 21, 30, 63, 92, 116, 136, 164-5
Lenkertaschen 98
Lenkkopflager 151, 153, 159, 179, 186
Lenkkopfwinkel 20, 21
Lenkung 15, 33, 41
Liegeräder 9, 130-1, 136-7, 140, 144
London-Brighton 97
Luftverschmutzung 109
Luftwiderstand 60, 63, 72, 73, 130, 134, 135

M
Macmillan, Kirkpatrick 8
Mammoth Lakes (USA) 49
Marino, John 78
Massenveranstaltungen 96-7
McGurn, Jim 118
Michaux, Pierre 8
Miller, C. W. 82
Moser, Francesco 73, 134
Moulton AM 131
Mountain Bike 9, 23-53
 Anatomie 24-5
 Entwicklung 23, 26
 Fahrbahnzustände 46-7
 Fahrtechniken 44-5
 Rahmen 14
 Tandems 120
 Touring 32-3
 Trial 50-1
 und Kinder 119
Muffen 58, 59, 122
Muskeln 19, 130

N
Naben 81, 151, 154
Nachlauf 14, 15
Neufeld 143
New York Bike Show 25
Not-Bremsung 169
Notorangelo, Susan 78
Not-Reparaturen 158-61

O
Offroad MT 10 116, 117
Offroad Pro-Flex 43

P
Pedale 55, 89
 clipless- 72
 Einstellung 193
 Haken 50
 Not-Reparatur 158
 Position 20
 Wartung 150, 153, 182-3
Pedersen, Mikael 123
Peloton 69, 86
Pensayres, Pete 79
Polen 97
Polizei-Räder 112, 113
Precor Electronic Cycling Simulator 87
Preßlufthupe 107
Pritchard, John 75
ProBikeFit 21
Pulsfrequenz 87

Q
Querfeldeinsport 49
Quintana Roo Superform 77

R
RAAM (Race Across America) 78
Radcomputer 15, 21, 55, 75
Radfahrer-Lobby 108-9
Radical ATB 139
Radius Peer Gynt II 136
Radrennbahn 80, 81
Radstand 14, 33, 40, 98
Radwege 108
Rahmen 14-15, 122
 Aluminium- 41, 59
 -größe 21, 93
 Karbon- 58, 138
 Konstruktion und Materialien 16-17
 Magnesium- 139
 Monocoque- 63
 Stahl- 40, 58, 59
 Tandem- 121
 Verbundwerkstoffe 59, 67, 138
 Wartung 147, 151
Reflektor-Gurte 107
Reifen
 -breite 41
 Erfindung des Lufttreifens 9
 für Kriterium-Rennen 70
 fürs Gelände 47
 für Touren 92
 für Zeitfahren 74
 Hochdruck- 61
 -Luftdruck 155
 Not-Reparaturen 159
 -Panne 156-7, 159
 schmale 72
 -Wartung 151
Reinigung 179, 184
Rennräder 55-87
 Anatomie 56-7
Repack-Rennen 48, 52
Reparaturständer 148
Riemenantrieb 144
Rocky Mountain Experience 50
Rohre 16, 17, 58, 59, 122, 123
 Lenkkopf- 15, 70, 73
 Ober- 14, 20, 31, 106
 Sitz- 14, 15, 72
Rollen 115
Rollen-Trainer 87
Rossin 56-7, 73
Rossin Karbon 67
Rover Savety 9
Rucksack 32

S
Sattel 20, 21, 70, 76, 89, 93, 106, 116, 123, 150, 158, 162, 163
Sattelstütze 20, 30, 93, 117, 139, 150
Satteltäschen 98
Schaltung 26-7
 für Bahnräder 80
 fürs Zeitfahren 74
 Grip Shift 26, 51, 71
 Hebel 26-7, 41, 106
 Not-Reparaturen 158, 159
 Tandem- 121
 Wartung 150, 174, 176, 177
 Züge 171
Schlösser 55, 107, 110
Schmierung 177, 184-5
Schnyder, Ralph 140
Schrauben 150, 151, 160, 166, 177
 -sicherungsmittel 187
Schwinn 9
Schwinn Velodyne 86
Scott, Dave 77
Sechs-Tage-Rennen (Six-Days) 82
Seilzüge 40, 150, 159, 161, 170-1, 186
Serotta Size-sycle 21
Sicherheitsvorkehrungen 94, 107, 119
Sitze 115, 119, 131, 136
Sitzposition 77, 80, 86, 130
 -Einstellung 162-5
Sitzrohrwinkel 21
Sitzstreben 58
Sivrac, de 8
Solarmobile 142-3
Solarzellen 142-3
Solon, Paul 78
Sprintrennen 81
Spurhaltung 154
Starley, John Kemp 9

Stoßdämpfung 42. 43, 131
Stützräder 114
Sunpower 143
Survival-Kit 34-5

T
Tandems 119, 120-1
Thanet Silverlight 123
Tour de France 66-9
Tour de Sol 143
Tourenfahren 28, 32-3, 95
Tourenräder 89-103
  Anatomie 90-1
Tragflächenboot (pedalgetrieben) 126, 145
Training (zu Hause) 86-7
Trek 1200 92-3
Trek 7900 107
Trek 8900 24-5
Tretlager 14, 15, 50, 70, 81, 123, 135, 150, 180
Triathleten 64, 76, 77
Triathlon 76, 77
Triathlon-Lenker 77
Trillerpfeife 107
Trittfrequenz 74, 86, 93
Turner, Reg 123
TVT 66
Twike 9, 140, 141, 144

U
UCI (Union Cycliste Internationale) 62, 64-5, 126
Übersetzung 27, 175

V
Velocar 126, 144
Veloziped 8-9
Verkleidung 128, 130, 137
Vinci, Leonardo da 8
Vorbau 71, 92, 116, 164

W
Wachs 187
Wartungsarbeiten 147-87
Wasserflaschen 55
Wasserträger 69
Werkzeug 34-5, 147, 149
Wetterschutz 28, 29, 38, 95, 140
Wijnen, Wim Van 132-3
Windcheetah Carbon Cantilever 138
Windcheetah SL »Speedy« 128-9, 130, 137
Windkante 57
Windschattenfahren 57, 76, 78
Worldcup-Rennen 49

Z
Zeitfahr-Ausrüstung 67
Zeitfahren 72-5

Anmerkung der Autoren
Die Entstehung dieses Buches wäre ohne die Mithilfe vieler unserer Freunde unmöglich gewesen. Insbesondere danken wir Mike Burrows, Monty und Grant Young von Condor, Debbie DeMeritte von F. W. Evans, Nick Fish von Trek, Nick Reardon und Kirsten Begg von Cannondale und Mick Allen. Für ihre Ratschläge oder Ausrüstungsleihgaben danken wir Nick Crane, On Yer Bike, Hilary Stone, Evolution Imports, Simon Lilleystone, W. A. Bush, Ian Emmerson, Pete und JoAnne Pensayres, Mike Shermer, Bob Schmidt, Avis Cycles, Avocet International, Bell Helmets, John Potter, Bike Events, John Matthews, Campagnolo, Mark W. Hopkins von DuPont, Wolfgang Haas Fahrradtechnik, Bob Rubenstein und Han Goes von Fiets Magazine, Gary Fisher von Gary Fisher Mountain Bikes, Chris Payne, BMBF, Peter Ernst, Miles und John Kingsbury, King Cycles, Frank Kirk, Madison Cycles plc, Graham Bell von Neatwork, Jim McGurn von New Cyclist, Simon Doughty, David Hemmings, Rick Kiddle von Perfect Performance, Marti Daily, IHPVA, John Pritchard, Danny Rosen, Domenico Garbelli und Richard Strom von Rossin, Nico Lemmens von Shimano, Michael Cramer und Martin Higgins von Specialized, Nick Saunders, Sturmey Archer, Ralph Schnyder, Reg Turner, Wim Van Wijnen, Scott Yount, David Taylor von York Films und Millie.

Dorling Kindersley möchte sich bedanken:
Speziell bei Dave Robertson (Senior Art Editor in den ersten sechs Monaten dieses Projektes) und Melanie Miller (Lektorin). Außerdem bei der Cooling-Brown-Partnership (Seiten-Make-Up); Kevin Ryan, Alison Donovan und Gurinder Purewall (Layout-Assistenz); Alison Edmonds, Deborah Opoczynska, Lol Henderson und Deborah Rhodes (Redaktions-Assistenz); Andrew Green, Steven Dew, Pete Serjeant und Paul Dewhurst für die künstlerische Gestaltung; Kate Grant für die Recherchen; Diana Morris, Catherine O'Rourke und Suzanne Williams für die Bildrecherchen und Peter Moloney für den Index.

Foto-Nachweis:
u unten, m Mitte, l links, r rechts, o oben

Jim McGurn: S. 8 or, 9 or,
The Ricket Encyclopedia of Slides: S. 9 ur
Le Monde a Bicyclette: S. 10 ur, 108 l, 109 or
Hutchinson Library: S. 11 o
Trek GB: S. 15 ur, 16 l, 36 or, 37, 46 o, ul, ur, 47 ul, 58 ul, 59 or
Nick Crane: S. 38 ul, 39 ol, or, 100 ul, ur
Danny McMillin: S. 44 ul, ur, 45 u, o
Allsport: S. 49 ol, 69 u, 76 l, 81 ol, 83 o, 113 ol,
Stockfile: S. 49 ur
York Films: S. 52 or, ul, 113 u
Actionsnaps: S. 53 u, o
Fountain Head Advertising: S. 59 mr
Graham Watson: S. 68 u, 82 u
Action Pact: S. 71 or
J. Pritchard: S. 75 ur
J. Dickerson: S. 78 or, 79 ur
P. Penseyres: S. 79 ul
R. Ballantine: S. 113 or
R. Simonsen: S. 79 o
Leicester City Council: S. 80 l
Tim Leighton-Boyce: S. 83 ul,
Precor USA: S. 87 o
Bike Events: S. 96 u
Ben Osborne: S. 97 o, ur, 99 or
Sally und Richard Greenhill: S. 112 or
Imperial Tobacco Ltd.: S. 123 ol
Thomas Forsyth: S. 124 o, m, u, S. 125 o, u
Bob Eshuis: S. 132, 133, 144 r
Matt Mullin: S. 142 ul, 143 or, ur, 145 l
Discover Magazine: S. 144 ul
Lynn Tobias: S. 145 or
Hulton Picture Library: S. 159 or
University of California: S. 192 ur

Wir haben uns jede erdenkliche Mühe gegeben, die Urheber ausfindig zu machen. Dorling Kindersley möchte sich schon jetzt für etwaige Versäumnisse entschuldigen. In einem solchen Fall würden wir den oder die Urheber gerne in einer späteren Ausgabe veröffentlichen.